偽裝 余杰——著 的

改革 ★ 者

破解鄧小平和蔣經國神話‧

推薦序
蔣經國的真心與假面

黃澎孝／媒體人、前國大代表

　　中共改革開放的領導人鄧小平，在其一九九二年「南巡講話」中，曾批評那些阻撓改革的「教條主義者」說：「學馬列要精，要管用的。長篇的東西是少數搞專業的人讀的，我的入門老師是《共產黨宣言》和《共產主義ABC》。」

　　無獨有偶，被視為國民黨改革者的蔣經國，一九二五年十月啟程前往莫斯科留學途中，他所研讀的，正是這本由蘇共早期理論家布哈林所寫的共產主義入門教材《共產主義ABC》。

　　與蔣經國同行的年輕人中，有一位十八歲的姑娘張錫媛，後來成為鄧小平在莫斯科的親密愛人。張錫媛的閨蜜，軍閥馮玉祥的女兒馮弗能，則成為蔣經國生命中第一個女伴。這段特殊的情緣，使得國共兩黨的改革者蔣經國和鄧小平，在莫斯科譜下了國共「同源異株」的一段軼史。這也使得著作等身的余杰新作《偽裝的改革者：破解鄧小平和蔣經國神話》一書，有了更值得一讀為快的前戲。

　　蔣經國是「偽裝的」改革者嗎？他是如何成為台灣所剩無幾

的「神話」人物的呢？

　　由於我父母來自於江西贛州，這讓我從小就熟知這位曾任「贛南專員」的蔣經國，是如何從「建設新贛南」起步，逐步擄獲包括我父母在內的諸多贛南人的民心的。

　　我父親生前最常津津樂道的是：民國二十九年，蔣經國剛履任贛州不久，去他的母校「省贛中」演講的那一幕。在眾人期待中，一位身著粗布軍服，看來像是個勤務兵的矮個子，搬著一張講桌到講台中央，站定後，自我介紹了一下，就滔滔不絕地開講了……。頓時，顛覆了大家對「蔣太子」的想像，更被他平易的身段，燦爛的笑容，與熱情澎湃的演說，感動得簡直五體投地。

　　沒錯，這位曾經在蘇聯留學、工作和鬥爭了十二年的蔣介石嫡長子，就是以這副同樣的笑容和熱情，融化了莫斯科郊外朱可瓦（Zhukova）集體農場冷漠的農民，以及烏拉馬許（Uralmash）機械廠高傲的工人。也逃過了中共領袖王明的鬥爭，和蘇共頭子史達林的監督整肅。

　　換言之，熱情燦爛的笑容，究竟是蔣經國與生俱來的人格特質呢，還是他偽裝欺世的假面具？到底真實的蔣經國又是個什麼樣的人物呢？

　　拜前蘇聯解體後，第三國際史料的解封之賜，以及兩蔣日記的公開和兩蔣史料的解密，真實的蔣經國也在一堆堆「斷爛朝報」中，宛如剝筍般地露出了他不為一般人所知的另一面。

　　原來蔣經國的蘇聯經驗——包括布爾什維克式菁英治黨、群

眾運動、民主集中制，乃至於蘇聯式的計畫經濟，都化身成為蔣經國的「建設新贛南」、仿效蘇聯「共青團」組建大陸時期的「三民主義青年團」和台灣時期的「青年反共救國團」。乃至於他在行政院長任內推動的所謂「十大建設」，都充滿了蘇聯式計畫經濟和國營事業的色彩。

其實，國府遷台後，他藉著國民黨的「改造」，幫他父親把國民黨改造成一個既能與中共鬥爭，又能夠對台灣進行特務控制的黨國體制。既結束了陳果夫、陳立夫「蔣家天下，陳家黨」的局面，同時又運用黨機器，把實力派的陳誠步步架空。他把日治時期的北投跑馬場，建設成為一個培訓政工與特務的基地，改名為「復興崗」。並仿效他在蘇聯受訓的母校「托馬契夫中央軍政學院（Central Tolmatchev Military and Political Institute）創建了一所專門培養部隊政工的「政工幹部學校」。

一九七二年，我個人受到前一年中華民國被逐出聯合國的刺激，「帶筆從戎」，考進了這所當時已改名為「政治作戰學校」的特殊軍校，成為了蔣經國嫡系的所謂「復興崗子弟兵」。事隔多年後，我才瞭解：原來我們在政戰學校每天都要撰寫備查的「復興崗日記」，每週舉行的「小組會議」，每月全隊集合舉行的「榮譽團結會」，都是當年蔣經國在蘇聯軍政學院學習時，「自我省察」、「組織生活」、「批評與自我批評大會」的翻版。

我們在校也學習要如何在軍隊中發展國民黨的組織，如何既要當連隊的政工「輔導長」，又要兼任連隊國民黨支部的黨工「書記」。換言之，就是要讓國軍蛻變為「黨軍」。我們在復興崗

還要學習，如何建立每一個官兵的「安全資料」，隨時記錄他們的言行舉止，特別是對於「黨國」和「領袖」的忠誠。

我們也要學習：如何運用特務的手法，在官兵之中佈建所謂的「安全細胞」，暗中監視有思想或行為疑慮的「考管分子」，以及官兵私下的言行活動。同時，還以建立「互助組」的方式，組建起三人一組，互相監視的嚴密機制……。原來我們當年所學的這一套「政戰工作」，竟然都是蔣經國師法蘇聯共黨控制紅軍的手段。至於構陷匪諜案、陰謀兵變案、整肅孫立人等國軍高級將領，則可讓我們一窺蔣經國與史達林的師徒關係。

其實，更令人不寒而慄的是，在民國四五十年代，台灣層出不窮的所謂「白色恐怖」案中，我們甚至可以從蔣經國的笑臉下，看到了貝利亞的魅影……。

「幸虧」美國人始終對蔣經國打個大問號，始終緊密地留意蔣經國身上的「蘇聯遺毒」。特別是在他主政台灣的時期，正是美台關係陷於風雨飄搖之際。讓他不得不更要在乎美國人對他的觀感，而讓台灣的民主運動得以在美台關係的狹縫中逐步成長。

回憶蔣經國逝世時，我正負責一份在紐約發行的「民運刊物」，在那一期的社論中，我總結蔣經國的一生功業，事實上正體現了一個標準的布爾什維克的精神。我絕不懷疑他對台灣人民，對普羅大眾的關愛。但是，我也要指出，在布爾什維克的字典裡，沒有「民主」兩字，只有和中共同樣的「民主集中制」。

至於他晚年，終結台灣的戒嚴，開放黨禁、報禁。讓民國台灣走出了「黨國」和「家國」的陰影，則是因為一起出乎他意料

之外的「江南命案」，牽連到他苦心栽培卻不成器的兒子，讓他不得不開啟了台灣民主化最關鍵的一道柵門。也意外造就了「晚景從良」的民主黑喜劇⋯⋯。

　　至於更多的秘辛和細節，我們在余杰這本《偽裝的改革者：破解鄧小平和蔣經國神話》中，當更能一覽無遺吧。

推薦序
到了重新評價鄧小平的時候了

王丹／「對話中國」智庫所長

余杰近年來致力深入剖析中國高層領導人的真實面目,他關於溫家寶是「影帝」的論述,已經成為對於溫家寶的蓋棺論定。我很高興他開始寫鄧小平,因為這跟我長期以來的一個想法不謀而合,那就是:我們必須重新評價鄧小平。

提到鄧小平,一般都會被認為是「中國改革開放的總設計師」,他是推動中共從毛澤東式的階級鬥爭,轉向以經濟建設為中心的新的治國理念的決策者。按照鄧小平傳記的作者,哈佛大學教授傅高義的說法,是鄧小平,帶領中國向前進入了一個新的時代。事實真的如此嗎?這需要一些歷史的釐清。

關於鄧小平和中國的改革開放,大家耳熟能詳的一句話就是「摸著石頭過河」。這個比喻被認為是中國在八十年代打開改革局面的主要策略,至今,仍然是中共官方論述中經常引用的所謂「鄧小平理論」的主要內容。「摸著石頭過河」,成了八十年代至今,鄧小平式改革的招牌。但是,這句話並不是鄧小平說的。這句話被提出的時間,也不是改革開放時期。

　　首先提出這個說法的，是有「經濟沙皇」之稱，在八十年代改革中被認為是堅持計畫經濟的保守派領袖的陳雲，提出的時間，是五十年代。一九五〇年四月七日，陳雲出席政務院第二十七次政務會議，在談到物價上漲的問題時說：「物價漲不好，跌也對生產不好。上月物價跌了五％，對此要先收後放，先少後多，使物價先跌後漲。要摸著石頭過河，穩當點好。」一九五一年七月二十日，陳雲在中共中央統戰部討論如何做好工商聯工作的時候，再次提出「摸著石頭過河」的說法。從此，這句話在中共黨內成為名言。元帥劉伯承就曾經對奉命組建軍事院校的張愛萍將軍說：「我給你六個字，你可要牢牢記住，那就是摸著石頭過河。」

　　此後陳雲逐漸離開主持經濟發展政策的位置，長期被毛澤東閒置，一直到鄧小平上台才重新出來，在中國經濟政策的制定上具有與鄧小平並駕齊驅的影響力。將近三十年過去了，陳雲在經濟政策方面還是「摸著石頭過河」。一九八〇年十二月十六日，陳雲在中共中央工作會議的開幕式上講話，再次提出：「改革固然要靠一定的理論研究、經濟統計和經濟預測，更重要的還是要從試點著手，隨時總結經驗，也就是要摸著石頭過河。」

　　回顧這段歷史事實，目的不僅僅是要考據，而是從這句著名的話其實並不是鄧小平的原創、但卻被移花接木給鄧小平這個耐人尋味的事實，告訴大家：我們有必要重新認識鄧小平和鄧開啟的中國改革開放。

　　第一，「摸著石頭過河」，這個引領八十年代改革的重要戰

略的制定，不是鄧小平的功勞。而戰略的具體落實，則是前後兩任總書記胡耀邦和趙紫陽的成績。因此，對於整個八十年代的改革開放，鄧小平起到的推動作用到底有多大，其實是需要重新認識的。

美國資深的中國問題研究權威，約翰‧霍普金斯大學高等國際研究學院教授大衛‧藍普頓（David M. Lampton）在他的著作《從鄧小平到習近平》（*Following the Leader: Ruling China, From Deng Xiaoping to Xi Jinping*）一書中，雖然一以貫之地肯定了鄧小平推動改革開放的「英明」決策，但也實事求是地指出，中國能夠在鄧小平執政時期，順利走上經濟發展的改革之路，某種程度上是當時的國際環境提供了中國難得的機會：「美國最近剛退出越南；台灣在蔣經國執政下，邁入相對開放的階段；貿易和製造業的全球化正在取得動力；日本、韓國、新加坡和台灣等活力十足的東亞經濟體正在起飛，為剩餘資金尋找機會，並在勞力及土地成本上升之際尋找廉價的生產地；國際航運成本下降，美國經濟向價值鏈上端攀升，中國有機會，美國樂於合作。」換句話說，中國八十年代的「改革開放」的確為以後的經濟起飛奠定了基礎，但這個功勞有多少是出於鄧小平的「頂層設計」，有多少其實是「搭順風車」的結果，是值得我們反思的。

更重要的是第二點：所謂「摸著石頭過河」的提法，本是五十年代的經濟主張。而鄧小平式的改革，其實是延續中共剛剛建國時期的政策，就是所謂「新民主主義」：適度保護和發展資本主義，不急於向社會主義過渡。所以對鄧小平及其領導的改革開

放的評價，什麼「開啟新時代」、「進入新時期」，都是不符合事實的溢美之詞。鄧小平是個左右搖擺很大的人。一九八八年九月十二日，在中共中央常委向鄧小平匯報《關於價格、工資改革的初步方案》時，話題最後轉到有人說中共領導人「在海外有存款」上。薄一波說：「對那些胡說八道，造謠誹謗，反對社會主義制度的人要硬一點。」這時鄧小平說，造謠誹謗要納入法律解決的範疇，依法處理。但是對不同政見，不能這樣。他說：「有些人有不同政見，這是允許的，比如他反對社會主義制度，反對毛主席，那是他的政見，不納入法律服務的範疇。如果把這個納入法律解決的範圍，太複雜，整個社會空氣都要變了。」這聽起來確實非常開明，李洪林甚至認為，「這是中國共產黨掌握全國政權以後，第一次也是唯一的一次，對不同政見表示寬容」。但是不到一年後的六四，同樣是面對不同政見，鄧小平就決定開槍鎮壓。每次他在經濟上的激進改革遇到挫折，他就用政治上的左轉做自我保護，因此左右搖擺。

總之，鄧小平式的改革，其實不是向前走，而是向後走，回到五十年代。五十年代初期的發展思路，像烙印一樣深深地刻在中共幾代領導集體的心中，歷久不衰，從鄧小平一直傳承到今天的習近平。某種程度上，習近平也在向後走，試圖回到五十年代尋找維護統治的經驗。這就是重新認識鄧小平，認識到鄧小平式改革之具有五十年代印記的現實意義。

目次

自序：破除神話，才能自由

在台灣，蔣經國神話揮之不去；在中國，鄧小平神話雲山霧罩；在海外華語圈及西方報導和研究中國問題的媒體圈和學術圈，則是蔣經國神話與鄧小平神話彼此交織，剪不斷理還亂。

日前，中華民國台灣（這是蔡自我認定的國號）總統蔡英文出席「蔣經國七海文化園區」開幕式，致詞說：

蔣經國前總統主政期間所面對的兩岸外交挑戰，依然是我們當前面對各種變局的重要參考。當時，面對兩岸軍事對抗的緊張情勢，以及中共當局對台灣的政治圖謀，他曾經說：「……中華民國政府在世界上堅決反共、不與任何共黨妥協。」面對當前北京對台灣一波又一波的軍事及政治施壓，蔣經國前總統堅定「保台」的立場，毫無疑問也是當前台灣人民最大的共識，更是我們共同的課題。

蔡英文將蔣經國精神提煉成「反共」和「保台」，希望讓蔣經國成為所有台灣人的蔣經國，而不僅僅是「一部分人的蔣經國」，比如，「有些人記得他所帶來的經濟發展與安全感，而另外有些人，則記得他所代表的威權體制。」

　　蔡英文的這一說法錯得離譜。蔡英文當年從海外學成歸來，到政治大學當教授時，已是蔣經國時代的最後三年。她從未受過威權政治的傷害，一路順風順水，一點也不知道蔣經國特務政治之可怕。所以，她才會自以為是地去搶奪蔣經國的神主牌、搶奪藍營的選票，殊不知這樣做是撿了芝麻丟了西瓜、是策略壓倒了目標。一個政治人物，得到的選票再多，但若喪失了歷史感、價值觀和未來的願景，絕不可能成為偉大的政治家。一邊紀念蔣經國，一邊紀念二二八和白色恐怖的受害者，兩者之間能順利實現對接與融合嗎？

　　難怪曾經擔任總統府副秘書長的社會學者姚人多對此發聲批評。姚人多認為，政治上總有一些東西，不應被拿出來交換，「而這些不能交換的東西便構成了價值」。他反對蔡英文紀念蔣經國，就是因為蔡英文把轉型正義拿去政治市場上交換，拿來作為政黨角力與政治攻防的工具。姚人多最後的結論是：「總統，您錯了。妳讓妳的國民陷入道德及價值上的錯亂，妳讓轉型正義無以為繼，妳紀念蔣經國的邏輯恰好就是蔣家迫害台灣人民所使用的邏輯。」

　　蔣經國的核心價值並非「反共」和「保台」。就「反共」而言，蔣經國和國民黨的「反共」只是為了捍衛他們的家天下和黨天下，並非出於堅持民主、自由和人權的價值而「反共」。前一種「反共」與後一種「反共」用語雖相同，實則天壤之別。蔣經國將「反共」當作一個無所不包的垃圾桶，他在日記中寫道，凡是他認定的「政治上的陰謀分化偏激分子」，「應一律以共黨分

子視之，必須從嚴處理」。另一方面，若是共產中國願意承認敗
退台灣的國民黨政權（或是在國共內戰中接受史達林「劃江而
治」的建議），蔣氏父子不會拒絕與共產黨再度合作 —— 就出
身而論，國民黨和共產黨都是蘇共及共產國際炮製出來的孿生兄
弟，或者說，國民黨是庶長子，共產黨是嫡次子，「哥倆好」不
足為奇。今天的國民黨甘心情願地充當中共在台灣的「隨附組
織」亦是淵源有自，這個裝睡的黨是叫不醒的。

　　就「保台」而言，在兩蔣眼中，台灣只有在作為「反共復國
基地」時，才有被保衛的價值。反之，如果台灣人要追求獨立，
就成了與共產黨並列的敵人。在美麗島事件中，軍事法庭的〈起
訴書〉為了彰顯八名被告通敵叛國之滔天大罪，將「勾結共匪」
與「台獨」都列入罪名，虛構了一個西跨台灣海峽、東越太平洋
的既統又獨叛國大陰謀。歷史學者陳佳宏在《台灣獨立運動史》
中一針見血地指出：「『統』與『獨』二者非但截然不同，甚且
對立。因此，〈起訴書〉將統、獨事端同時入罪於同一人，難免
造成矛盾。以黃信介為例，任憑其有通天本領，又豈能與水火難
容的統獨雙方同時掛鉤，並且得到中共及『台獨聯盟』二者的支
助。」可見，蔣經國不是「保台」，而是「保國」（國民黨和中
華民國）。這樣的蔣經國，值得紀念和推崇嗎？

　　台灣有蔣經國崇拜，中國有鄧小平崇拜。隨著兩岸交流的頻
繁，台灣的蔣經國崇拜擴展到中國，而中國的鄧小平崇拜也蔓延
到台灣。然後，此兩者在西方都有一定的市場。

　　中國的自由派公知對鄧小平及「改革開放」的迷戀，以清華大學法學教授許章潤為代表。被譽為中國知識分子良心的許章潤，公開發表萬言書聲討習近平，他在半文半白的文章中指出：「照此趨勢以往，『改革開放』會否就此終止，極權回歸，亦未可知……此時此刻，全體國民之最大擔憂，莫此為甚。」許章潤希望中國回到鄧小平時代，一切問題皆可迎刃而解。

　　《紐約時報》資深記者儲百亮在一篇評論文章中指出，許章潤代表了中國社會一股強大的揚鄧貶習的思潮：「儘管習近平已經拋棄了鄧小平的一些務實政策，黨內領導者們仍崇敬鄧小平。更開明的前官員們還將鄧小平視為偶像，賦予他一個更溫和的領導人形象，以襯托他們認為是習近平帶來的狂妄自大。」

　　西方的中國研究界似乎也都如是觀。「儘管現實情況要複雜得多，但鄧小平的公眾形象通常可以歸結為一個詞：改革家」，哈佛大學魏德海國際事務中心學者朱利安‧格維茨（Julian Gewirtz）評論說，「習近平現在顯然在偏離鄧小平支持的一些基本東西，比如更開放的思想辯論，更大程度的黨國分離，以及在國際關係上『韜光養晦』等做法。」所以，「對於習近平的批評者來說，鄧小平可能是一個有用的象徵性武器，因為他有一個特殊的改革家形象。」而澳洲學者白傑明（Geremie R. Barmé）也認為：「許章潤寫了一篇中國文化核心挑戰共產黨政治核心的檄文，其內容以及強有力的文風將在中國的整個黨國制度、乃至更廣泛的社會中產生深刻的共鳴。」讓我驚詫的是，白傑明在三十多年前是劉曉波的好朋友，寫過若干文章討論劉曉波的思想，難

道他看不出劉曉波與許章潤的巨大分歧，難道他忘記了劉曉波對鄧小平尖銳而深刻的批判？

我寫了一篇題為〈回到鄧小平時代不是拯救中國的良方——我為什麼對許章潤的萬言書評價不高？〉的評論文章，指出許章潤之盲點。我認為，許文的致命缺陷是，雖然批判習近平的種種倒行逆施，卻對鄧小平時代（包括江胡時代）持基本肯定態度（作者又提出平反六四的呼籲，遂陷入自相矛盾：鄧小平不正是六四屠殺的罪魁禍首嗎？）。許氏盛讚鄧小平時代的「嚴厲打擊刑事犯罪運動」，該運動以「從重、從快」原則槍殺了數萬沒有犯死罪的受刑者，身為法學教授，難道對此一無所知？許氏認為，過去三十多年的「改革開放」是中共統治合法性的來源，「證明為最具正當性的政治路線，也是全體公民和平共處最低限度的社會政治共識」。他有什麼權利代表「全體公民」來肯定鄧小平呢？

毛、鄧、習（包括江、胡）在極權主義的本質上是一樣的，只是在統治策略上有所差異而已。習當然要批判，但重新將鄧推上神壇、美化鄧時代，絕非解決當下中國難題的妙方。反習不反鄧（包括被韭菜皇民們崇拜的朱鎔基、溫家寶），反習不反共，必定是到老一場空。

耐人尋味的是，那些代表華爾街、矽谷利益的西方資本家和知識菁英，亦對許章潤的說法心有戚戚焉——他們的觀點跟他們的錢包保持一致。金融大鱷索羅斯多次公開發表文章批判習近平，他希望中共內部出現比較溫和改革的領導人來取代習近平，

重建中國與華爾街的良好關係，回到大家一起悶聲發大財的年代。然而，那個時代再也回不去了。

習與鄧是一體兩面。習近平的「有所作為」不是對鄧小平的「韜光養晦」的背叛，「有所作為」是「韜光養晦」的第二階段。進而言之，鄧小平和習近平都是中共體制的必然產物，只是在不同的歷史時期，中共和中國需要不同風格的獨裁者罷了。台灣經濟學者吳嘉隆評論說：「索羅斯發出的弦外之音是『倒習不倒共』，他不是探討如何讓中國變得更好，而是在救共產黨！國際資本主義勢力將來會發現，真正的問題在於中共這個體制：中共內在的對外擴張衝動本質上是粗暴與掠奪，必然會破壞國際秩序的現狀，也必然會出現『另一個習近平』。」

作為「天安門之子」，六四的槍聲讓十六歲的我提前完成了成年禮，當時我在日記中將自己想像成黃藥師那樣的絕世大俠（那時中國正在熱播港劇《射鵰英雄傳》），可以飛簷走壁，到中南海去擊殺鄧小平，如李白〈俠客行〉所描述的那樣：「趙客縵胡纓，吳鉤霜雪明。銀鞍照白馬，颯沓如流星。十步殺一人，千里不留行。事了拂衣去，深藏身與名。」後來，我在北京與劉曉波和天安門母親丁子霖等師友相濡以沫，看到帝都緹騎四出、「鉤黨之捕遍於天下」，自然對鄧小平毫無好感，不會幼稚到像許章潤那樣向鄧小平叩頭。

但是，在我二〇〇六年第一次訪問台灣之前，對台灣所知有限，讀美國學者陶涵之《蔣經國傳》，不知道這是一本拿錢寫的

歌功頌德之作，受其影響，對蔣經國頗有好感，一直憧憬出現
「中國的蔣經國」，卻不知道鄧小平和蔣經國都不是戈巴契夫。
直到此後我多次訪問台灣，得見彭明敏、林義雄、黃文雄等若干
台灣民主運動的先驅，撰寫五卷本的《台灣民主地圖》系列，才
如剝洋蔥般一層層地剝掉蔣經國臉上的重重油彩。

　　在今天的中國與台灣，崇拜毛澤東或蔣介石的人已是少數，
但鄧小平和蔣經國仍被很多人視為改革者乃至改革家。若不破除
鄧小平和蔣經國之偶像崇拜，中國的民主化不可能啟動，台灣的
民主亦難以鞏固。

　　鄧小平與蔣經國是同代人，後來分別成為極權中國與威權台
灣的最高領導人，關於鄧小平和蔣經國的傳記和研究著作早已汗
牛充棟，但至今沒有出現對兩人的較有深度的比較研究。於是，
我有了寫一本《鄧小平與蔣經國：偽裝的改革者》的想法。數年
間，我在美國國會圖書館及各名校圖書館、台灣國史館及中研院
和各大學圖書館查閱史料，尤其是從國史館檔案史料文物查詢系
統之「蔣經國總統資料庫」和學者宋永毅等編輯的《中國當代政
治運動史數據庫》中發掘出大量的珍貴史料。

　　本書以蔣經國和鄧小平的死亡及其影響為引子，以下分為九
章：

　　第一章為〈弒父與尋父〉，鄧蔣兩人早年都有弒父情結，後
來又尋求精神上的父親 ── 鄧小平的精神之父是毛澤東，蔣經
國的精神之父是其肉身之父蔣介石。

　　第二章為〈留蘇同學〉，鄧蔣兩人都有留學蘇聯的背景，且

有一段時間為莫斯科中山大學同學。此段經歷影響兩人一生之行事為人，兩人在不同程度上都是史達林主義者。

第三章為〈不穿軍裝的軍人〉，鄧蔣兩人都是不穿軍裝的軍人，鄧是解放軍中未授銜的「第十一位元帥」，蔣是中華民國陸軍二級上將。他們的長項不是運籌帷幄、決勝千里，而是沿用蘇聯的政工和政戰制度，將軍隊打造成黨軍。

第四章為〈「紅色恐怖」與「白色恐怖」〉。鄧蔣兩人都是手上沾滿鮮血的獨裁者：鄧小平作為毛澤東的助手，參與土改、鎮反、反右等一系列血腥政治運動，後來獨掌大權，嚴打、反資產階級自由化，直至六四屠殺，是為「紅色恐怖」。蔣經國作為蔣介石的助手，掌控了國府遷台之後的特務系統，掀起了一系列鎮壓行動，接班之後繼續維持戒嚴狀態，反共與反台獨兩手抓，是為「白色恐怖」。

第五章為〈美麗島與天安門〉。鄧蔣兩人都是殺人不眨眼的屠夫，美麗島事件與天安門屠殺是兩個經典的案例：蔣經國是美麗島事件的總導演，因美國壓力，在美麗島大審中未能如願殺人，美麗島之後，默許林宅血案、陳文成血案、江南案等一系列血雨腥風的殺人案發生；鄧小平是六四屠殺的最高決策者，讓百年來兵不血刃的北京（包括日軍佔領時期）在和平時代淪為人間地獄，甚至發生坦克將人壓成肉餅的慘劇。這兩個事件表明，鄧蔣為維持權力，可不惜一切手段。

第六章為〈黨天下〉。鄧蔣兩人都是列寧式（或半列寧式）政黨的黨魁，維護黨國體制、以黨代國，也都從蘇聯學到警察國

家和特務治國模式。比起更具卡里斯瑪魅力、更喜歡自行其是、統治更有個人風格的毛澤東和蔣介石來，鄧小平與蔣經國更像是漢娜・鄂蘭所說的「惡之平庸」，更像是官僚體系之中的「黨棍」。

　　第七章為〈鳥籠經濟〉。鄧蔣「政治上收緊、經濟上放鬆」是一致的，但即便在經濟領域，他們亦非自由市場經濟論者。兩人都願意參與全球化及國際貿易，以勞動密集型產業和低廉勞工創造經濟奇蹟，卻仍然讓交通、能源、通訊等經濟命脈掌握在國有（公營）企業手中，並對計畫經濟模式念念不忘。

　　第八章為〈愛憎美國〉。對美國的態度，在相當程度上就是對民主、自由等價值的態度。鄧蔣表面上親美，骨子裡反美，他們同意學習西方的技術，「師夷長技以制夷」，但絕不學習西方的政治文明。

　　第九章為〈接班人和遺產〉。極權或威權政治下，接班人順利接班是大難題。鄧蔣都未能實現子女接班，其選擇接班人亦一波三折。鄧先後罷黜胡耀邦和趙紫陽，最終選擇了江澤民和胡錦濤（隔代指定的接班人），使得中國繼續走在獨裁專制道路上，確保了「紅色江山不變色」。而蔣經國選中的李登輝則帶領台灣走向民主化和本土化，「兩岸猿聲啼不住，輕舟已過萬重山」，國民黨逐漸失去人心也失去政權，這或許是蔣經國生前始料未及的結果。中國與台灣從此分道揚鑣、漸行漸遠。對鄧與蔣而言，誰曰幸運，誰曰不幸？

　　否定蔣經國和鄧小平的神話，不是歷史虛無主義，而是破除

宣傳假象、還原歷史真相。唯有徹底終結皇帝文化和偶像崇拜，才能「因真理得自由」。

二〇二二年二月十日
美利堅合眾國維吉尼亞共和國費郡綠園群櫻堂

第一章　弒父與尋父

與一個自認擁有真理的人相比，

魔王也要自歎不如。

—— 西奧蘭（Cioran，羅馬尼亞哲學家）——

　　近代心理學家佛洛伊德提出「弒父情結」概念，也叫「伊底帕斯情結」。他認為男孩心裡都想要殺死父親並取而代之，他將弒父合理化，是心理學走入歧途的一個轉折點。當然，給古典世界致命一擊的、似乎一勞永逸的弒父，是尼采宣揚的「上帝已死」。既然「上帝已死」，人間和人類便再無是非、善惡、對錯，人可為所欲為。那些以為比上帝更強大、更全知全能的獨裁者、暴君、「老大哥」便施施然地取代上帝、君臨天下。

　　尼采哲學的升級版，不是納粹主義，而是馬克思主義。馬克思聲稱，他不僅痛恨他的父親，更「痛恨所有的神靈」。馬克思的共產主義是人本主義的唯一具體實現，他非常明確地宣稱是對人類整體問題的最終解決。

　　種下是龍種，收穫是跳蚤，播種者早已心知肚明。左派的烏托邦是地獄，用俄國革命者席嘉列夫的話來說就是：「我從無限制的自由出發，達到無限制的專制。」尼采、佛洛伊德和馬克思全都無法擺脫此一惡性循環。尼采晚年發瘋，希特勒在地下堡壘自殺身亡，史達林躺在其屎尿中羞辱地死去，他們沒有成為上帝，甚至沒有成為更好的父親。

　　共產黨人多多少少都有弒父情結。馬克思揮霍成性又不願意工作，首要受害者是他的家人，馬克思的父親海因利希一直供應兒子金錢，他寫給兒子的最後一封信，是一八三八年二月——當時海因利希已時日無多，反覆抱怨馬克思對家人漠不關心，只想得到幫助或是發牢騷：「現在你法學課程才過了第四個月，你已經花了二百八十塔勒，我整個冬天都沒賺這麼多。」在馬克思

看來，父親只是他的提款機，他無窮索取，而毫無回報，對革命者來說，「愛」是軟弱的標誌。歷史學家保羅・約翰遜指出，馬克思哲學的實際內涵與其人格的四個面向有關：嗜好暴力、渴求權力、理財無方、習慣剝削身邊的人。[1]

馬克思的追隨者們，之所以自稱「馬克思主義者」，就是以革命之名泯滅一切社會關係，包括親情。以馬克思取代肉身意義上的父親，也像馬克思那樣視父親為寇讎。中共破除了中國儒家傳統中的家族觀念，尤其是兒女對父母的孝順，卻強化了儒家傳統中的君臣依附關係 —— 黨國（及其領導人）取代了君王，對黨國的絕對忠誠成為國民的基本素質和必備的生存法則。

血液裡的袍哥性格

鄧小平出身於袍哥人家。

袍哥是清初出現的以反清復明為宗旨的祕密會黨，到清中葉咸、同年間勢力迅速蔓延，尤其在四川形成龐大的社會力量。四川總督岑春煊在奏折中說「四川會黨之風甲於天下」，民間也承認「各省漢留之盛，莫過於四川」。

近三百年間，四川等地的袍哥一直與地方政府和地方菁英爭奪地方控制權，與地方政權的演變共進退。同時，這個組織與地方菁英、保甲、團練等也有千絲萬縷的聯繫。太平天國之亂後，清帝國中樞統治弱化，地方督撫坐大，軍紳政權逐漸形成。入民國，北京中央政權的實際統治區只有北方數省，其他省份大都由

半獨立的軍閥或政治強人控制。他們的統治與帝制時代一樣，只能到縣一級，縣之下的地方政治、經濟和文化事務，由士紳、團練等共同治理，袍哥等祕密會黨悄然浮出水面。文學家李劼人在《死水微瀾》中就以袍哥領袖為主人公，描繪了一幅川西平原的清明上河圖。

革命黨人謀求推翻清帝國的統治，聯合袍哥等會黨力量是其重要策略。牽動武昌起義、導致清帝國崩潰的四川保路運動，袍哥是主力。因為有功於革命，袍哥在民國初年贏得了某種半合法身份。二十世紀二三十年代川省政局不穩，兵匪盛行，秩序混亂，各防區需要袍哥維持秩序，組建團練，發展武裝，控制地方，保境安民。歷史學者王笛指出，地方官員不得不承認袍哥勢力，一些袍哥大爺憑藉眾兄弟夥的力量，順理成章的出任團總等職務。[2]

鄧小平的父親鄧紹昌就是在地方上一言九鼎的「袍哥人家」。鄧家是明朝初年從江西遷入四川的客家人，鄧紹昌出生於廣安縣牌坊村一個富裕農夫和手工業者家庭，繼承了一百二十挑穀地，因善於經營很快發展到擁有二三百挑穀地。他在成都法政學校接受過少許新式教育，回鄉當過小學老師。由於性情豪爽、能說會道且頗具經濟實力，在當地袍哥組織脫穎而出，先後當上「三爺」及「掌旗大爺」。入民國後，鄧紹昌追隨軍閥楊森，逐漸坐大，當上廣安縣團練局長、八縣聯防副指揮等要職，手下有一營武裝（六七百人），權力不亞於縣長。據說出門時乘坐八人抬的大轎，前呼後擁，十分威風。[3]

　　作為家中長子，鄧小平從小生長在備受寵愛與呵護的環境之下。鄧家大宅有二十一間房間，院子裡鋪上石板，經濟狀況優於毛澤東家——儘管毛澤東家在當地也相當富庶。根據鄧小平一九二六年一月在莫斯科中山大學撰寫的自傳（這種自傳會收入個人檔案，是共產黨控制黨員的一種重要技術）所述，其「家境殷實」，除了父親掙來的錢「可以補助家庭的需用」，「還有每年幾十石租及幾萬株桑的收入」。[4]

　　多年之後，身為共產黨高幹的鄧小平稱其父親為「小地主」，有時候甚至說是「中農」。他本人在中共建政之初主政西南，在四川施行殺人如麻的土改，這樣說自然是為自己的「壞出身」開脫，幸虧他父親早已去世、他們的家境遠不如鼎盛時期。一九六七年，紅衛兵在大字報中揭發，鄧紹昌擁有大約二十英畝土地，還僱用許多勞工，是大地主。[5]

　　當時的四川社會，基本上是軍紳聯合統治，鄧文明既是紳士又是軍人，而且他有一個更重要的身份：袍哥領袖及「五字教」首領。這兩個民間會道門影響極大，在基層社會具有政府不能及的動員和組織能力。

　　鄧紹昌成為袍哥大爺，除了財力和社交手腕之外，也有好勇鬥狠的一面。他對孩子很嚴厲，動輒打罵，孩子們都很怕他。鄧紹昌給自己取的字為「文明」，這是一個從日語中借用過來的新詞，可見他頗為趕時髦；他給兒子取了一個有弒父隱喻的名字「鄧先聖」——取孔先聖而代之。兒子上私塾時，私塾老師認為這個名字對孔聖人大不敬，徵得鄧紹昌同意，將孩子改名為

「鄧希賢」（見賢思齊之意）。[6]一九二七年，在危險的地下黨生涯中，這個年輕人取了一個更平庸的化名「鄧小平」——這個名字一直沿用至死，這也是對其父親的命名權的反叛。中共建政之後，中共很多高級領導都使用革命時期的化名，甚至都不用原來的姓，如康生、彭真等人皆如此。

父親遺傳給鄧小平火爆的性格——中共內部稱鄧小平為「辣椒拿破崙」與「小火砲」，就連毛澤東也說鄧小平是「綿裡藏針」、「開鋼鐵公司的」。鄧小平與母親感情很深，但與父親的關係冷漠而緊張。還沒有等鄧小平長到青春叛逆期，父親已離家而去：鄧紹昌在一場地方派系鬥爭中失敗，遭到對方追殺，逃亡到重慶。有人認為，鄧紹昌同意賣土地湊錢送鄧小平到法國去「勤工儉學」，是為了避免父子關係更加惡化。[7]也有人記述鄧家鄉親的回憶，說鄧氏父子相處融洽，宛如朋友，但這不符合鄧紹昌的袍哥性格，他不可能「新派」到視兒子如朋友的地步，即便逃亡在異鄉，他仍然企圖遙控家族的大小事務。

一九二〇年九月十一日，十六歲的鄧小平乘坐輪船從重慶沿江而下到上海，然後遠赴法國勤工儉學。鄧小平從此離開老宅，一輩子都沒有回去過，即便其晚年成為中國說一不二的最高統治者，也不曾像毛澤東那樣屢屢衣錦還鄉。

從此，鄧小平與父母訣別。鄧小平的母親淡氏於一九二六年在家中病逝，當時正在上海從事極度危險的地下工作的鄧小平，沒有回家參加母親的葬禮。一九三八年的某一天，鄧紹昌在從寺廟回家時遭到仇家伏擊而客死異鄉，此時在延安已是中共方面大

員的鄧小平，更不可能到國民黨統治區參加父親的葬禮。鄧小平
沒有直接弒父，但他在精神上與父親徹底斷絕 —— 儘管他一直
得到父親的接濟，一九二七年他在上海第一次結婚時，曾寫信向
家裡要錢辦婚禮，這個做法跟今天那些成年後經濟仍然不能自立
的「啃老族」無異。

　　鄧小平離家較早，他的父親也在外避禍，所以父子之間並未
發生面對面的激烈衝突。毛澤東比鄧小平更有「逆子」之性格。
毛在少年時代即多次頂撞父親，並以離家出走來逼迫父親做出
讓步。他反駁父親說，經書上說「父慈子孝」，可見「父慈」在
先，「子孝」在後，哪有父不慈而子能孝的呢？[8]毛心中對父親
充滿仇恨，文革中紅衛兵有一種折磨人的酷刑叫「噴氣式」，就
是將受害者雙臂狠狠擰在身後，左右兩人一起擰臂，一手重重地
按頭，受害者受盡屈辱且痛不欲生。毛看到此情此景，對紅衛兵
領袖說，他父親「要是現在也得坐噴氣式」。[9]

　　作為一種現代意識形態的馬克思主義，進入中國之後迅速打
垮兩千年的儒家思想，「君君臣臣父父子子」的儒家秩序在短短
二三十年間被全面顛覆。作為觀念秩序而言，儒家思想的抗震性
相當薄弱，無法抵禦各種西方現代思潮，馬列主義由此在中國長
驅直入、所向披靡。毛澤東、鄧小平與父親和家人的疏離狀態表
明，對革命者而言，維繫傳統社會的家族倫理無足輕重，家族和
家庭被當作「四舊」掃除。在毛澤東的中國，在歷次殘酷的政治
運動中，家人之間互相監視、告密、鬥爭成為司空見慣的常態。

　　袍哥人家，盜亦有道。與之相比，共產黨則是為了達到目的

不擇手段，道義更是被棄之如敝屣。袍哥這個古老的草根組織成為共產黨掌權的阻礙 —— 在國共之爭中，袍哥更傾向支持國民黨政權，對共產黨這種外來意識形態心存懷疑。共產黨擊敗國民黨之後，鄧小平主政西南，所做的第一件事就是徹底清洗和查禁袍哥等組織。在鎮壓反革命運動中，數十萬袍哥成員被關、被殺。袍哥這個從清帝國時代就在西南地區根深蒂固、權傾朝野的民間組織，被共產黨新政權連根拔起、斬草除根。若是鄧小平的父親還活著，估計也難逃法網。鄧紹昌死得早，對於鄧小平來說是件好事，否則鄧小平還得完成親手弒父這件麻煩事。共產黨的天下，唯有共產黨才能是管天管地的黑幫，其他黑幫都得退出歷史舞台。不過，鄧小平加入中共這個具有現代極權主義特徵的超級黑幫，存留在他血液裡的袍哥性格對他在權力場中克敵制勝不無幫助。那些低估鄧小平的人，往往不知道或沒有重視其「袍哥人家」的出身。

鄧小平始終是毛澤東的棋子

　　一九二七年四月十二日，蔣介石先下手為強，在上海等地發起清共運動，捕殺數以千計的共產黨人；七月十五日，汪精衛的武漢政府也宣布分共，過程相對平和。遭遇重大挫敗的中共在漢口匆匆召開「八七會議」，在莫斯科老大哥的操縱下，此次會議將「大革命」失敗的罪責推到總書記陳獨秀身上，給陳獨秀安上「右傾投降主義」的罪名，並安排激進左派文人瞿秋白出任總書

記，並以在各地發動武裝暴動來挽救危局。此時，從蘇聯受訓回國的鄧小平得到重用，出任中央秘書（後任秘書長），負責安排此次會議。

正是在這次會議上，鄧小平第一次見到大名鼎鼎的毛澤東。那時，毛尚未進入中共決策核心，但毛在會上提出「槍桿子裡出政權」的說法，給鄧留下深刻印象。兩人在此次會議上並未建立起親密的個人關係，但鄧對毛這位「農民王」相當佩服。此前，鄧在馮玉祥的西北軍從事政治教育工作，但一旦時勢突變，他和其他共產黨員立即被趕走，一番心血化為烏有。鑒於此教訓，鄧認同毛建立共產黨自己的武裝力量、搞暴力革命的主張，他後來多次說：「最中心的是武裝鬥爭，沒有堅強的武裝鬥爭作核心，其他一切都困難。」[10]

唯有得到軍權支撐的權力才是穩固的權力，這是毛主義的核心所在，鄧小平對此深信不疑。鄧小平在文革之後復出，牢牢掌權一直到死，沒有人能對他的「婆婆」地位構成實質性的挑戰，根本原因就是他控制了軍權。軍權在手，他就是中共這個匪幫集團的「舵把子」，一言不合，即可幹掉與之意見分歧的其他高官。比如，鄧破壞黨內規章程序，先後罷黜兩任總書記胡耀邦和趙紫陽，胡趙雖名為黨魁，手中無一兵一卒，就只能坐以待斃。一九八九年民主運動中的學生和知識分子都忽略了鄧的「袍哥人家」的歷史和鐵桿毛主義者的身份，誤判鄧不會像毛那樣殘忍，最終惹來殺身之禍。

一九三一年五月，鄧小平從上海赴江西「中央蘇區」。毛

時任中央執行委員會主席和中央委員會主席，鄧被任命為「首都」瑞金（改名為瑞京）縣委書記，當上了「京兆尹」。這是鄧正式成為「毛派」的標誌——從此，他將比他年長十二歲、與他相差半代人的毛澤東當作「精神之父」，與之共進退。多年以來，鄧小平都是從下方仰望毛澤東，承認毛為不容置疑的最高權威。[11]

按照中共派系鬥爭的規律，從來都是「一榮俱榮、一損俱損」，跟錯了人、站錯了隊，就是萬劫不復的「路線錯誤」。一九三三年，上海的中共臨時中央在國民黨的壓迫下瓦解，被迫轉移到瑞金。臨時中央與蘇區中央合併，留蘇派領袖王明在莫斯科支持下取得最高權力，作為「土鱉」的毛澤東乖乖靠邊站，被撤銷了紅一方面軍政治委員之職，失去軍權，等於虎落平陽、任人擺布。

隨即，中共內部展開新一輪殘酷內鬥。王明和共產國際顧問李德在莫斯科的支持下，主張與國民黨軍隊正面對決，傾向游擊戰的毛澤東被打成「逃跑退卻的機會主義」，受到猛烈批判。鄧小平、毛澤覃（毛澤東的小弟弟，時任公略中心縣委書記）、謝唯俊（井岡山時期即追隨毛，時任江西軍區第二軍分區司令員）、古柏（深得毛器重，時任省蘇維埃政府黨團書記）等四人被打成代表「江西羅明路線」的「四人幫」（亦被稱為毛的「四大金剛」）。鄧小平受到嚴厲指責，被稱為「毛派頭子」，甚至鄧小平的第二任妻子金維映也加入批判鄧——不久，金維映提出與鄧小平離婚，隨後改嫁於李維漢。批判鬥爭結束後，鄧小平

受到撤銷省委宣傳部長職務和黨內最後嚴重警告處分，被下派到
樂安縣屬南村區委當巡視員，半個月後又被調回紅軍總政治部，
隨後又被安排到七里村監管勞動。這是鄧小平人生中的第一個低
谷。此四人在遭受批判時都竭力迴護毛澤東，給毛留下患難見真
情的印象。除了鄧小平之外，其他三人在與國民黨作戰中死去，
鄧是唯一的倖存者，故而毛將鄧視為其嫡系人馬。

　　毛在遵義會議上取得軍隊指揮權之後（鄧以書記員的身份列
席會議），鄧小平作為毛的嫡系人馬，也得以節節高升。鄧先後
被任命為中央秘書長和紅一軍團政治部宣傳部長等要職。鄧在長
征途中負責宣傳以維持紀律，有不少機會與毛澤東交談，兩人的
關係進一步加深。

　　正因為與毛的這段淵源，在中共建政之後，鄧小平官運亨
通。一九五二年七月，鄧小平與習仲勛、鄧子恢、饒漱石、高崗
等五名地方大員被調到中央出任要職，一時有「五馬進京」之
說。鄧出任政務院（國務院）常務副總理兼財經委員會副主任，
兼任政務院交通辦公室主任和財政部長。毛澤東下達書面命令：
凡提交黨中央的政府文件首先要經鄧小平過目。

　　一九五六年，在中共八大上，毛親自提名鄧出任新設置的
中共中央書記處總書記。毛說，將原來的秘書長變為總書記，
「只是中國話變成外國話」。鄧表示，自己「一不行，二不順」，
「誠惶誠恐」。毛說：「我看鄧小平這個人比較公道。……他比
較有才幹，比較能辦事。……他犯了錯誤對自己很嚴格。他說
他有點誠惶誠恐，他是在黨內經過鬥爭的。」[12] 言外之意是說，

在過去黨內路線鬥爭中，鄧站在毛這一邊，是毛的「自己人」。鄧除了當上主管黨務的總書記，還成為政治局常委，進入最高決策層，在毛澤東、劉少奇、周恩來、朱德、陳雲、鄧小平等六大常委中，鄧是資歷最淺、升遷最快的。

一九五〇年代末，毛的激進路線造成大饑荒等災難，鄧一開始對毛亦步亦趨，後期又負責修補災禍。在此過程中，鄧在經濟政策上與劉少奇接近。在七千人大會後，劉、鄧出面主持中央日常工作，成為一線的主要領導，而毛退居二線。在此期間，毛、鄧產生裂隙，毛懷疑鄧投靠了劉。

一九六五年一月，中共召開中央工作會議，鄧小平出於照顧毛的身體，建議他可以不參加閉幕式。不料，毛勃然大怒，拿出《憲法》和《黨章》，氣勢洶洶地興師問罪，說劉少奇和鄧小平剝奪他的「言論自由」，甚至對劉少奇說：「你有什麼了不起，我動一動小指頭就可以把你打倒！」[13]

一九六六年，毛發起文革運動，依靠紅衛兵、造反派和軍方的力量，一舉打倒劉、鄧官僚集團，奪回實權。擴大政治局是史達林的慣用手法，在毛操縱的十一中全會上，毛如法炮製，把康生和陳伯達，徐向前、聶榮臻、葉劍英三位元帥也拉進政治局。林彪取代劉少奇成為指定接班人。

耐人尋味的是，當劉少奇在政治局中的排名跌至第八位時，鄧小平的排名卻上升了一位。若非江青的抗議，他可能排得更高。為什麼毛會允許這種情況發生？

首先，毛力圖防止劉和鄧聯合起來，號召中央委員會來反對

他。作為一名老游擊戰士,毛深知不能同時對付他所有的敵人。讓鄧暫時留在高位上,使這位總書記產生一種虛假的安全感。但與此同時,鄧的書記處被摧毀,關鍵人員被清洗掉,鄧如同被拔掉利爪的貓。只要稍等幾個月,鄧將在一陣急驟的污衊中被搞掉。[14]

其次,毛對劉、鄧一向是分開看的,劉、鄧在黨內確實沒有太深的派系淵源。「我歷來不主張把鄧小平同劉少奇搞到一塊」——劉是敵我矛盾,鄧「是犯了錯誤,還是人民內部矛盾」。毛特別提及:「鄧做了很多壞事,也做了些好事,如蘇共『二十大』,他不同意。也未查出他是叛徒。……蘇區鄧、毛、謝、古,他是反王明的。」

第三,毛看重鄧在軍方的影響力。鄧雖然不是元帥,其在軍方的地位卻不亞於元帥。毛確立了林彪的接班人地位後,卻並不完全信任林彪,不願讓林彪「四野」的力量一枝獨秀。文革初期,解放軍原有的四大山頭中,彭德懷的「一野」和陳毅、粟裕的「三野」均已衰敗不堪,所以毛要讓以鄧為代表的「二野」對林彪的「四野」發揮某種制衡作用。林彪當然知道毛的用心,不容鄧挑戰其地位。鄧小平後來回憶說:「我答應了,但與林彪談了一次就談崩了。」[15]

第四,鄧是中共高層最善於自保的人。他不像彭德懷那樣固執,也比劉少奇更懂得見風使舵,在受到批判時,慌忙向毛遞交檢討書——善於寫檢討,是鄧小平在黨內鬥爭中自保的祕訣。毛看了鄧的檢討稿之後,意味深長地批示說:「小平同志:可以

照此去講。但在第九頁第一行『補過自新』之後,是否加一句積極振奮的話。……幹了半輩子革命,跌了跤子,難道就一蹶不振了嗎?」[16]可見,毛內心對鄧是有保留的。

所以,儘管文革針對的頭號目標是劉少奇、第二號目標是鄧小平,但毛澤東對劉少奇和鄧小平明顯區別對待:劉少奇被迫害致死,鄧小平則始終只是陪綁的地位,很快被安排到江西工廠監管勞動,未曾受到人身折磨。鄧是毛留下的一枚備用的棋子。

果然,林彪事件後,毛的威望受到沉重打擊,被迫調整文革中的若干激進政策。周恩來藉機填補林彪集團瓦解後留下的權力真空,儼然成為第二號人物。周的權力急劇膨脹,已然威脅到毛及其支持文革派。這時,毛又想起了鄧小平,正好起用鄧小平來「挾制乃至取代周恩來」。[17]於是,這枚棄子忽然成了香餑餑。

「天安門的毛像要永遠保留」

鄧小平抓住這個千載難逢的機會,給毛澤東寫信認錯:「到現在,我仍然承認我所檢討的全部內容,並且再次肯定我對中央的保證,永不翻案。」鄧再次向毛低頭檢討說:

我另一個最大的錯誤,是在到北京工作以後,特別是在我擔任黨中央總書記之後,犯了一系列的錯誤,一直發展到同劉少奇一塊推行了一條反革命的資產階級反動路線。總書記的工作,我做得很不好,沒有及時地經常地向主席請示報告,犯了搞獨立王

國的錯誤。在六○、六一年困難時期，我沒有抵制三自一包四大自由等資本主義的歪風，沒有遵照主席指示抓好三線的基本建設，使不該下馬的也下了馬，推延了具有十分重大的戰略意義的三線建設。在工業建設方面，我主持搞的工業七十條，沒有政治掛帥，沒有把主席的鞍鋼憲法作為指針，因而是一個錯誤的東西。在組織上，我看錯了和信任了彭真，羅瑞卿，楊尚昆這些人。特別重大的是我長期沒有高舉毛澤東思想的偉大紅旗。無產階級文化大革命揭露我和批判我，是完全應該的，它對於我本人也是一個挽救。我完全擁護主席的話；無產階級文化大革命是完全必要的，非常及時的。

　　我犯的其他錯誤很多，在「我的自述」中交代了，這裡不再一一列舉。我的錯誤的根源是資產階級世界觀沒有得到根本改造和脫離群眾脫離實際的結果。[18]

　　然後，鄧小平水到渠成地提出重新安排工作的請求，其姿態放得極低：「我雖然已經六十八歲了，還可以做些技術性質的工作（例如調查研究工作），還可以為黨、為人民做七八年的工作，以求補過於萬一。我沒有別的要求，我靜候主席和中央的指示。」

　　毛澤東對鄧小平的服軟和乞求感到滿意，同意再次起用鄧小平。但同時毛下令將鄧小平的信和自述作為文件的附件，一起向全黨縣團級幹部發送。此舉表明毛對鄧又打又拉，限制性地使用。若毛活著，鄧如同孫悟空一樣逃不出如來佛的掌心，但若毛

死掉了，鄧可就要大鬧天宮了。

　　一九七三年十二月十四日晚，毛澤東主持召開政治局會議，宣布對鄧的重用：「現在請了一個軍師，叫鄧小平。發個通知，當政治局委員、軍委委員。政治局是管全部的，黨政軍民學，東西南北中。我想政治局添一個秘書長吧！」一夜之間，鄧這個文革中被打倒的對象、「第二號走資派」就被毛提到中央副主席、第一副總理和解放軍總參謀長的高位，掌握了黨政軍實權，權力之大僅次於毛和周 —— 而且很快就接替了周恩來，開始重建政府部門，修復文革造成的破壞。

　　有了毛的准許，鄧小平果斷地恢復黨組織的建設，將民事機構中的軍方人員全部移除，並徹底終止了一九七四年造成經濟衰退的經濟衝突。相比於重病的周恩來，鄧做的更多，做事也更果斷。但是，鄧所做的超出了毛的預想，鄧的很多政策，如建立更強大的科技界、恢復高等教育、以按勞分配的原則提振工人的積極性、引入外國高科技、與國際貿易規則接軌等等，事實上站在了「維護文革成果」的對立面。[19]

　　重返權力核心的鄧小平與江青等文革既得利益集團必然發生劇烈衝突。毛讓鄧小平主持三次政治局會議（一九七五年四月二十七日、五月二十七日和六月三日）痛批江青及文革派，責令江青寫出書面檢討，其實江青是在代毛挨批和受罪。這顯示了鄧的權力越來越大，而毛不得不採取守勢。隨後，鄧小平以為自己的地位足夠鞏固，斷然拒絕了毛要他來主持一個肯定文革的決定，由此再度失去毛的信任。[20]

此時周恩來去世，民眾藉紀念周恩來宣洩對文革的不滿，「四五」運動爆發，四月四日清明節當天，天安門廣場的人數達到兩百萬人，若干口號的標語直接指向毛澤東，比如「秦始皇的封建社會已經一去不返了」。

四月七日，毛澤東的侄子毛遠新密報毛澤東：「這起反革命的政治事件⋯⋯公開舉起支持鄧小平的旗幟，並將矛頭指向偉大領袖毛主席。」天安門廣場事件被定位為反革命事件，是鄧小平在幕後策動（鄧確有參與）。毛下令免去鄧小平所有職務。但毛此時已是日薄西山，已無法將鄧置之於死地。鄧被罷官後悄然南下，前往廣州，等候毛歸天。有一種說法稱，葉劍英將鄧送上軍機，載往廣州，受與鄧相識的廣州軍區司令員許世友保護。[21]

鄧不是毛欽定的接班人，但以其積累的權勢與聲望，只要毛一死，他必能再度崛起。毛死後，鄧小平的復出果然勢不可擋。華國鋒、汪東興等不願鄧復出，卻無法阻止這一趨勢。短短兩年時間，鄧小平即逼退華國鋒及其支持者——包括「顧命大臣」葉劍英，成為中國無名有實的「當家人」。

對於鄧小平來說，毛是「君父」。當鄧小平時代開啟之際，如何處理毛和毛的遺產，是鄧小平首先要解決的問題。鄧不會像赫魯雪夫否定史達林那樣全盤否定毛澤東，否定毛澤東就意味著在相當程度上否定自己。鄧否定傷及自己利益的文革，將毛的遺產作三七開式的切割處理（毛曾說鄧的功過是三七開，鄧卻「以其人之道還治其身」），而對毛個人則是降低個人崇拜的熱度、但仍維持其歷史地位並制止黨內否定毛的呼聲——其重要指標

就是在天安門城樓「永遠」懸掛毛像和維持毛的紀念堂的格局不變。

　　一九八〇年八月二十一日晚，鄧小平在中南海接受義大利著名記者法拉奇的採訪。法拉奇單刀直入地提問說：「天安門上的毛主席像，是否要永遠保留下去？」鄧的回答十分乾脆：

　　永遠要保留下去。過去毛主席像掛得太多，到處都掛，並不是一件嚴肅的事情，也並不能表明對毛主席的尊重。儘管毛主席過去有段時間也犯了錯誤，但他終究是中國共產黨、中華人民共和國的主要締造者。……拿他的功和過來說，錯誤畢竟是第二位的。他為中國人民做的事情是不能抹殺的。[22]

　　一九八〇年十月至十一月，中共中央召集黨內幾乎所有高級幹部，對歷史問題的決議稿進行了一次高層內部討論，史稱「四千人大討論」。討論進行不到一個星期，人們批毛的聲浪越來越高。鄧小平在簡報中看到若干文革中受迫害的高官嚴厲批判和否定毛的言論，就出面發表講話，維護毛澤東，制止對毛的罪行做更深入追究。鄧只承認毛存在「晚年的錯誤」，而「毛澤東思想經過實踐檢驗證明是正確的」。「毛澤東同志不是孤立的個人，……給毛澤東同志抹黑，也就是給我們黨、我們國家抹黑。」作為毛的接班人，在這條政治底線上鄧小平絕不遷就動搖。[23]

　　鄧小平當然知道長子鄧樸方的終生殘疾是紅衛兵害的。他流

放江西期間，鄧樸方被允許到江西來與父母一起生活，六十多歲的鄧小平吃力地移動重度癱瘓的兒子，幫兒子擦洗長了褥瘡的身體，他不可能對毛毫無怨恨。可是，他選擇了一種黨的利益高於自家利益的方式來評價毛。鄧深知，毛是共產黨大廈最深的一塊基石，若抽掉毛，則會出現多米諾骨牌效應，共產黨大廈必然坍塌。

鄧晚年對毛，已經不是意識形態上的忠誠，而是現實主義的利用。雖然被一些頑固的毛派攻擊為修正主義者，但鄧一輩子都是忠貞不二的毛派，毛是其精神上的父親，他一生的事業及歷史評價都與毛緊緊捆綁在一起。

蔣介石的棄子與史達林的人質

鄧小平的肉身父親鄧紹昌只是一名地方豪紳，對其政治生涯沒有什麼幫助；相比之下，蔣經國的肉身父親是國家元首蔣介石，而且他是蔣家獨子，故而生來就是太子。

蔣經國誕生於浙江奉化溪口。蔣姓是溪口大族，全鎮九百餘戶，蔣姓佔了五百。在近代軍紳政權的格局之下，浙江奉化溪口蔣家、湖南湘潭韶山沖毛家和四川廣安牌坊村鄧家都算是有一定地位的鄉紳地主家族（家族最近幾代人都沒有功名，只能算士紳中的末梢）。

蔣家之位階比毛、鄧兩家略高。首先，蔣介石的父親和官方掛鉤，經營鹽業買賣（清末鹽業是專賣），是鎮上的大戶人家；

其次，浙江的經濟和文化都領先於湖南、四川，故而蔣介石比毛、鄧都受過更好的傳統教育，且更早獲得出洋留學的機會。

共產黨打敗國民黨，毛澤東、鄧小平打敗蔣介石和蔣經國，在人文地理及意識形態意義上，是尚未近代化的內陸的湖南、四川打敗了初步近代化的沿海的浙江，是黃色文明（農業文明）打敗藍色文明（工商及海洋貿易文明），是農村土匪打敗城市流氓，是極權主義打敗威權主義，故而是歷史的大倒退。

與鄧小平一樣，蔣經國的童年，父親始終缺席，他們甚少得到父親之關愛。鄧小平的父親鄧紹昌為躲避仇家追殺而逃亡在外，拋妻棄子是不得已；蔣經國的父親蔣介石則是為了「革命」在外奔波，極少回家探視其母親、被其休掉的髮妻以及蔣家唯一的孩子蔣經國，這種生活方式是其自我選擇。童年的蔣經國，儘管衣食無憂，得到母親和祖母的厚愛，可是沒有父愛，還必須分擔被拋棄的母親的痛苦和不幸。

十二歲時，少年蔣經國來到上海投靠父親，亦希望到大城市見世面、接受新式教育。但此時蔣介石早已攜帶蔣經國的「上海姆媽」陳潔如（她只比蔣經國年長四歲）南下，輔佐孫文建立廣東割據政權。負責監護蔣經國的責任，就落到塾師王歐聲和姑丈竺芝珊身上。

十五歲的少年蔣經國在上海積極參與「五卅運動」，堅決站在反帝國主義一邊，參加過四次遊行示威，當選為學校抵制洋貨小組的領隊，並被就讀的浦東中學開除。[24] 蔣介石聞訊，安排兒子到北京讀書。但蔣經國仍高調參加反政府的學生運動，遭到北

洋政府逮捕並判處兩個星期監禁。[25]獲釋後，蔣經國希望南下廣州，追隨父親一起革命。也正是在這一年的十月一日，蔣經國經林業明介紹，在上海環龍路四十四號中國國民黨上海執行部宣誓入黨。[26]

　　此時，蔣介石已成為孫文身邊重要的軍事幹將，被譽為「紅色將軍」、「中國的托洛茨基」。蔣介石正與新夫人陳潔如如膠似漆，不願讓一個正處於叛逆期的孩子到身邊來打亂其浪漫生活。正好蘇俄創辦中山大學，幫助中國培養革命青年，在鮑羅廷的建議下，蔣介石同意送蔣經國去莫斯科留學。熟讀中國歷史的蔣介石知道這是蘇俄玩弄「人質外交」的把戲，卻不得不接受這種安排：當時決定蔣經國去莫斯科留學的，不是蔣經國自己，也不是蔣介石，而是蘇聯顧問鮑羅廷以及鮑羅廷背後的克里姆林宮。蔣介石也有其政治上的考量，蔣經國傳記作者江南寫道：「蔣介石是道地的機會主義者，又是玩弄權術的老手，送經國去莫斯科，這個注他不下嗎？後來緯國去柏林，不正是南京向希特勒認同之際嗎？至於一九二七以後戲劇性發展，使得蔣先生噬臍莫及，那是神仙都料不到的。」[27]

　　北伐節節勝利，但勢力膨脹的中共卻將國民黨拋在身後，企圖鳩佔鵲巢。國民黨軍人在前線作戰，共產黨人在後方收割。對蔣介石來說，意識形態都是騙人的口號，自身的生存才是最重要的考量，若不清共，他就會被共產黨吞噬。此時，蔣介石剛年過不惑，來不及考慮繼承人問題，而且他可能有其他孩子（當時他並不知道自己跟宋美齡不能生育）。此一階段，蔣經國在蔣介石

心中無甚地位，蔣經國在蘇聯的生活相當窘迫，蔣介石並未予以
接濟，「是外婆知情後，將全部私蓄二千元託陳果夫轉匯經國，
才解決了他的困難」。

　　一九二七年，當蔣介石決定跟蘇俄及蘇俄扶持的中共撕破臉
之際，在莫斯科的兒子蔣經國的安危並未阻止他做出此一決定。
此時，蔣經國已然改頭換面，成了俄國名字為「尼古拉」的入黨
積極分子。蔣經國為自己是蔣介石這個革命叛徒的兒子感到痛
苦，必須表明自己的態度，才能避免成為政治清洗的對象。他在
一場莫斯科精心安排的集會上登台演講，嚴詞譴責蔣介石背叛革
命。據在現場同學、後來成為國民黨特務頭子的康澤回憶：「蔣
經國上台講話，很慷慨激昂地說：『蔣介石反革命了，我宣布和
他脫離父子關係，打倒蔣介石！打倒蔣介石！打倒蔣介石！』會
場上大家報以熱烈的掌聲。」[28]

　　幾天後，蔣經國又在蘇聯官方通訊社塔斯社發表公開聲明，
宣布與蔣介石斷絕父子關係。他在公開信中寫道：「蔣中正的背
叛並不令人感到意外，當他滔滔不絕地談論革命時，他已逐漸開
始背叛革命，希望與張作霖和孫傳芳妥協。蔣中正的革命生涯已
經結束。作為一個革命分子，他已經死了。他已成為反革命分
子，是中國工人大眾的敵人。蔣中正曾是我過去的父親和革命的
朋友。他已走到反革命陣營。現在他是我的敵人。」此時，蔣經
國反對父親，不單單是出於蘇俄的壓力，也不單單是「情勢所
迫」，更是心甘情願，此一舉動符合他一貫的左傾狂熱心態。

　　蔣經國此舉，與中國數千年的文化傳統、倫理觀念，似乎大

相逕庭。但在儒家傳統中，其實也有「忠孝不能兩全」、「忠高於孝」的選擇。而在二十世紀，「革命」取代皇帝，成了高於一切的信仰及意識形態，在「革命」的旗幟之下，父子的血緣關係輕若鴻毛，若父親站在反動陣營一邊，是否跟反動的父親劃清界線，是衡量一個人是否「革命」的重要標尺。

由此，蔣經國暫時贏得蘇俄的信任，兩年後，蔣經過正式以「第四類黨員」（人民敵人的子女）的身份加入聯共（布），這表明他通過了蘇聯共產黨的審查。

中國政局劇變，在中山大學的國共兩黨的青年子弟，大都被蘇聯遣送回國。蔣經國因其特殊背景，被史達林強行留下。史達林當然知道這個年輕人奇貨可居。滯留蘇俄的蔣經國先被送到軍校受訓，又被下放到農村和工廠勞動，在大清洗的年代倖存下來。為了生存，他不斷寫信譴責蔣介石，否則他難以躲開被莫斯科器重的中共留蘇領袖王明的攻擊。中國國內謠傳蔣經國已被捕，蘇俄方面要求他給母親寫信，說明他自願留在蘇聯工作，完全自由。這封信於一九三六年一月發表於《真理報》。

在這封信中，蔣經國首先嚴厲譴責蔣介石說：「我對他非但毫無敬愛之意，反而認為應予以處決。」因為「前後三次叛變，一次又一次出賣了中國人民的利益，他是中國人民的仇敵」。信中也憤怒地提醒母親毛福梅女士不要再對丈夫的家暴忍氣吞聲：

聽許多人說，蔣中正在宣傳孔子的孝悌和禮義廉恥的學說，這是它迷惑人的慣用手段，以此欺騙和愚弄人民的意識。母親，

您還記得吧？是誰毆打您，抓住您的頭髮，將您從二樓拖到樓下？那不是他——蔣中正嗎？是誰打我的祖母，以至於叫祖母死了的？那不是他——蔣中正嗎？這就是他對父母和妻子的孝悌和禮義。[29]

信中所提及的家庭衝突場景，大概是蔣經國少年時代親眼目睹的，蔣介石的家暴給兒子心靈留下深深創傷，十多年後仍念念不忘。

在蘇聯期間，蔣經國身為史達林的人質，受到嚴密監控，但他亦有了觀察、研究、體驗蘇聯社會的機會，看到史達林將蘇聯社會打造成鐵桶一般，上行下效、如臂使指，遠非一盤散沙的中國社會所能比擬。所以，他將史達林當作崇敬的老師，思量如何將蘇聯模式複製到中國。在此意義上，史達林對蔣經國的思維和行為模式的影響，遠遠超過蔣介石。

與此同時，蔣介石對蔣經國在蘇聯的遭遇無能為力。家族親人與蔣介石相聚，常提營救蔣經國回國事，蔣介石表示：「余為國亡家，排俄滅種亦無悔愧，惟不能對先慈愛孫之心耳。但揚名於後世，以顯父母，排除共俄，保障固本以慰先慈，聊以自慰也。」[30]

一九三一年十二月十六日，宋慶齡向蔣中正提議，將所逮捕之共產國際東方部負責人牛蘭（Hilaire Noulens）釋放，換取蔣經國回到中國，蔣中正不表同意。自記：「孫夫人欲釋放蘇俄共黨東方部，告其罪狀已甚彰明，而強余釋放，又以經國交還相

誘。余寧使經國不還，或任蘇俄殘殺，而決不願以害國之罪犯以
換親子也。絕種亡國，乃數也，余何能希冀倖免，但求法不由我
而犯，國不由我而賣，以保全我父母之令名，使無忝所生，則幾
矣。區區後嗣，豈余所懷耶。」

耐人尋味的是，蔣介石雖然為獨子蔣經國滯留蘇俄感到傷
痛，卻也有另一番心思。他認為正因為蔣經國被蘇聯當作人質、
自己也因而被蘇聯認為是可以拉攏和控制的對象，從而避免了殺
身之禍。蔣經國赴俄，雖歸來無期，「然實救我國家與救我生命
之最大關鍵，若當時鮑羅廷共匪等，如不恃我有子在俄，不懼我
反俄除共之心理，則彼獠不在粵殺我，亦必於十五年冬在漢制我
死命矣」。[31]

一九三五年，西安事變和平解決、國共展開第二次合作。史
達林有意向蔣介石示好，主動提出遣返手上作為人質的蔣經國。
但蔣介石對這個獨子的命運仍漠不關心，不願與史達林做交易。
他在日記中寫道：「若要我犧牲國家利益，我寧可無後。」即便
是惺惺作態，至少也說明他對蔣經國甚少父愛。

莫斯科與南京經過幾輪接觸和談判，蔣經國的去留問題終於
塵埃落定。當蔣經國發現他真有回國的可能性，就表示願意回
國，回國之後繼續革命 —— 他自己和史達林當然都心知肚明：
這是一句場面話。蔣經國回國之後，必定會投入蔣介石的懷抱，
放棄共產黨員身份，甚至成為國民黨內的反共急先鋒。但史達林
為了更大的地緣政治利益，希望中國將日本的軍力吸引在東亞
大陸，免除蘇聯的後顧之憂，願意付出釋放蔣經國、縱虎歸山

的代價。

蔣經國鹹魚翻身

一旦史達林鬆口，中國方面便加速推動蔣經國回國事宜。蔣
經國的大舅父在此期間去世，家人希望他趕回去參加葬禮也成為
一個重要理由。

蔣經國在回國前夕造訪中國駐蘇聯大使蔣廷黻，他心中頗為
忐忑不安，詢問說：「你認為我父親希望我回國嗎？」蔣廷黻告
以委員長渴望他能回國。幾天後蔣經國攜夫人至大使館與蔣廷黻
共進午餐，蔣經國表達他對中國未來的抱負，蔣廷黻勸告回國後
一年不要提出他的理想，盡量了解中國問題以及導致這些問題的
原因，然後再提出解決辦法。

一九三七年三月二十五日，蔣經國帶著妻兒，踏上回國旅
程，結束了長達十二年如同蘇武牧羊般的旅蘇生涯，回國後等
待他的是迷離莫測的未來——或因得不到父親信任而成為局外
人，或爭取到父親信任成為「一人之下萬人之上」的王儲。

蔣經國回國兩週以後，蔣介石才傳話在杭州與之見面。蔣介
石在日記中寫道：「四月十八日，今日為國民政府建都南京十週
年紀念日，而經兒亦適於今日由俄放回到杭，父子方得相見，十
年苦鬥奮勉不知費盡多少心血，為國家、為人民、為祖宗、為子
孫節操之苦，前有吾母，今有小子，上帝不負苦心人乃如此也，
可不勉乎。」實際上，獨裁者對赤化的兒子不無猜忌。當初，蔣

經國痛斥蔣介石。如今，兒子平安歸來，但還能跟自己同心嗎？蔣介石心中不能不打個問號。

見面時，蔣介石隻字不提其他，只是要蔣經國先回溪口，看看母親，休息休息，再讀讀書，回想一下過去。耐人尋味的是，蔣介石讓蔣經國與在溪口雪竇寺軟禁的張學良一起讀書——張學良是發動兵諫、被法庭定罪的犯罪分子。可見，在蔣介石心中，蔣經國此時的身份與張學良差不多，雖未被法庭定罪，卻仍是「戴罪之身」。

蔣經國知道，父親此刻已是中國壟斷黨政軍大權的領袖，自己必須贏得父親的信任，否則等待自己的是張學良的命運。而要贏得父親的信任，必須將過去十二年在蘇俄的活動和思想脈絡說清楚。他應當全面否定馬列主義和共產主義，回歸中國傳統文化和國民黨的三民主義——儘管中國傳統文化難以實現現代轉化，而三民主義本身是毫無魅力可言的大雜燴。

此後一段日子，蔣經國按照父親吩咐，在溪口閉門讀書。除了讀早年讀過的《曾文正家書》、《王陽明全集》等中國經典外，蔣介石特別叮囑要研讀孫文遺教，並且練習寫字——他此時的中文水平已經下降到只能寫一百個左右簡單漢字的程度。蔣經國必須繳納一份思想上的「投名狀」，如果說父權是一種中國式宗教，蔣經國唯有重新皈依這種宗教才能重返太子的寶座。

蔣氏父子及國民黨的意識形態，半新半舊。新的部分，是從蘇聯學來的極權主義，然而因「民主無量，獨裁無膽」，畫虎不成反類犬，只打造出一個漏洞百出的威權政體；舊的部分，就是

抱殘守缺，以中國傳統文化（主要是儒家）的繼承者自居，號稱要達成「中華文化復興」之目標。所以，儒家的孝道是其統治術的重要組成部分 —— 曾經不孝的蔣經國，必須回到孝道這一正途上。

蔣介石安排蔣經國讀書補課，實際上是一次反「洗腦」，洗掉蔣經國頭腦中蘇俄的革命與建設思想，灌輸三民主義和「內聖外王」的傳統文化。實際上，過去十二年蘇俄給蔣經國的思想影響並沒有被完全「洗」掉（有的已成為其潛意識的一部分），只是在上面疊加了若干中國傳統文化和國民黨文化的內容。也正因為如此，三十多年後，他才能巧妙地運用這種比三民主義更有組織動員能力的意識形態，建立在台灣的獨裁統治。在這個意義上，史達林始終是蔣經國的「半個父親」，蔣經國理想中的政治強人，不是蔣介石，而是史達林；正如習近平理想中的政治強人，不是鄧小平，而是毛澤東。

不過，蔣經國至少知道給父親面子，宣稱從此服膺三民主義，與父親一樣是「總理信徒」。經過幾個月時間，蔣經國寫出一份詳細的《旅俄報告》呈給父親。在這份報告中，蔣經國詳述留蘇的「冰天雪地」的艱苦歲月，以贏得蔣介石的同情和信任。由此，蔣介石重新接納這名回頭的浪子，蔣經國通過了考驗，恢復了「太子爺」身份。

兩蔣一體

蔣經國成為蔣介石的接班人，是國民黨政權敗退到台灣之後才逐漸明朗化。蔣經國在從蘇聯回國之後，蔣介石對這個幾乎已不認識的兒子持觀望態度，黨國高層更是不看好這個已然俄國化的年輕人。整個抗戰和國共內戰期間，蔣經國都沒有被賦予中央層級的職務，也很少在蔣介石身邊幫助其處理軍政事務。那個階段，蔣經國只是血緣意義上的太子身份，而並不具備接班的資歷和班底。

國民黨政權在中國出乎意料的崩潰，讓蔣介石痛定思痛，認為國民黨失敗的根本原因，不是共產黨太強，而是國民黨太弱，國民黨深陷派系鬥爭和貪污腐敗。蔣介石在名義上是黨政軍最高領袖，但他的權力受到重重牽制，直接控制的只有寥寥幾個省份，也指揮不動非嫡系軍隊。國民政府遷台之後，來台的軍隊大都是蔣介石的嫡系，原來的國民黨地方派系均已灰飛煙滅，若干大老都是隻身來台（如閻錫山、白崇禧等人），淪為蔣政權的籠中鳥。蔣介石終於可以在台灣實現真正意義上的一黨獨裁和一人獨裁。

一九五〇年三月一日，蔣介石在台北正式宣布復行視事總統一職，流亡在美國的代總統李宗仁不承認這一文告，宣稱「在民主的歷史上，蔣介石的復職是最嚴重的違法行為」。但蔣介石實際上掌控了台灣的黨政軍權力，李宗仁的反對毫無效果。

蔣介石的總統地位畢竟名不正、言不順。一九五四年五月二

十日，流亡政權在台灣舉行中華民國行憲後第二次總統選舉，由國民代表間接選舉，經過兩輪投票後，蔣介石才「連任」第二任中華民國總統，其統治合法性才獲得「形式上」的解決。此後，蔣介石一直擔任總統至一九七五年四月五日過世為止。

經過內戰的失敗，蔣介石對被國民黨自己人背叛有切膚之痛，在黨內發起多次清洗，就連對其忠心耿耿的CC系領袖陳立夫、陳果夫兄弟都被作為替罪羊打入冷宮、進而遠遁美國。既然誰都不信任，蔣介石就只信任兒子蔣經國了。蔣介石開始悉心培養蔣經國，漸漸賦予其重要權柄，將戴笠死後士氣消沉的情治系統交在其手中。為了確立蔣經國接班人的地位，蔣氏父子先後清洗了吳國楨、孫立人，也逼退了陳誠。一九五○年代中後期的台灣，上至達官顯貴，下至引車賣漿者流，都清楚地知道，蔣經國是蔣介石的接班人，沒有人能與之競爭這個位置。

在蔣介石晚年的二十年間，蔣氏父子已然是「父子同心」。曾任蔣介石侍衛室武官的汪希苓回憶說，蔣經國差不多每天早上，蔣介石快要吃好早飯時就來到士林官邸，有時候來早了就不上去，多半坐在武官室，和武官們聊天。然後蔣介石一召見，他就上去了，就是報告事情，因為蔣介石在總統府開會，不是九點就是十點，當中有一段空檔時間，蔣經國每天這段時間都會到。當他們父子在談話時，都沒有人在，侍從都離開，他們談什麼，他人都不太清楚。顯然，這一段父子二人專屬的「黃金時間」，密談的都是重大事務，蔣經國在蔣介石召開正式高層會議之前陳述自己的意見、影響蔣介石的判斷，由此取得超越其他任何高官

的權勢。

　　兩蔣是一體的。捍衛蔣介石的歷史地位和政治遺產，是蔣經國掌權的首要步驟。尤其是蔣經國在蘇聯期間曾公開辱罵父親，他在接班前後更要表現得對父親亦步亦趨、忠心耿耿。據蔣經國傳記作者漆高儒統計，蔣經國所寫的（其實大多是秘書代筆）讚美和紀念蔣介石的文字共計十六篇，其中半數為二十萬字之書籍，跨越時間長達四十三年。[32]

　　在蔣介石生前，蔣經國將十五篇文章（其中大多數為讚美蔣介石的文章）編輯成《風雨中的寧靜》一書出版發行。蔣經國（及其文膽）的文字和思想相當平庸，歌頌起蔣介石來卻竭盡全力，不惜使用最華美、最肉麻的言辭。蔣經國寫道：「為了國家民族的生存和獨立，我的父親以耶穌背十字架的精神，委曲求全，忍受人世難堪的奇恥大辱。」即便是國共內戰慘敗，蔣經國也正面描述說：「正當徐蚌會戰與西南危急之際，局勢逆轉，內外震撼。父親獨力持鎮靜，以不變應萬變，指揮若定；如果沒有至大至剛的正氣，曷克致此？當時不但抽調援軍，有按兵不動的軍閥，並且自東北戰事失利後，高級將領棄職潛逃，臨危變節，而投匪者，比比皆是，真正忠貞為國而殉職的將領，寥若晨星。於此綱紀蕩然之際，尤顯得父親忠黨愛國之堅貞節操。」[33]這些顛倒黑白的文字，讓人渾身起雞皮疙瘩：蔣介石對失去中國大陸不必負任何責任，錯的都是別人，都是別人對不起蔣家。當然，這些頌歌還有另外一層意思：既然蔣介石非常偉大，作為蔣介石兒子的蔣經國也同樣偉大。

蔣經國神話蔣介石，也是為了神話自己。蔣介石死後，蔣
經國經常在日記中夢見蔣介石向其「託夢」，他有可能真的夢見
了父親，也有可能對夢境加油添醋，編造父親對他的支持與勉
勵，以便讓全黨全國對他更加信賴。漆高儒稱許蔣經國「唯仁唯
孝」，特別列舉蔣經國發表的一篇海明威小說《老人與海》的評
論文章〈我們為勝利而生〉。文章最後一段寫道：「老人是可愛
的，尤其令人敬佩的！他留給我們最深刻的印象，就是他永不灰
心，永不放手的意志和毅力，構成了永不失敗的象徵。他那朋友
的小孩，對老人是鼓勵，亦是希望。他一直要求跟著老人，向老
人學習捕魚。……這是一個繼起的生命，代表了未來的希望。」
漆高儒評論說：「書中的老人，是蔣經國的父親，是時已七十二
歲高齡了，為反共而支撐，絕不肯豎起白旗。書中的小孩，就是
在台灣的反共青年，當然蔣經國是領頭的小孩，只不過他沒有明
白說出來。」[34]

獨裁政權向來是「只許州官放火，不許百姓點燈」。蔣氏父
子的關係幽暗微妙，只能由蔣經國用海明威小說這個外國例子來
比喻，而不能由平民百姓妄自議論和影射。蔣經國的文章發表十
年之後，台灣《中華日報》連載美國大力水手漫畫，其中有幾篇
提及大力水手買了一塊無人荒地，想當國王，接著又與兒子彼此
競選起總統，並發表告全國同胞書。因情節被當局認為諷刺蔣中
正、蔣經國父子，譯者和編輯柏楊遭情治單位逮捕。經過軍事法
庭審判，以「意圖以非法之方法顛覆政府而著手實行」之罪名，
判處柏楊有期徒刑十二年。據台灣促進轉型正義委員會披露，從

柏楊的檔案中發現一頁剪報，辦案人員在大力水手漫畫翻譯文字下面，以藍筆眉批寫著「很明顯係影射總統，因全世界只有我國總統寫告全國同胞書」。

一九七五年四月五日夜，蔣介石病死。蔣經國為父守靈一月，他將這一月的日記輯為《守父靈一月記》發表。他在這本日記中反覆渲染其失去父親的悲痛：「從守靈以來，日夜仍如以往陪侍父親生前然，甚願終身與父為伴，以盡孝思。惟以國難當頭，大責在身，不得不以『銜哀奮勵，誓竟全功』之心情，暫離父靈，深感前程遙遠，曲折艱難，自在意料之中，但除遵照父親遺訓努力奮鬥，毋忘毋忽以外，實別無他途。」[35]照常理而言，這種私人情感經歷是不宜發表的。但蔣經國不同，他知道自己當年辱罵父親的歷史路人皆知，所以要拚命渲染與父親的精神傳承關係。他既要讓台灣民眾意識到他是一名孝子，也是父親權力的唯一合法繼承人，更是以此訓導台灣民眾不僅孝順自己的父母，更要孝順他這個所有人的父親。

另一方面，蔣經國內心也有超越父親的雄心壯志。作家王鼎鈞在離開台灣前常常被調查局請去「餐敘」。那時已經是蔣經國統治末期，黨國體制有了些許鬆動。王鼎鈞在餐桌上稍稍放開講了一些話，既投其所好，又婉轉諫言。人人都知道蔣經國很想走出他父親的盛名籠罩，自創新局，他提出「大有為」的口號，台灣的篆刻家每人刻了一方印章獻給他，印文全是「大有為」，還聯合開辦了一次展覽。王鼎鈞又說，書法家于還素寫過一副對聯：「一身是膽終非虎，萬里無雲欲化龍。」大家認為寫出蔣經

國的局限，上一句說他主觀條件不足，下一句說他客觀環境不利。但王接著說，蔣經國現在還有一個千載難逢的良機，足以使他繞過蔣介石這座大山，站進歷史舞台的強區 —— 他可以宣布解嚴，恢復平時狀態，建立民主制度。[36]

　　蔣經國有沒有做到青出於藍勝於藍呢？蔣經國有沒有超越蔣介石，或者說以另一種方式「弒父」呢？

第二章 留蘇同學

我敢老實說，
叫革命先進國的蘇俄來指導我們中國的革命，
我們世界革命（中）的中國革命黨員，
實是願意接受的，而且是應該接受的。

—— 蔣介石 ——

一九二五年三月，孫文死後不久，俄共（布）中央政治局決議專門為中國人創辦一所大學，以孫文命名 —— 該校由原共產主義東方大學中文班擴充而來。蘇聯派駐廣東的顧問鮑羅廷負責招生。十一月七日，十月革命八週年紀念日當天，莫斯科中山大學舉行開學典禮。克里姆林宮為之投入巨資，根據檔案記載：一九二五年九月十七日，俄共中央政治局原決議給這所大學的預算是五十五萬盧布。次年春，第一學年的預算已增加為七十三萬盧布，全部由蘇聯財政人民委員會提供。[1]

到莫斯科中山大學受訓的學生，無論是共產黨員，還是國民黨員 —— 據歷史學家潘佐夫估計，以第一期的兩百八十一名學生為例，共產黨籍約佔百分之六十八，也就是說，共產黨員多於國民黨員 —— 都是百裡挑一的優秀青年，後來他們大都在國共兩黨中出任高級職務。

到莫斯科中山大學受訓，是那個時代進步青年的理想，如同一百年之後人們趨之若鶩地到英美留學。「二十八個半布爾什維克」之一、後出任中國駐蘇聯大使、外交部副部長、中聯部部長的王稼祥，被選定為留蘇學生。他寫信給國內友人說，中國革命是世界革命的一部分，即便是不認同共產主義意識形態的國民黨員，也認同「蘇聯是革命先進國，有許多我們參考的材料」，所以需要「到俄國去看看」。[2]在留蘇的進步青年群體中，有後來分別掌握台灣和中國最高權力的蔣經國和鄧小平。

莫斯科中山大學的開學典禮，鄧小平趕上了，他從已就讀大半年的東方大學中文班轉入莫斯科中山大學。而蔣經國等人抵達

莫斯科時，已是十一月底，直到十二月初才入學中山大學。「恰同學少年，風華正茂」，兩人的命運在這裡出現第一次交集。

在國共第一次合作、即所謂「聯俄容共」時期，蘇聯高調介入中國內政，援助在廣東的國民黨地方割據政權大量的軍事和政治顧問、金錢及武器。蘇聯深知培養忠順的年輕人的重要性，對中山大學的各項安排可謂是挖空心思、無所不用其極。當時一般蘇聯大學生每月餐費是三十盧布，而且實行麵包配給；中山大學學生則是六十盧布，食物不受配給額限制，而且供應質量很好的麵包、牛奶、奶油、肉等一般人不容易吃到的食品。如此優待條件，在中國留學史上少有前例 —— 即便拿庚子賠款到美國留學的中國留學生，都過不上如此優越的生活，都必須省吃儉用。對於此前幾年在法國「勤工儉學」，吃了上頓沒下頓、經常飢腸轆轆的鄧小平來說，「紅都」簡直就是天堂。

在莫斯科中山大學，鄧小平的俄文名字叫多佐羅夫，學員證號碼為二三三。[3] 學校學制為兩年（後改為三年），但鄧小平只在此受訓一年多，因為馮玉祥要求派遣一批骨幹到其軍中從事政治工作，鄧小平入選，遂中斷學業回國。

對於中國學生來說，學習上最大的困難是語言。校方在第一學期開設的俄語課程相當吃重，每週六天，每天四個小時。學習時，最初是讀《真理報》，重點學習發音，然後是閱讀其他文章，掌握語言。但大部分學生的語言還是跟不上，於是校方在課程中安排中文翻譯。有一則掌故記載：校長卡爾・拉狄克在晨練時，看見蔣經國和鄧小平在樹林裡讀俄語，向前探問。「蔣經

國說:『俄語很難學,也學得很累。』鄧小平說:『俄語是很難學,但我要下決心把它學好。』聽了兩人的回答,拉狄克校長笑著說:『俄語確實很難學,唯一沒有困難的是上帝。』」[4]從這段對話中可看出,鄧小平比蔣經國老練成熟 —— 其實鄧小平無論在法國還是在俄國期間,都未能學會該國語言;而拉狄克的回答純粹是無神論和馬克思主義式的 —— 充滿對基督教的嘲諷和蔑視。

史達林主義者是這樣煉成的

鄧小平在受訓期間填寫的表格、報告和自傳,至今保存在俄羅斯檔案館中 —— 列寧式政黨相當重視檔案,活生生的人被檔案牢牢鎖定,這是現代極權主義版本的「編戶齊民」。鄧小平最初被分在第九班,後來先後編入第一班、二班、十一班和七班,曾擔任第九班中共黨小組組長。據一九二六年六月十三日鄧小平填寫的黨小組工作調查表記載,這個六月上旬成立的黨小組,已開過九次會議,會議內容有:討論「工作大綱」、討論「第三國際擴大會議對於中國支部的決議」、討論「中國共產黨與國民黨」,以及報告「處罰三同志的理由」。每次會議,除黨員參加外,青年團員都全體參加,「缺席者少極」,「到會者約有百分之九十八」,每次討論都很熱烈。[5]由此可見,共產黨組織嚴密,會議絕非形式主義,而是用密集型的會議鞏固黨員對黨的忠誠、強化黨對黨員的控制。會議及各種檔案材料,構成一張天羅

地網，黨員被黨的組織和紀律套牢，黨由此確保貫徹「民主集中制」原則，對所有黨員都能如臂使指。

　　剛加入共青團的蔣經國，曾被分到鄧小平擔任領導的黨小組，兩人有了一段交往 —— 當時，蔣經國和鄧小平不會料到日後他們將分別掌控國民黨和共產黨，隔著台灣海峽劍拔弩張地對峙。他們的同學徐君虎回憶說：「我去了以後，不僅和蔣經國分在同一個班，而且分在同一個小組裡。我們的團小組長就是鄧希賢（鄧小平）。」、「鄧小平比我們都大，經驗也遠比我們豐富。」、「性情爽朗、活潑，愛說愛笑，富有組織才能和表達才能。」、「我與左權初到莫斯科，覺得一切都是那麼新鮮有趣，儘管天寒地凍，飯後總愛到學校對面的廣場、公園和莫斯科河畔去散步，領略異國風光。」、「當我與左權、蔣經國、鄧小平一起去散步的時候，除了聊天，還愛聽鄧小平講在法國勤工儉學和那些驚心動魄、帶有傳奇色彩的革命鬥爭故事。有一次，蔣經國和我問鄧小平：你幹嘛老圍著一條大圍脖？鄧小平告訴我們說，在法國留學的中國學生常去當清潔工，尤其是撿馬糞，因為在法國就數撿馬糞掙錢多，幹一天能掙足一個星期的開銷，最划得來。法國的清潔工都圍那麼一條圍巾。因此他們每人也都有那麼一條。原來，他們是以曾當過清潔工而自豪。」[6]看來，青年鄧小平心機頗深，知道連一條圍巾都可以用來彰顯其革命履歷和勞動者身份，跟當時懵懵懂懂的蔣經國大不一樣。

　　蔣經國對於鄧小平這名留蘇同學自然念念不忘，尤其是毛死後鄧逐漸竄升為中共最高領導人，蔣經國在一九七七至一九七九

年的日記中多次提及鄧小平，並隱然將其視為最大的敵人——
「共匪已正式宣布『華』為主席，四人幫開除黨籍，『鄧』復四
職，此並非匪黨內部鬥爭之結束，而是新鬥爭之又一開始，不
過亦有配合對美之陰謀作用。」、「鄧匪對往訪之美國議員伍爾
夫說『國共可作第三次合作』、『台灣問題可由中國人自己來解
決』，並謂蔣經國是其同學，同時新華社則指我聯蘇賣國，此乃
共匪的新陰謀，正在發展之中。」、「鄧匪訪日乃是共匪對外統
戰之重點，由於日本內部矛盾之複雜性，以及日本人之可愚，此
行是有其效果的。」、「鄧匪訪美，是一次外交上的大陰謀，其
目的有二，一為挑起美俄大戰，而自己得以脫身，二為不用一兵
一卒奪取台灣，不勞而獲。」[7]

　　在中山大學，因為年長和經驗豐富，鄧小平被編入被稱為
「理論家班」的第七班。據後來成為中共高級將領、砲兵創始人
的朱瑞回憶，「這是政治上最強，鬥爭最激烈，人才最集中的一
個班。」[8]班裡聚集了國共兩黨黨員中最有影響的學員，中共方
面有鄧小平、李卓然（後任紅五軍團政治委員、中共中央宣傳部
長）、左權、朱瑞等；國民黨方面則有谷正綱、谷正鼎、康澤、
鄧文儀、屈武等，後來大都是深得蔣氏父子信任的國民黨文武大
員。鄧小平說，共產黨和國民黨的尖子人物都在一個班。

　　當時，蘇共內部鬥爭已然白熱化，史達林和托洛茨基勢同水
火，激烈爭奪列寧接班人的位置，雙方都派出人到中山大學演
講，爭取對中國革命的控制權。而中國國內形勢也日新月異，隨
著北伐勝利進軍，國民黨與共產黨的矛盾浮出水面，國民黨內部

左右分化也越發嚴重。這一切，必然造成中山大學學生政治立場的嚴重分歧。

在第七班，國共雙方學生爭論的主要問題是：新三民主義與共產主義的異同、中國革命的道路和前途、中國無產階級和資產階級的作用等等。鄧小平是經常同國民黨方面激烈辯論的「主辯手」，他犀利的言詞、雄辯的口才是出了名的，在同學中有「小鋼砲」之稱。[9]

鄧小平只在蘇聯受訓不到兩年，那時正是史達林在黨內崛起的關鍵時期，史達林曾到中山大學發表演講，給鄧小平留下深刻印象。蘇聯的列寧式政黨對社會的全方位控制讓鄧十分佩服。蘇聯的專制模式 —— 群眾運動、特務治國、計畫經濟，後來被鄧小平和他共產黨員同學複製到中國。另一方面，因為其務實的個性，而且在蘇聯停留時間有限，鄧沒有成為「二十八個半布爾什維克」那樣僵化教條的留蘇派，在此後黨內鬥爭中明智地站到「土鱉」毛澤東一邊。選對了老大，就決定了該黑幫成員在黑幫中的地位乃至生死。由此，鄧小平在黨內三落而三起，最終成為雖不是毛欽定卻實際上掌權的毛的接班人。

毛澤東沒有像鄧小平那樣留學蘇聯的經歷，但他視史達林為導師，受其影響深遠。法國歷史學家畢仰高特別強調史達林親自編寫的《聯共（布）黨史簡明教程》對毛的影響。該書是蘇共培植教條主義思維的主要工具，訓練人們用史達林的眼光觀察周圍的世界，書中沒有真正的歷史事實，只有史達林對歷史事件和人物的明確無誤的評價。該書出版了三百多版，發行了超過四

千三百萬冊。在一九四〇年代的延安，毛澤東認為這本書是中國革命的「葵花寶典」，不僅自己讀了至少十遍，還要求所有黨員認真學習。[10]中共建政之後多年，毛澤東基本並未跳出史達林的老路，同樣建立一個一元化黨領導的國家體制，繼續實現沒有私有財產的社會主義理想，難怪擁有無法超越史達林樊籠的宿命——毛發動文革企圖打破此宿命卻慘遭失敗。在此意義上，毛始終將史達林當作精神教父，而以毛為精神教父的鄧小平，同樣奉史達林為精神教父。

中共從一建立起，就完全照搬蘇共列寧式政黨的模式，即金字塔式的權力結構：由黨代表選舉中央委員（其實是政治局常委會或黨魁內定），由中央委員組成中央委員會，再選舉政治局委員（也是內定），由政治局委員組成政治局。中共唯一的創新是在政治局中又設常委會，政治局常委組成的政治局常委會是最高決策機構，但實際上該機構由黨魁掌控，若是強勢黨魁（如毛澤東、習近平），則其他常委只是充當黨魁的應聲蟲。制度是死的，人是活的，毛在文革期間，以「中央文革」取代政治局常委會，政治局常委隨時被其打倒（如劉少奇、鄧小平、陶鑄、李富春、林彪、陳伯達等人都是被毛打倒的常委），政治局和政治局常委會形同虛設。鄧小平時代亦如此，掌握最高權力的不是政治局及政治局常委會，而是以鄧小平為代表的若干元老。中共十三大之後，鄧不再是政治局常委，退出了政治局和政治局常委會，卻退而不休、垂簾聽政，經常在其家中召集政治局常委會，一手遮天，左右重大問題的決策。

　　孫文投靠蘇聯之後，中國國民黨經歷了由宋教仁時代議會制下選舉型政黨向列寧式政黨的轉型，即一九二四年孫文在蘇聯顧問幫助下對國民黨實施的改造，但這種改造只完成了一半。國民黨建立了黨代表──中央執行委員會（中常會）的三級權力格局，大概為了避嫌，由中常委組成的最高決策機構，不稱政治局，而稱中常會。國民黨中常委多達三十五人，遠遠多於蘇共和中共政治局委員的人數，導致機構臃腫、效率低下。蔣氏父子都實行個人獨裁，中常會淪為黨魁意志的執行機構，尤其是統治台灣時期，蔣氏父子不可能在中常會中遭遇反對意見。

由留蘇派變成反蘇派

　　蘇聯對待莫斯科中山大學學生，關懷備至、傾囊以授，為他們提供的生活條件比本國人民和學生還要好。蘇聯的這種「好」是希望有回報的，而且是大大的回報──倘若這些年輕人回中國後，成為中國未來的領導人，同時兼有蘇聯在華代理人的角色，蘇聯做的就是一筆一本萬利的買賣。

　　然而，人算不如天算，這些在就學期間對共產主義和蘇聯老大哥信誓旦旦、畢恭畢敬的年輕人，一旦回到祖國，潛龍變成飛龍，就不再是昔日的吳下阿蒙。他們是學生時，在莫斯科中山大學校長、教授以及蘇聯官員面前謹言慎行、言聽計從；但當他們成為中國的掌權者時，頓時變成民族主義者（或者至少表現為民族主義者，以提高其政權在國內的認受度），而不會對作為老師

或老大哥的蘇聯言聽計從。中共在內戰中得到蘇聯的大量金錢和武器援助，但中共的江山基本上是自己打下來的，跟若干完全靠蘇聯紅軍「解放」的東歐衛星國完全不同，所以在共產陣營中，中共政權在蘇聯面前保持相對的獨立性。中共剛建政之時，需要蘇聯的保護，毛在史達林面前卑躬屈膝，與蘇聯簽訂同盟條約，出讓若干國家利益。但等到史達林死後，毛頓時覺得頭上的一座大山移去了，就不願屈居史達林的繼承人赫魯雪夫之下。於是，中國與蘇聯很快發生衝突，而在這場衝突中充當毛的馬前卒、對抗蘇聯的，恰恰就是曾經在莫斯科中山大學受訓的鄧小平。這讓蘇聯感到尷尬且憤怒。

一九二六年底，啟程回中國的中山大學肄業生、學員證號碼為二三三的小個子中國人，俄文名字叫多佐羅夫，中文名字叫鄧希賢，次年改用化名鄧小平。這個二十二歲的年輕人，當時名不見經傳，以後將有何種作為亦無人知曉。

三十年之後的一九五六年二月上旬，五十二歲的鄧小平再次來到莫斯科，已然今非昔比：此時他的頭銜是中共中央政治局委員、中央秘書長，他與朱德一起到莫斯科參加蘇共二十大。

在史達林死後殘酷的權力鬥爭中勝出的赫魯雪夫，在二十大上發表了一份批判史達林和史達林主義的祕密報告，震驚世界。作為中共代表團團長的朱德性格木訥，傾向於支持該報告，隨即招致毛澤東的批評；鄧小平的政治敏感度遠高於朱德，他知道批判史達林不單單是蘇聯內政，必然牽連到如何對待毛澤東在國內的地位和威望問題。據代表團俄語翻譯師哲回憶，他在回國的飛

機上詢問鄧小平對此事的看法：「他一直表情嚴肅，默不作聲，腦子裡顯然在思考問題。……事後我才明白，小平同志為慎重起見，閉口不談自己對『祕密報告』的態度，是要先聽聽中央的意見，看看毛主席的態度。」[11]

鄧小平在向毛匯報赫魯雪夫在蘇共二十大上批判史達林時，強調「不能這樣對待革命領袖」，認為赫魯雪夫批判史達林是錯誤的和片面的。鄧的態度讓毛龍顏大悅，毛正擔心蘇聯批判史達林的火燒到自己頭上，鄧的此番表態深得其歡心。

數月之後，中共召開八大，毛力薦鄧出任中央政治局常委和中央總書記，並分管「黨的對外交往工作」。此後十年，鄧擁有了對中共政黨外交的實質掌理和具體統籌的職權。[12]中共的統治模式是以黨御政，政黨外交決定政府外交，鄧小平管轄的黨的中聯部，權力凌駕於周恩來掌管的政府的外交部之上。鄧小平每週召開一次中央書記處會議，研究需要處理黨政工作，重大問題提交中央政治局會議和政治局常務委員會討論，中共中央和國務院各口負責人都在鄧小平領導之下。

一九五七年，毛澤東率領龐大代表團赴莫斯科參加慶祝十月革命四十週年活動，毛藉此機會刺探蘇聯新領導層之虛實。在這次莫斯科會議期間，鄧小平具體主持中方參加會議全部文件的起草、修改工作和同蘇聯代表團的會談、磋商，可見毛對鄧的器重。在會議期間，有一次赫魯雪夫陪同毛澤東進午餐時，毛澤東談到他準備辭去國家主席，赫魯雪夫問有沒有接班人選，毛在介紹完劉少奇後，又介紹鄧小平說：「這個人既有原則性，又有靈

活性，是難得的人才。」赫魯雪夫點頭說：「是啊，我也感覺到
這個人很厲害。」[13]

一九六〇年，赫魯雪夫調整蘇聯外交政策，提出對西方緩
和，「和平過渡」，並要求社會主義各國「共同對表」。毛澤東
不同意這個觀點，他鼓吹世界大戰，甚至是核戰爭，中國人死掉
一半也在所不惜，讓赫魯雪夫大驚失色，形容其為「好鬥的公
雞」。

同年九月十六日，鄧小平作為中共代表團團長率團赴莫斯科
參加中蘇兩黨會談，經過五輪會談，兩黨的分歧不但沒有彌合，
反而越來越大。鄧小平後來說：「這次是打個大老虎。這個大老
虎，一個是傳統勢力，一個是習慣勢力。它是誰都惹不得的，哪
個敢惹？當然在以前我們已經惹了好幾次了，但是在正式的一個
國際會議裡面來動這個老虎，摸這個老虎的屁股，這還是第一
次。」鄧努力模仿毛的口吻，用粗鄙不堪的比喻形容中國的外交
策略，故意刺激蘇聯。

反蘇修：鄧手寫毛口

一九六二年底至一九六三年初，鄧小平奉毛之命組織起草
〈全世界無產階級聯合起來，反對我們的共同敵人〉等七篇與蘇
聯論戰的文章。在中共黨內，鄧小平並不是善於寫文章的「秀
才」，毛讓其主持這項工作，是出於對其信任。鄧不辱使命，呈
交的文稿得到毛高度評價。關於〈全世界無產階級聯合起來，

反對我們的共同敵人〉一文，毛親筆批示：「小平同志：此文已閱，認為寫得很好，有必要發表這類文章。」關於〈陶里亞蒂同志同我們的分歧〉一文，毛批示：「小平同志：文章已看過，寫得很好，題目也是恰當的。」[14]

　　一九六三年三月，蘇共中央致信中共中央，提出國際共產主義運動總路線問題。毛澤東為此召集政治局常委會議，提出由鄧小平負責起草一封信作為總答覆。此後兩個多月間，鄧小平住進釣魚台，組織寫作班子，晝夜趕工，並不斷往返於杭州、武漢等地之間，向在外地的毛澤東請示修改稿子問題。他還與康生一起祕密訪問朝鮮，爭取金日成的支持。這份名為〈關於國際共產主義運動總路線的建議〉的文件定稿之後，鄧小平在政治局會議上介紹說：「這個文件，恐怕是搞文件以來最費力的一篇東西……是個綱領性文件。」鄧小平在給中央提交的一份報告中指出：「中蘇兩黨的分歧，是國際共產主義運動總路線的分歧，是革命同不革命的分歧，是馬克思列寧主義同修正主義的原則分歧。」[15]兩黨和兩國之分裂已然不可挽回。

　　一九六三年七月五日至二十日，鄧小平率中共代表團赴蘇參加中蘇兩黨會談。鄧小平的對手是蘇聯負責意識形態的中央書記蘇斯洛夫。在這場馬拉松式的會談中，兩人的主題發言（包括翻譯）都超過五個小時，唇槍舌戰，火花四濺。經過四輪會談，雙方毫無交集。鄧小平飛回北京時，毛澤東親自率領中央領導集體及五千民眾到機場迎接，宛如歡迎凱旋而歸的英雄。毛極少去機場接機，尤其是外訪歸來的下屬，足見毛對兩黨會談的重視和對

鄧小平的賞識。毛將鄧小平等代表團成員請到頤年堂喝茶談話，他特別稱讚鄧小平說：「赫魯雪夫曾說，鄧小平那麼矮，但是一個重量級拳師。事實上是這樣，赫魯雪夫都搬不動你、鬥不過你，蘇斯洛夫更不在話下。這次你們取得了完全勝利，完成了任務，做了一件好事情。」毛認為鄧不辱使命，堪稱他手下的「重量級拳師」。

此後，鄧小平被毛委以「領導反修文稿起草小組」的重任。在不到一年時間內，中共喉舌《人民日報》和《紅旗》雜誌先後發表〈蘇共領導同我們分歧的由來和發展〉、〈關於史達林問題〉、〈南斯拉夫是社會主義國家嗎？〉等九篇文章，亦即大名鼎鼎的「九評」，將中蘇論戰推到最高峰。鄧小平認為：「重要的是這一篇（〈關於史達林問題〉），打一百分，是挖底的。」該文表面上是在維護史達林的歷史地位，實際上是在捍衛毛獨一無二的權威。與其說是寫給蘇聯人讀的，不如說是寫給毛澤東讀的。中共的外交向來是內政的延伸，更準確地說，是毛澤東個人意志的延伸。歷史學者鍾延麟指出，中蘇在意識形態問題上大打「筆墨官司」，毛澤東與鄧小平有共同的信念，而顯得「志同道合」——美國情報人員亦分析指出，毛、鄧敵視蘇聯領導人是因為他們深信「蘇聯是意識形態的倒退者與世界共產主義運動的叛徒」。由於鄧如實做到「鄧手寫毛口」，毛對鄧把關下寫出的作品，語多讚賞。由於鄧在中蘇關係的總體表現得到毛的激賞，鄧後來在政治上也獲益不少。[16]

一九六四年，赫魯雪夫在政變中被罷黜，但中蘇關係未見改

善，反而越發惡化，兩方關係實質破裂。直至文革爆發前，鄧的反蘇態度旗幟鮮明，他嚴厲批評蘇聯領導人：「沒有一天停止對中國共產黨的攻擊，沒有一天停止反華運動。」他更直指「蘇修」為「美帝」的幫兇，以及美蘇合謀侵略中國的可能性。

蘇聯培養外國代理人的計畫十有八九都失敗了，鄧小平就是其中之一。毛澤東整肅親蘇的高崗時，鄧小平充當告密者和打手，赫魯雪夫曾向鄧小平談及此事，頗有抱怨。鄧靠反蘇贏得毛的青睞，卻必須擔負整個反修論述對中共爾後政治發展所產生的惡劣作用。實際上，鄧作繭自縛，自身的政治生涯為此付出巨大代價。一方面，鄧助長中蘇之間的對立，讓中國與絕大多數共產黨國家交惡，在國際上陷入孤立和兩線作戰的困境。另一方面，外部環境的惡化，又讓毛和共產黨產生對內統治不穩的隱憂，毛隨即對內展開一系列政治運動。鄧對外強硬的立場，反過來擠壓了其對內治理的彈性空間。頗有諷刺意味的是，「鄧小平秉承毛意戮力打造的『反修』理論工程（鄧對此認同並加以傳播），最後在文革居然成為他和劉少奇被打倒的論據」，鄧將赫魯雪夫視為最大的敵人，但鄧在毛的大躍進失敗後實行的類似列寧的「新經濟政策」，稍稍放鬆對經濟的控制，卻被毛批判為修正主義，在文革中更是被視為竊取中央權力的赫魯雪夫式的人物，這是歷史對鄧的最大嘲諷。

二十多年後，掌握中國最高權力的鄧小平，實行的所謂改革開放政策，政治上的尺度不如當年的赫魯雪夫，經濟上則比之步伐更大。包括外交方面與西方緩和，鄧小平所做的這些事情，不

正是當年他攻擊蘇聯的作為嗎？然而，鄧小平並未反省昔日衝鋒在反蘇最前線的罪責，只是輕描淡寫地表示，當年中蘇兩黨展開激烈的爭論，「回過頭來看，雙方都講了許多空話」。一九八九年五月，鄧與來訪的蘇聯領導人戈巴契夫會談時勉強承認：「我們也不認為自己當時說的都是對的。」歸根到底，鄧延續了近代以來中國人「師夷長技以制夷」的傳統，他並無穩定的政治立場，千變萬化，都圍繞奪取和壟斷權力展開。

「蘇聯是我的祖國」

與只在蘇聯旅居了一年多的鄧小平相比，蔣經國滯留在蘇聯長達十二年。蔣經國赴蘇俄留學既是父親（背後是鮑羅廷）的安排，也是其自願的：二十世紀二十年代前半期，他深受左翼思潮影響，是一名激進的革命青年。蔣介石送他到國民黨元老吳稚暉在北京辦的外語學校學習，但他忍受不了北京衰朽垂死的氛圍，結識了共產黨在北方的負責人李大釗後，受其推薦，並得到父親的同意，十六歲就登上一艘由上海開往海參崴的運送牲口的貨船。

這不是一趟舒適的旅程。因為船艙中的氣味讓人作嘔，蔣經國一度想打退堂鼓、上岸回家，但又想到自己身為黃埔軍校校長之子，假如中途開小差，一定會招來嚴苛的物議，就說服自己留在船上——這一念之差，讓他喪失了十二年自由。但是，留蘇生涯中所接受的嚴酷的政治考驗，打造了蔣經國鋼鐵般的個性與

意志，而他在蘇聯學到的超過乃父的權謀術、特務治國的手段、列寧式政黨的極權統治模式，更使他戰勝若干跟他父親同輩的政治強人，得以在台灣順利接班。塞翁失馬焉知非福，禍福有時是很難定義的。

在莫斯科中山大學，少年蔣經國發現國民黨員和共產黨員之間經常發生衝突。他觀察到，有部分國民黨學生，因為行為不端，頗惹人反感。一般人有時覺得共產黨員行為比較檢點，也較有出息。他是國民黨領袖的兒子，卻很快向共產黨靠攏：「中國共產黨在莫斯科有個分部，其組織和訓練方法都相當健全有序。它的黨員組織嚴密，並受到嚴格監督，而且永遠遵照中央集權領導的指示行事。他們生活簡樸、紀律嚴明。因此，我有一陣子對他們的活動產生了興趣，而且在一九二五年十二月，也就是我們抵達蘇聯之後幾個星期，我加入了所謂共產主義青年團。」[17]蔣經國擔任了學校壁報《紅牆》的編輯，發表了〈革命必先革心〉等評論文章。在那個時代，共產黨確實對年輕人具有莫大的吸引力。

初到俄國，蔣經國如魚得水，發現俄國人完全將中國學生當成自己人，由此感動得認為「他們這種天下主義的精神，不把人類分色分族而完全以平等的態度看待，實在使人敬佩，尤其是讓到處受人侮辱的中國人更深感佩」。[18]但一九二七年四月，蔣介石清共、與蘇聯決裂，蔣經國在蘇聯頓時陷入絕境。他必須自救，沒有人能救得了他。他用公開譴責父親來自保，暫時度過危機，但仍被蘇聯當局另眼相看。他必須表現得比任何人都更左：

當時，蘇聯當局派馬爾丁諾夫到中山大學的黨團員聯席大會演講
「中國革命的前景」，為共產國際對華政策的失敗辯護，其後數
天由出席者針對演講進行分組討論。蔣經國在會中激烈指責馬爾
丁諾夫的報告，說馬爾丁諾夫是國民黨右派，因為他沒有指出蔣
介石是叛徒。[19]

　　幾乎所有莫斯科中山大學的國民黨學生都被遣返回國，唯
獨蔣經國被強行留下作為人質 —— 史達林偽善地稱之為「客
人」。中國共產黨駐莫斯科代表團認為，蔣經國回中國比留在莫
斯科對他們威脅更大：「假如蔣經國獲准回國，他會成為蔣介石
的得力助手。所以我們要把他留在蘇聯。」這個判斷是準確的。
多年後，蔣經國被釋放回國，果然成為蔣介石的得力助手，甚至
是蔣介石唯一信任的接班人。國民黨敗退台灣之後，蔣經國陪伴
蔣介石左右，在國民黨政權中的地位日漸凸顯。一九六〇年代後
期，隨著蔣介石日漸年老體衰，安排蔣經國「監國」，一步步地
將黨政軍大權轉移到蔣經國手上。

　　在莫斯科中山大學畢業後，蔣經國被安排到列寧格勒「蘇聯
軍事情報局特種學校」就讀，後又轉往列寧格勒托爾馬喬夫軍政
學院進修。結束學業後，他又被分配到莫斯科塔那馬電械工廠、
阿爾泰金礦（此處實為一「集中營」）、烏拉重型機械製造廠等
處工作。他在烏拉山重機械廠工作的時間最長，在此期間，唯有
白俄羅斯族孤女法伊娜‧瓦赫列娃（後改名蔣方良）對他頗為友
善，一九三五年三月十五日，兩人正式結婚，同年十二月，長子
蔣孝文誕生。

　　蔣經國在俄國滯留期間，先後做過學生、士兵、農民、工人、編輯、經理和黨務工作者等不同職業，一路摸爬滾打，挺過了血雨腥風的大清洗。日復一日、年復一年，蔣經國儼然已是半個俄國人——俄文比中文說得更好，飲食上覺得麵包比大米好吃（當然，根本沒有大米可吃），連思維方式也蘇聯化了。

　　蘇聯的經歷改變了蔣經國。早年追隨過蔣經國的文人曹聚仁所：「蔣經國自幼並沒有得到家庭的溫暖，十四歲的孩子，就送到冰天雪地的北國去，又碰上那麼一個翻天覆地的大場面，他的青春，幾乎天天在飢餓中煎熬著的。不幸又以國共分裂、中蘇斷絕邦交，他的父親是這一政治糾紛的中心人物，牽涉他個人處境的困難。」歷史學者林孝庭指出：「蔣經國性格上呈現出雙面特質，應當與他早年在蘇聯的生活與工作經歷有關。滯留俄國十二年，他是一名工人，是一個蘇聯共青團成員，也是命懸一線的人質，年輕時他深受馬列思想洗禮，幾度面臨生死交關，除了對共產主義有切身體會之外，更養成沉默寡言，謀定後動，堅毅、冷酷、強烈的敵我意識，以及喜怒不形於色的深沉性格。」[20] 長期擔任蔣氏父子侍衛長的翁元的看法也大致相同：「他早年在蘇聯，備受蘇聯共產黨的迫害，生活非常艱苦，在那樣艱苦的環境中求生存，當然要有一套生存哲學，這套生存哲學的養成，對他後來的人格發展，乃至生活方式，都造成了相當程度的制約作用。」如果用時髦的話來說，就是喝狼奶長大、必然養成兇狠敏感的「狼性」。

　　在這一點上，很多獨裁者都頗為相似。蔣經國和鄧小平共同

的精神之父史達林就是如此，蘇聯歷史學家德‧安‧沃爾科諾夫
在《勝利與悲劇：史達林政治肖像》一書中指出：「史達林是在
鬥爭、強烈的階級激情、毫不妥協的處世哲理的環境中成長起來
的，在其個性形成的某個階段，他完全喪失了最基本的人道素
質，而這些素質在他身上本來就十分稀缺。他根本不知道同情、
仁慈為何物，他絲毫不理解什麼叫善良。托爾斯泰曾經說過，
應當『尊重生命』。在史達林看來，這顯然是自由資產階級的說
法。史達林的語彙中，他的政治辭典中，充斥著『打擊』、『粉
碎』、『消滅』、『根除』、『取締』等一類詞彙。它們貼切地反
映出他的氣質上的根本缺陷。」在蔣經國和鄧小平的文集中何嘗
不是如此，殺氣騰騰的用語比比皆是！

天堂，還是地獄？

　　蔣經國在蘇俄的十二年，從十五歲到二十七歲，正是世界觀
形成的關鍵時期。聯共（布）黨內各種思潮以及蘇聯社會主義革
命與建設的史達林模式，包括殘酷鎮壓敵對勢力，肅反擴大化；
加強政治工作尤其是青年工作，控制意識形態，計畫經濟、統制
經濟、優先發展重工業、集體農業等，必然給他打上深深的思想
烙印。他反感工商業、蔑視私有財產、仇視資本主義，都來自蘇
聯經驗。

　　國民黨敗退台灣後，蔣經國統合各自為政的情治部門，製造
白色恐怖，與史達林的大清洗有異曲同工之處。[21] 一九七〇年四

月二十五日，《紐約時報》頭版報導黃文雄行刺蔣經國事件，對蔣經國的描述是：「蔣經國曾任國防部長，掌控國民黨政權的特務與保防機構。他曾在蘇聯受訓十二年，回到中國後在中國國民黨黨軍內成立蘇聯式的政戰組織。」可見，西方相當重視蔣經國在蘇聯的這段經歷。蔣經國由當年的受害者變成後來的加害者，也是一種斯德哥爾摩症候群。他表面上痛恨史達林和共產黨，卻將其統治方法拿來為己所用。

蔣經國以及他的父親蔣介石，都未能將國民黨打造成列寧—史達林式的政黨。國民黨受制於其歷史傳統及成員的階級背景，即便兩蔣父子磨刀霍霍，國民黨也只能增加威權特質，而無法成為像納粹黨和蘇聯共產黨那樣的極權政黨，如同要將一個矮個子拉伸成高個子，再高明的醫生也無法實現這個任務。反之，毛澤東卻能刻意模仿史達林的模式，甚至有過之而無不及 —— 中國的共產革命之所以能成功，就是中共一開始就是一個史達林式的革命黨。[22] 蔣經國對蘇共及中共的組織動員能力無比羨慕，努力效仿，卻又畫虎不成反類犬。

蔣經國以為，他將永遠滯留蘇聯了，若是如此，他必須爭取加入蘇聯共產黨。一九三六年二月四日，蔣經國在蘇聯《真理報》發表一封給母親毛福梅的信 —— 他知道母親不可能讀到這篇文章，他在文章中譴責蔣介石、歌頌蘇聯，該文潛在的讀者是史達林：

蘇聯是世界上最重禮節、最文明的國家，我對能住在蘇聯

覺得非常光榮。蘇聯是我的祖國。我對自己的祖國 —— 蘇聯的各方面不能不高興。我的祖國 —— 蘇聯天天在清除發展道路上的障礙，打擊和消滅一切的敵人。我的祖國 —— 蘇聯像燈塔一樣，在大風大浪的海上照亮了全世界被壓迫人們鬥爭和勝利的航路。因此，我的祖國就特別成了仇敵的眼中釘。仇敵用各種方法和謠言污衊蘇維埃政權。我衷心希望所有的人都堅決地站到革命的陣營，鞏固社會主義和全世界無產階級的組織，爭取中國的獨立，爭取中國的蘇維埃政權的建立。[23]

　　史達林一定認真閱讀這篇文章，對蔣經國的「賣身契」表示滿意。一九三六年十一月十六日，蔣經國提出申請加入蘇聯共產黨成為正式黨員。

　　此時，國際形勢丕變，隨著日本侵華戰爭加劇，中蘇關係趨於緩和。蘇聯有意用援助國民黨政府抗日的方式，將日本的軍力吸引在中國，以免自身腹背受敵。就在此時，西安事變爆發，十二月十四日，蔣經國在司弗爾達夫斯基讀到中國西安事變的新聞。同日，共產國際發現烏拉爾黨部即將批准蔣經國晉升蘇聯共產黨正式黨員，緊急發出電報暫緩，並訓令蔣經國到莫斯科報到。蔣經國隨即到莫斯科，蘇聯外交部副部長史狄孟尼可夫告訴蔣經國，蔣中正希望蔣經國回中國，蘇聯政府認為國民政府是友好政權，準備接受這項要求。

　　一九三七年二月一日，蔣經國帶領全家離開司弗爾達夫斯基赴莫斯科，蘇聯外交部副部長史狄孟尼可夫表達希望在蔣委員長

領導下，中蘇關係日益密切。史達林與蔣經國話別，談及成立抗日統一戰線。[24]史達林又將這顆棋子用活了——蔣經國是不是真正的共產黨員和共產主義者並不重要，重要的是他回國後可以發揮有利於蘇聯的作用。

　　對於在蘇聯的生活，蔣經國留下的文字比鄧小平多。除了他留在蘇聯的時間比鄧小平長得多之外，蔣介石更要求他寫下在蘇聯的一切，這就是蔣經國寫的《我在蘇聯的日子》，再加上整理出來的日記，以及在其他場合談及的蘇聯生活狀況，前前後後有數十萬字之多。一九三七年五月二十七日，蔣經國在故鄉溪口鎮文昌閣完成《我在蘇聯的日子》之書稿。他在其中這樣寫道：

　　被折磨了十二年的我，對共產黨人摧殘年輕人的種種狡獪惡毒手段非常清楚。他們首先巧言令色地欺騙年輕人，蠱惑他們，以及麻醉他們的思想，然後就採取恐怖手段來擺布及摧毀他們的人格。他們的最終目的，就是去除個人的自由意志，使人變成戴上枷鎖俯首聽命的奴隸。這些仰仗暴力及異端邪說的赤匪就如設置陷阱的人一樣。年輕人假如沒有相當勇氣、決心，以及冒險犯難的精神，一旦失足其間，就難以自拔。……我在這段歲月中，雖然身心均遭受創傷，但亦看清楚了共產國際的真正本質和蘇共及中共的本來面目。這十二年給我的教訓深烙我心，永遠都不會淡忘。[25]

　　這段描述，與兩年前對蘇聯的肯定和讚美天壤之別：此時此

刻,蘇聯不再是其祖國,而變成其敵國。政治人物的言論和文字都當不得真,他們往往見人說人話、見鬼說鬼話。鄧小平何嘗不是如此——文革期間,他不停地給毛寫檢討書,以此重新贏得毛的信任。但毛死後,鄧小平立即違背「永不翻案」的誓言,將毛視為其一生兩大事業之一的文革全盤推翻,因為不否定文革,鄧小平自己就無法翻身。

蔣經國的身體永遠離開蘇聯,精神卻從未離開。他在蘇聯接受的階級鬥爭的觀念和哲學,一生都沒有改變,某些改變只是表面上的。抗戰初期,蔣經國因邀請蘇聯軍事顧問到南昌的集會上演講,本人也受邀到新四軍駐南昌聯絡辦事處演講,而招來嫌疑。有人將此類事件報告給蔣介石。蔣介石高度重視,命令戴笠加以處理。戴笠安排其屬下、與蔣經國年齡相仿的文強每月與蔣經國見面,向其講解中國國內政情,使之免受共產黨影響。蔣經國與文強見面時很注意聆聽,藉此機會了解國民黨內各個派系以及重要人物之習性、底蘊。但馬克思主義的訓練依然影響其思維方式,他經常以「大資產階級」來稱呼孔祥熙、宋子文這些富可敵國的宋家姻親。後來,蔣經國接受文強等人的建議,在談及知名人物,尤其是此類親戚時,不再用「大資產階級」這種充滿馬克思主義氣息的說法。文強還提醒蔣經國,不要對蘇聯迭有好評。文強每次和蔣經國談完話,都做下筆記,呈送戴笠,戴笠再轉呈蔣介石。[26]

回到中國之後,蔣經國不會再宣稱「蘇聯是我的祖國」,他必須高舉「中國」、「中華民族」等近代形成的「巨靈」概念,

以民族主義者自居，自詡為國家利益的捍衛者。他本人缺乏領袖魅力，只能寄生於此類概念之上。他在蘇聯學到的馬列主義，不再具有「道」（意識形態）的高度，而下降為「術」（統治方法）的層面 —— 即便如此，對於蔣經國而言，「術」尤為重要，天下已無道，「術」至少可以幫助他將台灣打造成一個具有威權色彩的小型黨國。

蘇聯生涯影響蔣經國一生，他對蘇聯愛憎交加，他高舉「反共抗俄」之口號，卻情不自禁地效仿蘇俄的統治術。蔣經國在台灣打造特務系統，也是仿照蘇聯的格別烏。王昇之於蔣經國，有如貝利亞之於史達林，康生之於毛澤東。李登輝後來回憶說：「王昇會擁有那麼多權力，是因為蔣經國信任他，一切都靠他，事情都是他在處理。他好像蘇聯共產黨的組織，大家都怕他。」李登輝早年參加過共產黨的讀書會，對共產黨的運作模式有切膚之痛，所以他一眼就看出蔣經國和王昇口口聲聲反共，卻明裡暗裡以蘇俄為師。

貓抓老鼠的遊戲

鄧小平和蔣經國的政治生涯都是「成也蘇俄，敗也蘇俄」。鄧小平與蘇聯展開外交談判時，中蘇之間實力的消長有利於中國：在中國，毛成為史達林式的無人能挑戰的領袖，毛主義和中國模式得到若干第三世界國家認可；在蘇聯，史達林死後繼承其權力的赫魯雪夫，其國內和國際聲望都不如史達林，甚至比毛遜

色一籌。毛唯一害怕的人是史達林，史達林一死，毛不把赫魯雪夫放在眼中，開始積極與之爭奪社會主義陣營「老大哥」之位置。在此背景下，鄧小平狐假虎威地向蘇聯展示其強硬姿態。

蔣經國沒有鄧小平那樣幸運，他與蘇聯打交道時，正是二戰後期蘇聯實力最強、國民政府實力最衰弱的時期。他奉命訪問莫斯科，與蘇聯方面談判，促成兩國簽署《中蘇友好同盟條約》，又作為外交部特派員赴東北處理接收事宜。條約寫得頭頭是道，但史達林從未打算遵守任何一條。史達林用出兵滿洲換取羅斯福默許其將滿洲和蒙古作為蘇聯勢力範圍。一旦蘇聯出兵，滿洲對國民政府來說就成了「死馬」，蔣介石偏要將「死馬當活馬醫」，蔣經國哪有能力完成恢復滿洲主權這一不可能完成的使命？就連美國總統特使馬歇爾都束手無策。等待蔣經國的，是對蘇交涉的慘敗、東北全境的赤化，以及在東北數十萬精銳國軍的滅亡。不是蔣經國能力比鄧小平差，而是他手上沒有什麼可打出去的牌。

一九四五年三月十五日，中國駐美大使魏道明通知蔣介石雅爾達祕密協定的部分內容後，蔣介石稱此協定是「賣華密約」，卻被迫吞下這顆苦果。羅斯福誤判了太平洋戰爭的局面，高估了蘇聯的實力，在幾次峰會上都被史達林玩弄於股掌之上。雅爾達協定等於判處了國民黨政權半個死刑 —— 而國民黨自身的腐敗無能，則是給自己判了另一半死刑。

自從美蘇兩強締結雅爾達祕密協定以來，蔣介石就一直把如何徹底接收東北、保證新疆的完整、遏制中共看作是「三位一

體」的戰略。當他發現力有不逮時，認為即使新疆淪陷，也只有暫時忍耐，最重要的當以全力接收東北為第一要務。[27]然而，他很快又發現，接收東北宛如竹籃打水一場空的遊戲。

　　蔣介石任命熊式輝為東北行營主任，後又任命其嫡系杜聿明為東北保安司令。這兩個任命都是致命的，但蔣介石任命此二人頗有私心，他希望此二人輔佐蔣經國在東北建功立業 —— 這就跟毛澤東安排其長子毛岸英參加志願軍入朝作戰積累軍功一樣。東北此後事態的惡化，跟熊、杜的無能有極大關係。以私心處理國家大事，結果必然是公私皆失。

　　這段經歷成為蔣經國一生的傷痛，也讓他對蘇俄的好感蕩然無存。一九五四年，蔣經國在台灣花蓮三棧村視察部隊，在與官兵們交談時發現很多是在東北與共軍交戰過的老兵，由此聯想到「九年前那段對國家命運有重大關係的東北交涉往事」，引起了出版當年與蘇方交涉日記《五百零四小時》的念頭。從這本日記可以看出，蔣經國當時頻頻與蘇聯將領馬林諾夫斯基等交涉，卻不得要領。蘇聯的政策是以對方的實力來決定應對方式，國民政府在東北並無精兵強將，蘇方對其頗為輕視。蔣在日記中寫道：蘇軍「在無人無兵之哈爾濱，云給我槍枝三千備用，而在長春則不肯撥給一槍一械。彼云所繳日本武器，已全數運回俄國，而所謂人民自衛隊之武器則無一而非日本槍枝。彼以鐵道運輸所謂自衛隊及共軍，而限制行營一人不能外出，一兵不能招編。凡此實情，人所共見，而俄方負責人員又避不會面，則交涉已成空談矣」。儘管如此，他仍勉勵自己說：「但不到黃河心不死，且自

信為國家民族爭正氣，終必有成功之一日也。昔在列寧格勒求學時，俄人曾評余『過於天真』，及今思之，更有深意。」[28] 這種說法，無非是自欺欺人罷了。

數月之後，蔣經國向蔣介石匯報說，東北問題已不僅僅是中國內政，更牽涉到美蘇關係。蘇方尤恐中央軍隊進入東三省，是因為「如我軍進入東三省，定將支持美國在東北之利益，甚至在未來戰爭中，我軍有被美國所用之可能」。他進而建議說，目前東北局勢急劇惡化，只有直接與史達林進行談判。[29]

同年十一月七日，俄國十月革命二十八週年紀念日，蔣介石在日記中寫道：「俄國之陰謀毒辣極矣！……今既於東北各海口不能登陸，只能由山海關陸路前進之一途，此後對東北只能如俗語所謂『死馬當作活馬醫』而已，必須先收復關內與蒙古，而後再圖東北也。」蔣介石已意識到東北問題難以善終。

雅爾達密約如同緊箍咒，中方無法擺脫。蔣介石派遣宋子文、蔣經國等人到莫斯科與史達林談判。史達林拿一張紙向宋子文面前一擲，態度傲慢地說：「你看過這個東西沒有？你談問題，是可以的。但只能拿這個東西做根據，這是羅斯福簽過字的。」耐人尋味的是，在另一場中方只有蔣經國參加的祕密會談中，史達林一語洩露天機：「我不把你當作一個外交人員來談話，我可以告訴你，條約是靠不住的。」[30] 那麼，即便蘇聯同意在中國做出巨大讓步的前提下簽署條約，蘇聯也無意遵守，中方依然一無所得。

蔣經國此次重返莫斯科，也曾再度造訪昔日中山大學舊址。

中大早已關門，待他較為友善的校長拉狄克早已死於大清洗。在
談判桌上，蔣經國早已不是昔日唯唯諾諾、行禮如儀的蘇共黨員
尼古拉・ 拉迪米洛 奇・伊利扎洛夫，而是蔣介石最信賴的蘇聯
問題顧問和潛在接班人。

　　在蔣經國眼中，史達林早已不是他第一次見到的、到中山
大學演講的革命領袖，而是企圖吞併中國、推翻國民政府的新
沙皇。蔣經國在一篇回憶文章中寫道，他與史達林談話完畢出
來，史達林的秘書問道：「你有幾年沒有到莫斯科來了，你有什
麼新的發現？」蔣經國回答說：「我有一個新的發現，我要請教
你。一九三一年，我也在這個地方見過史達林，現在辦公室的一
切，都和從前一樣，只有一點不同，從前史達林的書桌背後，是
掛一張列寧站在坦克車上面，號召人民暴動的油畫，這次卻不
見了，換了另外一幅彼得大帝的畫像。這就是我今天所發現的
新事物。」秘書聽了笑一笑地說：「當然是新的，此一時，彼一
時。」對此，蔣經國的解讀是：史達林從前跟隨列寧從事革命，
把彼得大帝的餘孽沙皇尼古拉打倒了。現在，他卻用尼古拉的
祖宗 —— 彼得大帝的畫像，取他自己所崇拜的列寧的畫像而代
之。[31]

　　那麼，在蘇聯人眼中，這個昔日盡忠職守、任勞任怨、不怕
跳蚤、啃劣質黑麵包的前華裔共產黨員，如今又是何許人也？蘇
聯外長莫洛托夫在呈給史達林的一份備忘錄中，對這位蔣介石的
特使和兒子做出相當負面的評價：

現在，讓我們來看看蔣經國。蔣介石企圖在美、蘇之間玩手法，蔣經國身為一位舊布爾什維克黨人，也跟他父親沒有兩樣……偽裝他是蘇聯的真心朋友。……實際上，蔣經國非常平庸，根本比不上宋子文的老練。結論：蔣經國非常不可能被授權和我方達成簽署任何協定。他這次到莫斯科來的目標不過是談談，可能替蔣介石本人親自到訪先做準備。[32]

史達林不會將這個年輕人當作有力的談判對手，即便是蔣介石親自上場，也難以與史達林抗衡──日後，就連打敗蔣介石的毛澤東到莫斯科，也被史達林整飭得服服帖帖。蔣經國確實建議父親訪問莫斯科，與史達林展開高峰會議。史達林接受了這個主意，也下令一架蘇聯飛機待命，交由蔣介石使用。可是，這件事卻沒有下文。

蔣經國在撤離東北前夕，提出解決東北問題的最後建議：「空運少數部隊控制長春，行營繼續存在，派主席至各處接事，編練地方團隊，擴大政治影響，務使先有對付共黨之力量存於東北，然後逐步增強政府力量，使東北進入正軌。」[33]這個建議過於「天真」，共產黨早已通過土地改革和政治運動牢牢扎根於廣袤的東北鄉村，時過境遷，蔣經國使用曾國藩式的辦團練方式，豈能與之競爭？而且，東北是個無底洞，不可能靠「少數部隊」就能控制──此後，蔣介石投入數十萬國軍精銳部隊，卻如石沉大海、波瀾不興。

國民政府接收東北，如同鬼畫桃符，草草收場，接下來就是

兩軍對壘、真刀真槍了。蔣經國因為在東北交涉失敗，備受批評，政治地位陡然下降。此後兩年，他的能見度、曝光率極低。然而這卻另有一層意料不到的效果，在隨後發生的經濟、政治、軍事大崩潰局勢中，他的責任降低很多。[34]

　　國民政府遷到台灣之後，蔣經國躲過了黨內對丟掉大陸這一大哉問的追責，很快獲得實權、東山再起。在台灣的兩蔣政權，將反共抗俄、反攻大陸作為「願景」，蘇俄與中共被視為兩大敵人，但「願景」日漸成為遙不可及的「遠景」，實現的可能性越來越遙遠和渺茫。此後半個世紀，蔣經國和蔣方良再也不曾踏上蘇俄的土地。蔣方良頗為長壽，活到了二〇〇四年，她的出生地白俄羅斯早已在一九九一年成為獨立國家，但她仍然沒有回去探視昔日的家園和鄉親。有時，不歸比歸或許更好。

第三章　不穿軍裝的軍人

需要把政工人員從軍隊中清除出去。

他們只會降低武裝部隊的地位。

……我們還能容忍他們（指政委）多久？

還是我們不相信軍官？

—— 朱可夫（Georgy Zhukov，蘇軍元帥）——

俄國本來不會發生革命，是第一次世界大戰對這個國家產生了災難性的影響。俄國在戰爭前夕，是全世界小麥出口的大國。三十個月後，麵包供應不足導致民眾怨聲載道，沙皇專制統治成為大眾譴責攻擊的目標。

號稱歐洲最龐大的俄羅斯帝國的軍隊，在一戰戰場上損兵折將、精疲力盡，很多基層官兵早已對皇室怨氣沖天，他們對布爾什維克黨人的叛亂不做抵抗，在一定程度上默許革命發生。十月革命的成功，列寧依靠的僅僅是數千人的流氓無產者組成的民兵。隨即發生的內戰，主要是在投向革命陣營的帝國官兵（紅軍）與繼續忠於沙皇或資產階級臨時政府的帝國官兵（白軍）之間展開。

布爾什維克黨人的軍隊是在匆忙中建立起來的，大致沿用舊軍隊的將官和建制。但列寧等黨人從未真正信任舊軍隊的將官，他們很快在軍隊中建立新的制度 —— 由共產黨政委監督職業軍人，軍方實行「雙首長制」。史達林、赫魯雪夫、布里茲涅夫等蘇共黨魁都是政委出身，政委的履歷成為其政治資本，他們未受過專業的軍事訓練，卻擁有比職業軍官更大的權力。在蘇聯，只有最殘暴、最陰險、對共產黨最忠誠的黨棍才有可能當上軍隊的政委。所以，二戰期間，希特勒給德國國防軍下了一道特別命令：在俘虜的蘇軍官兵中，職業軍官可免死，但各級政委必須就地槍決。

史達林不相信軍人，他發起的大清洗沒有放過軍隊 —— 曾任紅軍總參謀長的圖哈切夫斯基元帥、幫助國民黨打贏北伐戰爭

的加倫將軍（布留赫爾元帥）等戰功卓著的名將沒有死於戰場，卻死於大清洗。祕密警察對每一個軍隊大頭目都進行嚴密監視。國家安全部對衛國戰爭英雄朱可夫元帥全天候監控，這項行動被稱為「『樞紐部』間諜案」。[1]如果不是史達林突然死亡，朱可夫恐怕會淪為階下囚。

　　當孫文決定接受蘇聯援助並仿效蘇共、將國民黨改造成列寧式政黨的同時，蘇聯紅軍模式也被引入中國。一九二四年，在蘇聯的主導下，中國國民黨創建黃埔軍校，仿效蘇聯制度，由黨控制軍隊，模仿蘇聯紅軍之政工制度，按照「以黨治軍」理念，在黃埔軍校實施黨代表制度。國民黨中央任命蔣介石為校長，廖仲愷為駐校黨代表，校長及黨代表對總理孫中山負責，「以示本校是黨的學校，學校官生都是黨的領袖的信徒」。此後，國民黨組建國民革命軍，孫文得以擺脫依附於軍閥的噩夢，有了自己的「黨軍」。

　　蔣介石以職業軍人的身份在國民革命軍中崛起，讓國民黨左派心存忌憚。其實，蔣介石只在日本受過相當初級軍事訓練，並沒有太出色的軍事才能，甚至算不上真正的職業軍人，但作為「新軍閥」，其權力迅速壓倒胡漢民、汪精衛等國民黨元老和黨務工作者。國民黨左派試圖用政治委員制度遏制職業軍人，卻已來不及了。

　　二次北伐後，蔣介石成為最大受益者。國民革命軍中的連、營之黨代表改為「政治工作指導員」，簡稱「政工指導員」、「指導員」，隨後逐漸邊緣化。直到抗戰前夕的一九三八年一月

一日，國民政府才在軍隊中明令設置政治部，「掌管全國軍隊政治訓練，民眾軍事組織訓練，宣傳文化工作及戰地服務」。部長先後為陳誠和張治中（後者在赴北京和談時投共）。在第二次國共合作時期，共產黨人周恩來任副部長、郭沫若曾任第三廳廳長。[2] 政治部只是一個虛有其表的官僚機構，並未層層滲透到軍隊內部，其實際功效可想而知。國民黨軍隊來源複雜，並未成為蔣介石如臂使指的「黨軍」，蔣介石能掌控的只是少量的中央軍嫡系部隊。威權的國民黨仿效極權的蘇共，只能做到形似而做不到神似，軍隊的政工制度也是如此。

國民黨政權敗退台澎金馬之後，軍方原有的各大派系瓦解，蔣介石將殘兵敗將重新整合，打造一支金字塔式的「蔣家軍」。國民政府重建分崩離析的國防部及國防部參謀本部，在參謀本部之下設置總政治部。其下轄的第一處負責心戰、第四處負責保防（保密、防諜）。[3] 蔣經國在此關鍵時刻執掌「政戰」大權，確立了對軍權的掌握，由此奠定了黨國接班人的身份。

反觀共產黨，學習蘇聯模式甚至青出於藍而勝於藍。自南昌暴動、中共建立自己的軍隊（早期稱紅軍，後來稱解放軍）之後，政治委員制度在共軍中即牢不可破 —— 它是「黨指揮槍」的具體體現。一九二八年六月，中共六大通過的〈軍事問題決議案〉明確規定：「採用蘇聯紅軍的組織經驗，實行政治委員與政治部的制度。」一九二九年，中共中央給紅四軍的〈九月來信〉中指出：「黨代表名稱應立即廢除，改為政治委員，其職務為監督軍隊行政事務，鞏固軍隊政治領導，副署命令等。」同年十二

月，紅四軍黨委在九大上，決議在各級實行政治委員制，後來迅速向紅軍各部推廣。

毛澤東連蔣介石那樣的基本軍事訓練都不曾受過，但從紅軍一建軍起，他就享有政委的身份和地位，政委凌駕於職業軍人之上，可以決定職業軍人之去留。紅軍對外號稱「朱毛」，朱在毛之前，但毛將總司令朱德視為可有可無的副手，不善玩弄權術且能力有限的朱德只能逆來順受。鄧小平也是如此 —— 共軍四大山頭之一的「二野」對外號稱「劉鄧大軍」，劉伯承排在鄧小平之前，但鄧小平在黨內的地位遠高於職業軍人劉伯承，很多重大決策都由鄧小平來獨斷。日後，鄧小平主持了一場對劉伯承的鋪天蓋地的政治批判，儘管他對這位老搭檔稍稍手下留情，但劉伯承仍飽受羞辱、生不如死。

雖說「黨指揮槍」，但在列寧式獨裁政黨內部，黨權需要軍權支持，黨魁需要與軍方有深厚淵源。鄧小平的政委身份和蔣經國的政戰頭子身份，讓他們指揮得動「槍桿子」，也保障了他們成為共產黨和國民黨的第二代強人。

失敗後的逃兵

鄧小平在莫斯科中山大學學習的時間只有一年，這是他一生中唯一一段接受現代正規教育（半正規？）的經歷。鄧小平晚年多次對身邊的人說，他一生中最大的遺憾是沒有受過完整和系統的教育。

中山大學除了教授馬列主義政治經濟學、歷史等課程外，考慮到學員們回國後從事革命活動的需要，還開設一門重要課程——軍事課，講授軍事理論，進行軍事訓練，組織學生到莫斯科附近的軍事學院參觀和到兵營打靶。[4] 可想而知，這些浮皮潦草的軍事課程，等同於如今中國大學生軍訓。但鄧小平此後與軍事結下不解之緣。

一九二七年春，鄧小平回國後，赴西安馮玉祥的國民軍聯軍總司令部。馮玉祥設立中山軍事政治學校，鄧小平出任該校政治處長兼政治教官，同時兼任該校共產黨組織書記。隨後，鄧小平又奉命同馮玉祥到內蒙古，出任第七團政治委員。同年，馮玉祥響應蔣介石的清共政策，下令要所有在他部隊工作的共產黨員集中到開封，名曰訓練，其實是「禮送出境」。鄧小平逃亡到武漢、上海等地從事地下工作，一度擔任中共中央秘書長，主要管理中央機關文書、機要、交通、財務等工作。

鄧小平第一次走上戰場，是在廣西，廣西卻留給他恥辱的印記。

一九二九年九月，鄧小平以中共中央副秘書長身份，化名「鄧斌」從上海乘船到香港，又趕赴海防，由陸路潛入廣西。他的主要任務是聯絡反蔣的廣西省政府主席俞作柏及廣西省綏靖司令李明瑞，策劃新一輪武裝暴動。俞作柏請鄧小平擔任其秘書，鄧欣然答應，他回憶說：「我同俞作柏見過幾次面，根據中央指示的方針進行統戰工作……同時注意把中央派到俞處的幹部分配到合適的地方。」[5]

在鄧小平的鼓動下，俞、李二人公開反蔣，率部離開南寧、進軍廣東。等俞、李離城之後，鄧小平與張雲逸調動警備大隊和教導總隊，佔領省政府彈藥庫，獲取大量軍火 —— 包括五千支步槍、多門山砲、迫擊砲及機槍，還有無線電機。當聽到俞、李的部隊被擊敗的消息，他們知道南寧守不住，迅速將武器彈藥搬上汽船船隊，沿著右江上行，再轉入其支流北上，抵達廣西西部一座偏遠縣城 —— 百色。

一九八〇年代，鄧小平掌權之後，「百色起義」被作為鄧小平的豐功偉業，寫成小說、拍成電影，廣為宣傳。但一個重要事實被嚴嚴實實地掩蓋起來 —— 鄧小平選擇百色這個偏遠縣城作為基地不是沒有理由的：百色是中國最大的鴉片貿易補給站之一，運送鴉片的商隊從雲南和貴州絡繹不絕而來，從香港、廣州來的採購商也排成長龍。攻下百色的「禁菸督察局」，保證了共產黨的實質獲利。

鄧小平跟毛澤東一樣蔑視所有的道德規範，只要能獲得和鞏固權力，無所不用其極。毛澤東在延安時將鴉片作為支柱產業，與日本佔領區展開大規模的鴉片貿易。

一九二九年十二月十一日，廣州起義兩週年紀念日，鄧小平等在百色展開暴動，百色城頭升起鐵錘與鐮刀的紅旗，同時也宣告「中國工農紅軍第七軍」正式成立。在右江下游的平馬，工人、農民和軍人代表舉行集會，「選出」蘇維埃工農政府 —— 這是中共將蘇維埃運動擴展到中國一個新地區的象徵。[6]鄧小平出任紅七軍政委和前敵委員會委員 —— 中共利用這個委員會來

牢牢控制軍隊。

次年二月，鄧小平等又在龍州成立另一個蘇維埃政權及紅八軍。龍州緊鄰法國統治的越南，設有法國領事館和海關。鄧小平奪取法國領事館，洗劫海關物資並將建築付之一炬。他還宣布沒收法國人的產業，包括銀行、商店，甚至還有天主教會。共產黨從來不尊重私有財產和國際條約 —— 那些相信鄧小平時代簽署的《中英聯合聲明》的香港人和西方人，都沒有讀過鄧小平的傳記、都不了解中共的黨史，所以在「民主回歸」的幻想中眼睜睜地看著香港淪為新疆。

桂系精銳部隊迅速調動到百色、龍州平叛。良莠不齊、戰力孱弱的紅七軍和紅八軍命懸一線。在此關鍵時刻，鄧小平突然神祕地離開軍隊。後來，鄧小平的說法是，是上海的黨中央傳召他去報告廣西的情勢。十二月上旬，他從龍州動身，中旬到香港，在香港參加中央軍委召開之「對廣西紅軍工作布置的討論」會議，在會上作「補充報告」。然後，他又從香港到上海，迎接他的是一個噩耗：他的妻子張錫媛於一九三〇年一月因難產而病故。

讓人困惑的是，在百色和龍州這兩個新基地最需要固守時，黨中央沒有理由命令在前線主持大局的鄧小平離開。主將離開，對軍心的影響是致命的。或許，鄧小平希望得到黨中央的正式任命 —— 果然，黨中央任命李明瑞為紅七軍和紅八軍總指揮，鄧小平為紅七軍和紅八軍政委。當時控制黨中央的，表面上是工人出身的總書記向忠發，實際上是中共中央常委、秘書長李立三，

鄧小平得到李立三的支持和賞識。

　　紅七軍和紅八軍虛有其表，加起來只有數千人，訓練和武器彈藥都嚴重不足。當鄧小平於兩個月後回來，當地局勢已嚴重惡化。二月七日，鄧小平電告紅七軍停止攻打南寧，命紅八軍撤回龍州。二月九日，鄧小平在龍州召集幹部會議，改組紅八軍軍委為紅八軍臨時前委，鄧任書記。

　　中共中央執行李立三的冒險主義路線，命令鄧小平、張雲逸率部進攻柳州等中心城市，建立廣東北小江根據地，阻止國軍北上。近七千人的紅七軍根本不是桂系精銳部隊的對手，這只能是自取滅亡。不出所料，部隊遭受重大損失，鄧、張被迫放棄原來的計畫，為保存實力，繞過柳州、桂林，轉戰粵贛湘桂邊界地區。十一月，紅七軍和紅八軍合編為紅七軍，奉命北上。鄧小平的軍事才能捉襟見肘，部隊一度迷失進軍方向。最後，鄧小平決定率軍前往江西井岡山與毛澤東會合。

　　一九三一年二月，紅七軍兩三千人殘部，在橫渡樂昌河時遭到國民黨軍隊攻擊，一半已渡河，一半尚未渡河，部隊被一分為二。此役，尚未渡河的紅七軍只有少數人生還。已渡河的部分官兵，在井岡山附近激戰幾個月之後，終於在一九三一年七月與中央紅軍會合，編入紅三軍團。

　　此時，已渡河的鄧小平再次離開部隊 —— 他「失去耐心並決定率領一小組人馬先行，留下主力殿後」。所謂「殿後」，就是送死，第一縱隊很快被徹底殲滅。在此過程中，鄧小平從未顯示出他具有軍事方面的才能。

　　三月中，鄧小平在右江上游地帶出沒，他沿著崎嶇小徑前往壯族共產黨領袖韋拔群的地盤。在路上，他遭到武裝土匪打劫。土匪揮舞著大刀追問「要錢還是要命」。聰明務實的鄧小平當然「要命」，他不敢暴露自己的身份——若土匪知道他是誰，將他押送給官方請賞，一定所得更多，而他難逃被槍決的下場。鄧小平自稱是小商販，乖乖掏出身上的二十塊大洋路費，然後奪命狂奔。毛澤東此前也有類似經歷——在路上被地方民團逮捕，通過賄賂其頭目得以逃脫。

　　然而這一時期，鄧小平再次通過香港到上海，「向黨中央匯報工作」。但他發現，李立三已被打成托派，遭到罷黜，如今的太上皇是前莫斯科東方大學校長米夫，米夫全力支持其門徒王明上位。在莫斯科時，鄧小平就跟王明不和，對於最高層新出現的變局，他感到「非常心煩意亂」。

　　鄧小平離開部隊到上海的這段經歷，使他飽受詬病。當時，他留下一張字條給李明瑞：「我想你已經遭遇敵軍，目前正在撤退當中。我無法趕上你們，請殺出一條路到井岡山與那裡的紅軍會合。我要利用此機會跟黨中央匯報紅七軍的狀況。」李明瑞知道事實真相，但不久後死於中共內部的肅反。鄧小平的一位戰友、後來擔任解放軍將軍的莫文驊並不相信鄧小平是在得到前敵委員會批准才離開部隊的。

　　文革期間，江青斥責鄧小平是「逃兵」，紅衛兵貼出大字報，揭發鄧小平的這段不光彩經歷：鄧小平看到部隊潰敗，敵軍砲聲接近，當場決定逃走，逃向「香港的花花世界」，展現出其

「本質上是可憐的儒夫」。鄧小平寫的交代材料《鄧小平自述》及給毛澤東的信，百般為自己辯護。但他承認一九三一年初，部隊被敵軍分割包圍之際，「作為主要負責人的我，在這種情形下離開部隊是絕對不應該的，雖然在組織上是合法的，但在政治上是極端錯誤的」，這是他「歷史上最大的錯誤之一」。[7]

是逃走，還是繼續戰鬥乃至被俘，鄧小平選擇前者 —— 這符合鄧小平的個性，他是中共高官中對危險最敏感、也最善於自保的人之一。正是這種頑強而狡猾的求生本能，讓鄧小平熬過中共黨內持續不斷的派系鬥爭和政治風暴，生存下來，並最終奪取毛之後的最高權力。

躺在劉伯承的功勛上

在中央蘇區，鄧小平一直擔任地方幹部，直到長征後期，他才被任命為紅一軍團政治部宣傳部長及政治部副主任 —— 這不但是升官，也使得他在往後十六年當中，一直從事政委工作。

國民黨軍隊大都是由舊軍閥的軍隊演變、轉化而來，其政委制度名存實亡。而共產黨從南昌起義、組建紅軍開始，就系統性地設立政委制度。在紅軍中，這種軍事政治體系是由設在從軍到師各級部隊的政委和政治部組成。在每一級部隊裡，政委在黨裡面的階級，通常高於軍事指揮官。政委擁有較大權力，可以以自己的名義發布命令和指示；而且，除非是在戰場的緊急狀況下，否則軍事指揮官的命令必須由政委附署才算有效。

　　長期在軍隊擔任政治委員的鄧小平，有了獨當一面的機會。
他是政治軍人，也是軍人政治家。身為政治軍人，他的工作是確
定部隊對政治訓練和指示有所反應；作為一名軍人政治家，他的
任務是要確定黨了解部隊的真實狀況，而不會對軍隊要求太多或
太少。跟毛澤東一樣，鄧小平覺得這項工作所扮演的兩種角色相
當適合他。他的豐富生活經驗使他成為一名手腕高明的政治家，
而他的氣質又使他很適合軍中生活。[8]

　　抗戰時期，鄧小平與大多數八路軍、新四軍高級指揮官一
樣，躲在後方擴充力量，從未與日軍正面作戰。一九三七年，中
央軍委決定鄧小平擔任中國工農紅軍總政治部副主任、紅軍前敵
總指揮部政治部副主任。國共第二次合作之後，中國工農紅軍改
編為國民革命軍第八路軍，鄧小平任八路軍總政治部副主任。

　　一九三八年，鄧小平被任命為第一二九師政訓處主任，由此
與劉伯承開始了親密合作 —— 一個是政治主官，一個是軍事主
官，共同率一二九師經營大別山根據地。而在黨的系統內，鄧小
平任第一書記，劉伯承任第二書記，這讓鄧小平權力更大。實際
上，鄧小平在八年抗戰時期為山西太行山區的最高政治領導人。
劉伯承是紅軍將領中少有的儒將，也是鄧小平的四川老鄉，鄧小
平後來說：「我比他小十多歲，性格愛好也不盡相同，但合作得
很好。人們習慣地把『劉鄧』連在一起，在我們兩人心裡，也覺
得彼此難以分開。同伯承一起共事，一起打仗，我的心情是非常
愉快的。」但實際上，鄧小平與劉伯承在國共內戰初期二野挺進
大別山時期發生嚴重矛盾，對大別山土改亦有分歧。

　　普立茲獎得主、中國通沙茲伯里指出，鄧小平年輕時即迷上
撲克牌，而且精於牌藝，往往從牌局中深究對手虛實強弱。自從
廣西時代他就洞察局勢，深入了解敵手習性。鄧善加利用毛建立
的國軍的檔案，經常研讀，以至於比國軍將領更能掌握國軍之虛
實。鄧對迎戰之對手，指揮官是否怯弱畏死，部隊是否訓練精
良，都瞭若指掌，使得他決策明快正確。一九三八年七月十六
日，鄧小平與徐向前、宋任窮等會見美國駐華大使館海軍武官
伊・福・卡爾遜，向他介紹冀南抗日情況。伊・福・卡爾遜如此
評論鄧小平：「他是一個矮小、健壯和健談的人，他對事物的理
解就像芥末那樣銳利。」

　　抗日勝利後，中共中央決定撤銷中共北方局，成立中共晉冀
魯豫中央局，鄧任書記；同時成立晉冀魯豫軍區，劉伯承為司令
員、鄧小平為政治委員。一九四五年冬，晉冀魯豫野戰軍（後改
稱中原野戰軍、第二野戰軍）建立，劉伯承任司令員，鄧小平任
政治委員。一九四五年九月，劉鄧大軍在上黨戰役中成功運用
「圍三闕一，網開一面。虛留生路，暗設口袋」的戰術殲滅閻錫
山的三萬五千軍隊，隨後發起平漢戰役同樣取勝。

　　國共內戰的關鍵一役──淮海戰役（徐蚌會戰）──是中
原野戰軍（劉鄧大軍）和華東野戰軍合力打贏的。此役為國共
在南線戰場的戰略大決戰，毛澤東說，此戰勝利，「不但長江以
北局面大定，即全國局面亦可基本解決」。淮海戰役成立了總前
委，由鄧小平、劉伯承、陳毅、粟裕、譚震林五人組成，前三人
為常委，鄧小平為書記。鄧小平回憶說：「毛澤東對我說：『我

把指揮權交給你。』這是毛澤東親自交代給我的。」鄧小平在此誇大了他的功勞。他固然是戰場上的最高決策者，但這場大戰的真正指揮官是劉伯承和粟裕 —— 劉伯承和粟裕協調密切，在戰術行動上使用慣用戰法，集中絕對優勢兵力，圍點打援，逐一擊破國軍。

粟裕為解放軍中的一員猛將，其赫赫戰功讓多名元帥自歎不如，淮海戰役的設想是他首先提出來的。粟裕是最重要的前線指揮官，他指揮的華東野戰軍殲滅國軍四十四萬人。毛澤東讚揚說：「淮海戰役，粟裕立了第一功。」但粟裕性格耿直並推動軍事專業化，不甩老帥，成為權力鬥爭的犧牲品。一九五八年，鄧小平在中南海主持元帥會議，展開對粟裕的批判。彭德懷、陳毅、聶榮臻等給粟裕扣上「一貫反領導」、「爭奪軍隊領導權限」、「告洋狀」等罪名，鄧小平借刀殺人，粟裕被免除總參謀長之職、打入冷宮 —— 整掉粟裕，鄧小平就可霸佔淮海戰役的戰功。

淮海戰役初期，國軍在武器裝備上佔上風，劉伯承擔心部隊安全，試圖挖更多戰壕以抵禦國軍優勢火力。鄧小平堅持進攻，說來不及挖築更多防禦工事，不惜造成大量官兵傷亡。鄧召集高級將領開會說：「在淮海戰場上，只要殲滅了敵人南線主力，中野（中原野戰軍）就是打光了，全國各路解放軍還可以取得全國勝利，這個代價是值得的！」[9] 在其眼中，其親自帶出來的數十萬子弟兵的性命輕若鴻毛，是可以為更大的戰略目標犧牲的籌碼。若是一九八九年民主運動的參與者們認真讀過中共黨史和鄧

小平傳記，就不會如羔羊般遭其屠殺了 ——「殺二十萬人，換取二十年穩定」，不管這句話是不是鄧小平說的，這句話確實是鄧小平的心裡話，他一貫如此，不是老了才變壞，而是壞人變老了。

　　這一次，劉、鄧之間再次出現重大分歧。這一分歧說明鄧小平比劉伯承更冷酷無情，這也正是後來鄧小平在黨內的地位比劉伯承高的原因之一。中共這台高速運轉的絞肉機，一直在比賽誰最狠，狠者高升，最狠者坐龍椅。

　　淮海戰役大獲全勝之後，渡江戰役、西南戰役就沒有什麼懸念了。鄧小平在這一系列戰役中究竟有多大貢獻，多年後的文革初期，鄧被打倒時，毛的一句評語很能說明問題 ——「有人說他打仗也不怎麼樣，總打過些仗。」前半句的意思是說，鄧並沒有卓越的軍事才能，他是躺在劉伯承的功勳之上；後半句是說，鄧沒有功勞也有苦勞，比如淮海戰役中組織數百萬民工作為後勤，算得上是鄧的功勞。

鄧小平的第一身份是軍人

　　鄧小平在軍隊中有很深的淵源，若不是他很早就脫離軍隊、轉入黨政系統，或許能評上元帥頭銜。一九五五年，中共討論軍隊授銜問題。陳雲解釋說：「有些同志曾長期在解放軍中服役，現在轉業了，沒有授予軍銜。授元帥的同志定為十位，也不是可以授予的都授。如鄧小平同志，在革命戰爭中對建軍和指揮作戰

都是有功的，也是國防委員會副主席，中央考慮可以授予，但他現在的工作主要是做中央秘書長，搞個元帥不好，他自己也認為還是不授予好。毛主席無論從哪方面講，都可授大元帥銜，但經中央和毛主席本人考慮，還是不授了，將來需要，什麼時候授都可以。」最終結果，鄧小平與元帥頭銜擦肩而過。[10]

　　但對鄧小平而言，元帥的虛名並不重要，當他在一九八〇年代執掌大權時，其他頭銜都可以不要，軍委主席一定要拿在手中，最後一個辭去的官方職位也是軍委主席 —— 軍委控制權在手，其他的那些職務就成了擺設。名義上的黨魁胡耀邦和趙紫陽，鄧小平隨時都可罷黜，這又變成了「槍指揮黨」。

　　鄧小平在第三次復出之後，為了掀翻毛的接班人華國鋒，聲稱要廢除領導幹部終身制，也鼓勵改革派知識分子在這個問題上出聲。政治學者嚴家祺最早著書立說呼籲廢除領導幹部終身制，在一九八〇年修改憲法的討論中，他起草了一份報告，認為武裝力量不能由國家元首、政府首腦以外的「第三人」掌握，否則軍事首腦會成為另一個權力中心，在某些情況下會形成政治上的危機。這份報告被社科院以《要報》的形式呈送中央、全國人大和國務院。

　　但是，鄧小平對此置若罔聞。一九八二年的新憲法規定國家主席、國務院總理「連續任職不得超過兩屆」，但軍委主席的任期不受限制，最有實權的人物仍可能終身任職。嚴家祺在回憶錄中寫道：「我當時感到，鄧小平提出的『廢止終身制』是一場騙局。在上世紀八十年代，中國的國家主席、政府首腦、執政黨的

最高領導人都不掌握最高權力，一九八七年黨的總書記胡耀邦下
台、一九八九年趙紫陽的下台，就成為難以避免的事情了。……
一九八二年的這一時刻，在我心中種下了不信任鄧小平的種
子。」[11] 這顆種子在一九八九年五月十七日這一天終於萌發了，
嚴家祺起草並領銜發布了直接斥責鄧小平的《五一七宣言》，寫
道：「清王朝已滅亡七十八年了，但中國還有一位沒有皇帝頭銜
的皇帝，一位年邁昏庸的獨裁者。」

　　鄧小平的自我認定的第一身份是軍人。鄧小平曾對來訪的美
國總統國家安全顧問布里辛斯基說：「理解中國並不難……毛澤
東主席是軍人，周恩來是軍人，我同樣也是軍人。」文革結束
後，解放軍原有的四大山頭（四大野戰軍）中，其他三大山頭已
然分崩離析，唯有鄧小平的「二野」（中原野戰軍）一枝獨秀：
第一野戰軍（西北野戰軍）的軍頭為彭德懷，彭德懷及若干部屬
早已在盧山會議上被打成反黨集團，後慘死於文革中；第三野戰
軍（華東野戰軍）名義上的最高將領是陳毅，實際上最有能力的
戰將是粟裕，中共建政後陳毅離開軍隊、主管外交部，而粟裕被
鄧小平整肅；第四野戰軍（東北野戰軍）的軍頭為林彪，兵力最
多、戰力最強，其將軍人數佔全軍的三分之一還多，但林彪事件
之後這一集團遭到清洗。而在「二野」內部，軍事才華和戰功都
在鄧小平之上的劉伯承，早已遭到批判而靠邊站，鄧小平成為
「二野」唯一的領袖，也就是文革後軍方實權派的實際掌舵者。
這是鄧小平復出後迅速推翻華國鋒、逼退葉劍英、凌駕於資格比
他更老的陳雲之上的根本原因，也是鄧小平後來輕易罷黜胡耀邦

和趙紫陽兩屆黨的總書記的根本原因。若不了解鄧小平的這一面，結果將是災難性的——一九八九年遊行示威、要求反腐和民主的學生和市民，不了解鄧小平的軍人身份和屠夫本色，稀里糊塗地遭到共產黨軍人的血腥屠殺，直到子彈穿過身體之前，他們一直以為士兵使用的是橡皮子彈。

中共建政之後，鄧小平的工作重心不在軍隊，但與軍方藕斷絲連。毛澤東在文革後期重新起用鄧小平時，讓他參與軍隊管理，兼任解放軍總參謀長，也是看中了鄧在軍隊中的人脈和威望。鄧小平趁機大量提拔「二野」舊部，清洗林彪「四野」的力量。

在六四屠殺之前，鄧小平對派兵殺人（尤其是對少數民族實施屠殺）從來都是毫不猶豫。

一九五九年，中共撕毀與西藏簽訂的協議，派解放軍進入西藏「平叛」，無差別殺戮藏人。指揮屠殺的張國華和譚冠三，都是鄧小平在二野的得力幹將（張國華為二野第五兵團第十八軍中將軍長，譚冠三為第十八軍中將政委），另一位將領張金武也跟鄧小平關係密切，文革中造反派為之列出的三大罪狀之一為「劉、鄧修正主義路線在西藏的忠實執行人」。

學者宋永毅發現，在「反對民族分裂主義」的「大是大非」上，中共各派系，無論是激進派還是溫和派，都是空前一致的——因為他們都是共產黨。一九七五年七月，中共軍隊在雲南沙甸對回民實施大屠殺，下令軍隊直接「武裝平叛」的中共最高領導人是王洪文和鄧小平兩位中央委員會副主席。王、鄧

兩人在中共內部的權力鬥爭中勢同水火，但他們在所謂的「民族大義」（大漢族主義）下對少數民族的鎮壓上仍然是高度一致的。[12]鄧小平絲毫不比王洪文心慈手軟。就捍衛大一統的天下秩序而言，毛澤東與鄧小平毫無分歧，所謂的改革派公共知識分子與相當部分的海外民運人士也都原則上支持毛、鄧的做法。

　　在文革結束後，鄧小平還包庇了若干在文革中雙手沾滿鮮血的軍頭。在內蒙古一手組織策劃了駭人聽聞的「內人黨」血案的滕海清，在文革後沒有受到任何刑事處分或刑事指控。一九七九年十一月十三日，內蒙古自治區黨委曾向中共中央遞交了〈關於滕海清在內蒙古所犯嚴重罪行和處理意見〉，在列舉了大量事實後，內蒙古自治區黨委堅決要求：「開除滕海清的黨籍，追究刑事責任。」然而，當時主持中共中央工作的鄧小平堅決不同意將滕海清繩之以法，理由是「滕海清因為過去有戰功，要保，所以職位不變，仍舊任濟南軍區副司令員」。[13]滕海清隸屬三野，並非鄧小平的嫡系，但鄧小平仍然幫他躲過追責法辦並安享晚年。鄧小平這樣做有兩個原因：一是因為鄧自我定位的第一身份為軍人，他對有戰功的軍人大都網開一面；二是因為滕海清迫害的是作為少數族裔的蒙古人，鄧在民族政策上是寧左勿右、寧枉莫縱，對於迫害少數民族的打手，無論多麼罪惡滔天，亦既往不咎 —— 他擔心一旦追究，此後在打壓少數民族的抗爭時，就找不到賣力的打手了。

發動中越戰爭

中越戰爭是鄧小平掌握最高權力之後發動的唯一一場對外戰爭，卻以慘敗告終。鄧只希望通過對越戰爭立威（恐嚇東南亞各國）、清洗（藉機解除一批老軍頭兵權）、轉移國內矛盾並向美國示好，對官兵的大量傷亡毫不在意。

中國發動對越戰爭時，華國鋒還是名義上的中央軍事委員會主席，但實際上已經被架空，他接受當時在任的軍委副主席兼總參謀長鄧小平的「建議」，於一九七八年十二月八日下達了對越作戰的決定和命令。

一九七九年二月十七日，中國解放軍動用二十萬人的兵力（也有學者認為兵力為四十萬），在七百七十二英里長的戰線上對越南發動了進攻，東線指揮官為許世友上將，西線指揮官為楊得志上將，而最高指揮官為鄧小平。在一個月的戰鬥中，中國軍隊雖然佔領了越南北部二十多個縣市，卻傷亡慘重，軍事史家認為：「中國軍隊沒有將初期戰果保持下去，與其說是出於限制衝突擴大的政治考慮，不如說是裝備不足所致。」

昆明軍區在對中越邊境戰爭進行總結時提到：「一九七九年二月十七日至三月十六日，我軍犧牲六千九百餘人，傷一萬四千八百餘人。二月十七、十八日兩天，傷亡達四千人，後勤部門措手不及，無力全部救治，傷員死亡很多。」這還是大大縮水的數字。中方的經濟損失約三十五億人民幣，導致當年經濟計畫未能按時完成。

　　一九七九年三月十六日，鄧小平在中越邊境作戰情況報告會上發表講話，其中不少自相矛盾、文過飾非之處：「我們這個仗打完了，我們應該做幾件事情？第一件事情叫做總結經驗。……有一條要特別提的，即殺雞也要用牛刀。這次人員、武器比越南超過好幾倍，高平戰鬥至少五比一、六比一，諒山戰鬥、老街戰鬥都是幾比一，甚至六比一、七比一。這次作戰地形，我們沒有打過，中國沒有這樣複雜的地形，山高、密林、路窄、溝深、洞多，這要不是大包圍、不是密集，我們會很困難，對越南不可小視、不可低估，這次打死的多，捉的俘虜比較少，四萬多。我估計會超這個數，會超過五萬。……我們也吃了小虧，總結經驗很重要，整個國際戰鬥經驗要總結，戰場包括一個班、一個排、一個連、一個團的，要好好總結，教育我們的部隊，作為部隊的教材。另外，要提高警惕，告訴大家所謂我們吃虧，十二日吃了小虧，我們一個營，由於指揮關係被敵人包圍，回來了一半，損失了一半，這說明任何時候都不能疏忽，越是勝利越要謹慎。本來作戰前後保持聯絡交替掩護，這是軍事常識，前後失去聯絡是指揮錯誤，也不是放了鴨子，吃了虧。」[14]

　　鄧的講話中有幾個細節耐人尋味：第一，軍方謊報軍情，誇大戰果，提高敵方傷亡數字，縮小己方傷亡數字。第二，解放軍的組織、訓練、裝備、後勤均不足，將沒有完成訓練的新兵拉到前線送死，以五比一乃至七比一的軍力優勢才勉強佔據上風。解放軍吃的不是小虧，而是大虧。第三，鄧小平承認對越南不可小視、不可低估，這場戰爭在國際上失道寡助。

　　鄧小平發動對越戰爭的重要理由是越南出兵柬埔寨，推翻了赤柬的暴政。但赤柬的波布實行極左的階級屠殺，在國際社會臭名昭著。中國支持波布，讓世人為之側目。義大利記者法拉奇在訪問鄧小平時，當面批評說：「鄧先生，中國也會受到譴責的，你們怎麼可以站在波布的一方呢？」

　　鄧小平回答說：「沒錯，波布和他的政府犯了嚴重錯誤，我們也知道這一點，我們當時已經了解這一點。回顧過去，也許我們有責任，沒有向波布指出他所犯的錯誤。我們對波布也這樣說。事實上，我們一貫的做法是避免對其他政黨或國家的事務做出評論，因為我們不想別人誤會中國干涉別國內政，無論怎樣，今天的問題是：誰在對抗越南？西哈努克親王完全沒有軍隊，其他的幾股勢力，像宋雙所領導的軍隊，規模太小，起不了什麼作用。真正與越南作戰的是波布軍隊，柬埔寨人民也追隨波布。」

　　法拉奇不能接受鄧小平的辯解，繼續追問說：「我不相信，鄧先生，柬埔寨人民會追隨波布，波布屠殺他們，以恐怖手段毀滅他們？怎麼可能？你說波布犯了錯誤，但滅種絕不能只說是錯誤，波布這樣做了，他殺掉了一百萬人民。」

　　鄧小平惱羞成怒地反擊說：「你的數字完全不可靠，柬埔寨只有四五百萬人，他殺掉了一百萬？真是無稽之談。你不相信柬埔寨人民追隨波布，我也不相信波布殺掉了一百萬人，他殺了一些人，而且數目不少，這是事實。他把城市居民趕往鄉村，觸怒了人民，這也是事實。但，仍是老問題，今天誰在戰鬥？誰得到群眾擁護，誰的力量不斷增長？反對波布，或試圖分化他們，只

對越南有利。世界上總有一些人不尊重事實，為什麼不容許波布糾正他的錯誤。」

法拉奇最後的反駁點出問題的實質：「恐怕我也是不尊重事實的人，鄧先生，波布若是真的願意糾正錯誤，要讓我相信，那請他使所有被他殺掉的人復活過來。我還想補充一點：我明白你的現實主義，但，鄧先生，你怎麼和這種人混在一起？我並不單單是指波布。」[15]

鄧小平從來不是職業軍人，而是一名政治委員，他看待戰爭非從軍事角度來判斷，而是從政治角度來決定。對越戰爭的成敗即由此注定。

沒有上過戰場的中將

與在蘇聯蜻蜓點水般只學到一點皮毛的鄧小平不同，蔣經國在蘇聯接受了完整的政治、情報和軍事教育。從中山大學提前畢業後，蔣經國被安排到列寧格勒「蘇聯軍事情報局特種學校」就讀，他後來撰寫在蘇聯的生活狀況的報告，刻意隱瞞或淡化這關鍵的一段履歷。該學校畢業後，他又被安排到蘇聯紅軍第一師擔任學生兵，「我的軍旅生涯就這樣開始」。他也觀察到紅軍中嚴密的黨組織：「每軍、師、旅、團、連長均有一專門做政治工作的助手。共產黨在軍隊中的組織以連部為單位」。[16]這是蔣經國對政工感興趣的起點。

一九二八年秋，經過近一年的士兵生活鍛鍊後，蔣經國轉往

列寧格勒托爾馬喬夫中央軍政學院深造。這是一所培養紅軍幹部
的學校，他回憶說：「學院的課程為期三年。其間，學院發給書
籍、日用品以及每個月一百五十盧布的生活費。頭一年的課程主
要包括戰術、軍隊行政、運輸、地形學、大砲原理以及軍隊政
工。第二年課程還加入軍事戰略、俄國內戰史、西方軍事史以及
蘇共黨史。第三年課業重點為戰術及戰略，但我們仍然要繼續學
騎兵戰術原理以及大砲原理。我最喜歡的科目是戰術和戰略。教
我們戰術的是馬爾舍夫將軍，他以前在沙皇軍中官拜上將。而教
我們戰略的則是一位元帥 —— 圖卡舍夫斯基元帥。」由元帥和
上將親自擔任教員，可見這所軍校的層級和水準之高。

在畢業前，蔣經國修完了團戰術以及野戰軍作戰計畫課，並
按規定每年參加一次為期兩個月的大規模野戰實習。演習時，他
分別擔任連長及團長。最後一年演習時，他還擔任師參謀長。他
在戰術、游擊戰以及武裝顛覆方面，下了很大功夫。

蔣經國回中國之後，蔣介石讓他研習中國儒家經典以及曾國
藩、胡林翼等的治兵著作，還有孫文的三民主義。但蔣介石不知
道，中國儒家經典和國民黨的三民主義，如同計算機上一點〇和
二點〇版本的操作系統，馬列主義及蘇聯模式如同三點〇的操作
系統，前兩種過期、弱勢、拼裝的操作系統，怎能取代後一種更
先進、更強勢、更完整的操作系統？真正能抵禦、取代和超越馬
列主義的、四點〇版本的操作系統，是英美民主自由的觀念秩
序，可惜蔣氏父子骨子裡仇恨英美價值，後來吳國楨建議蔣介石
安排蔣經國到美國留學卻被蔣介石斷然拒絕。所以，終其一生，

蔣經國的核心意識形態還是蘇聯模式。

　　一九三八年一月一日，回國不到八個月的蔣經國晉任為陸軍少將。「一個沒有打過仗的人，怎能授銜少將呢？」但是，誰讓人家的老爹是蔣介石呢？軍隊中的軍官們雖然不服氣，卻也只能眼睜睜地看著蔣經國飛黃騰達。

　　蔣經國還被任命為三青團中央委員、江西支部主任、贛南專員、新兵督練處主任等職務，這是蔣介石要測試一下兒子究竟有多大能耐、是不是接班的合適人選。

　　蔣經國沒有上前線指揮戰鬥，只是在後方練兵。他非常認真地訓練新兵，而且汲取蘇聯訓練紅軍的經驗——看來，蔣介石對兒子的反洗腦並未成功，蔣經國口頭上反共，但骨子裡仍然是一名蘇維埃人。曾與蔣經國一起留蘇的徐君虎，後來是其得力助手，他回憶蔣經國為解決新兵開小差的問題，借用蘇聯紅軍的經驗：蔣經國想到蘇聯紅軍中，每個連隊都有一間列寧室，裡面有書籍、報紙，還有棋類和遊藝等，士兵們不出操時就可以到那裡去玩樂和學習。逢年過節，還組織士兵們演把戲、看把戲，大家都玩得很高興。那麼，國軍是不是也可以這樣做呢？

　　徐回答說：「你真不愧是在蘇聯做過政治工作的。但是，我們的連隊若設立『列寧室』，你老爺子就該罵你了。」

　　蔣經國是實用主義者，很懂得變通，他靈機一動：如果將「列寧室」變為「中正室」，不就能讓父親心花怒放了嗎？

　　於是，蔣經國指示各新兵團，每個連隊都建立「中正室」，「中正室」裡有書、有報，可以打球、下棋，士兵們在精神上得

到一些慰藉。後來，「中正室」在國軍中得到普遍推廣，成為國軍部隊中的「標配」。[17]

蔣經國在贛州推行新政，蔣介石密切關注，事無巨細均加以指導，專門發電告知：「縣政最要的是民政與土地及財政，應設民政與財政各科，而民訓則可歸併於教育科也。你如有志於政治基本工作，則可先任縣政，多得社會經驗，做一番實際工作；則以後對於政治，當更能認識也。」又諄諄告誡說：「建設新贛南提綱草案，大致可用，間有字句不妥之處，已加修改……惟做事應注重當地實際工作，不必施以對外宣傳；以吾家子弟愈能隱藏，則愈不受人忌嫉，亦即吾家愈能積德種福……。」[18]蔣介石望子成龍之心，溢於言表，但又不願蔣經國成為輿論的風暴眼，故而叮囑其低調、隱藏，等到時機成熟再脫穎而出。

在扶植兒子接班這一點上，老蔣的做法與老毛截然不同：老毛敢於冒險，安排兒子毛岸英親臨韓戰戰場。當然，毛岸英不必到最前線，只是在志願軍總部當參謀，也算是幫助毛澤東監視彭德懷。毛以為這樣的安排保兒子無恙。然而，太子爺執意要吃蛋炒飯，用明火在地下指揮部做飯，炊煙被聯合國軍的飛機發現，扔下炸彈將其炸死。這一天成為中國民間的「蛋炒飯節」。毛岸英一死，毛氏王朝頓成泡影（毛的另一兒子毛岸青患有精神疾病）。

蔣介石更加謹慎，不願讓兒子到槍林彈雨的前線指揮作戰。整個抗戰時期，在蘇聯受過完整系統軍事教育的蔣經國從未去前線歷練、發揮，一直都在大後方工作——先是在贛南推行新

政，然後到重慶蔣介石身邊擔任其高級助手。一九四三年七月，蔣經國被任命為三青團中央幹部學校教育長（蔣介石的黃埔軍校門生多稱其為「校長」，蔣經國的幹校門生稱其為「教育長」，這些學生以此顯示自己與領袖有特殊而親密的關係），在重慶有了顯赫的職務。從此，蔣經國經常往來贛州與重慶之間。

一九四四年，日本在太平洋戰場一敗塗地，卻在中國戰場節節勝利。侵華日軍發動「大陸打通一號作戰」（豫湘桂會戰），以老弱「特設師」為主力，連奪取一百四十六個城市，以及河南、湖南、廣西、廣東及貴州的大片土地，原國軍控制下的七個空軍基地、三十六座機場被毀。短短八個月中，國民黨軍一觸即潰，在戰場上損兵五十萬人。由此，羅斯福對蔣介石徹底失去信心，認為中國無法繼續抗戰，而必須請求蘇聯出兵滿洲，才能擊敗日本。羅斯福沒有徵求蔣介石的意見，就在雅爾達密約中允諾史達林，若蘇聯出兵滿洲，即可獲得在滿洲的若干重大權益。羅斯福此舉不尊重中國主權，但蔣介石和國民政府在戰場上的表現確實無法贏得盟友的尊重，這是蔣介石及國民黨政權自取其辱。

一九四五年初，日軍入侵贛南。在豫湘桂數省大潰敗的國軍，無力阻擋來勢洶洶之日軍。二月一日，江西成立贛南警備司令部，駐贛第二十五軍軍長劉多荃任司令，蔣經國為副司令（早在一九四〇年，蔣經國就已兼任江西省第四區保安司令）。蔣經國會在戰場上一顯身手、有所表現嗎？充滿諷刺意味的是，在蔣經國被任命為贛南警備司令部副司令之前兩天，蔣介石已發急電催促其返回重慶：「你身任專員，此時自不能離職，甚為欣慰。

如果專員已派員替代，而贛州人口亦疏散已畢，則當即日飛渝；以政工班開班伊始，政治部組織未臻完備，諸待積極進行，以免誤青年遠征軍政治工作也。否則為小事而誤大局，亦非得計，以你主要職務全在於渝也。」[19] 蔣介石的電文看似冠冕堂皇，其實是要讓兒子趕緊脫離險境，他的兒子命貴，別人的兒子命賤，這樣的領袖，如何服眾？

二月六日，蔣介石派遣專機來贛州接小蔣到重慶。蔣經國的下屬劉浩如此記述當時的場景：「只見一架巨型美軍運輸機，降落在贛州西郊機場跑道的一端，待命返航。這種裝有雷達導航設備的軍用機，當時還是電子尖端，所以長途夜航，安全可靠。曾幾何時表示誓與贛州城共存亡的蔣經國，其去職何匆匆乃爾。原來是蔣介石迭接贛南軍事情報，感到當時軍情緊張，贛州城危在旦夕，特遣這架飛機飛贛，……遣送一道『著即攜眷隨來機飛渝，毋須異議，以策安全』的手諭，限令蔣經國遵行。」[20] 作為父親的心情可以理解——此前，兒子蔣經國被扣押在蘇聯長達十二年，若此次被日軍俘獲，能否再次生還可就難說了。但這一安排就連蔣經國的親信都覺得羞辱。

蔣經國離開幾天之後，日軍只來了一個班，就兵不血刃，一槍未發進據贛州城。國民黨官方的宣傳中，贛南新政熱火朝天、煥然一新，實際上，這些新政措施未能改變當地根深蒂固的民情秩序。普通百姓並無保衛國土的責任感——當然，他們也從未享受過任何基本的公民權利。對於中國民眾來說，無論北洋政府、國民黨、共產黨、地方軍閥，還是日本人，誰來了都一樣，

差異只是壞與次壞而已，無論誰充當統治者，他們都是沉默的被統治者。

蔣經國具有太子爺的特殊身份，擔任地方長官時可以調動資源，打造出頗為顯眼的政績。然而，蔣經國的意識形態是一鍋大雜燴——蘇聯的史達林主義、國民黨的三民主義、中國的儒家傳統……這個彼此矛盾衝突的大雜燴，比不上共產黨單一、凝固、強勢的馬列主義。共產黨以土地改革打破中國兩千年的土地制度與社會結構，蔣經國的贛南新政可沒有這樣的氣魄，他的各項新政只是修修補補，如李鴻章所說的裱糊匠的工作，一有風吹草動，立即煙消雲散。

其次，蔣經國施行贛南新政，只有一群靠個人關係聚集起來的、才能參差不齊的幫手。曾任《當代》雜誌發行人的張文翊評論說：「蔣經國的政戰工作從一九四〇年在國民黨收復的蘇區江西開始。家父高中才畢業，蔣經國在贛縣辦夏令營，召集全江西的高中生參加，蔣經國任營主任，蔣緯國用納粹訓練士兵的方式對待第三大隊的學生，家父很不以為然且以行為表現，差點被關起來。」可見，蔣經國的手段還不如十多年前在湖南發動農民運動的毛澤東，他的手上也沒有共產黨嚴密的組織系統和嫡系的軍隊，所以成效亦有限。

豫湘桂大潰敗之後，蔣介石為維持其政權的合法性及與英美的盟友地位、為維繫美方的信心，提出「一寸山河一寸血，十萬青年十萬軍」的口號，號召知識青年從軍——那時，知識青年為數甚少，是建設現代化的寶貴財富，蔣介石不惜讓知識青年從

軍，是狠心下最後賭注了。

　　蔣介石安排蔣經國出任青年遠征軍編練總監部政治部主任。這支擁有十四萬人的軍隊，其指揮官由蔣介石挑選，政工人員則全由蔣經國任命。為了培訓政工人員，蔣經國在重慶復興關成立了一個青年政治工作幹部培訓班，他吸收蘇聯經驗，強化思想訓練，公開的口號是「青年軍是青年的革命武裝學校，青年軍是國民革命的生力軍，青年軍是實現三民主義的先鋒隊，青年軍的胸膛是祖國的國防」，而祕密的活動卻是向政工人員下達「必須絕對效忠最高領袖蔣介石」──遠在緬甸戰場作戰的史迪威和孫立人，接收了不少青年軍，卻對軍中政工人員頗為不滿，埋下了後來孫立人與蔣經國衝突的伏筆。

　　抗戰勝利後，蔣經國出任國防部預備幹部局局長，從未上過戰場、立過軍功，卻被授予中將軍銜。有趣的是，蔣經國陪同宋子文赴蘇聯談判，卻隱藏中將身份，只掛上校軍銜──這是因為蔣經國對「沒有打過仗的中將」這一身份感到害羞嗎？

　　國共內戰開打後，蔣經國也從未上過戰場，沒有跟中共正面對決過。他的中將軍銜來得太容易了，換了其他任何人，都不可能沒有任何軍功就能迅速升遷。

　　知子莫若父，蔣介石知道蔣經國的特長不在領軍作戰，而在從事政治工作（意識形態）。一九四七年八月二十六日，蔣介石親自下令，讓蔣經國「研究領導青年運動之具體思想及行動綱領」。蔣介石指出：「該綱領須與本黨之政綱政策符合，如經濟方面可提出平均地權、節制資本；政治方面可提出澄清吏治、整

肅官箴；社會方面可提出厲行節約、服務社會；軍事方面可提出整頓軍紀、服務士兵、官兵一致、同甘共苦等口號，並應積極發動『平均地權』運動，訂定平均地權之實施方法，以資號召廣大農村青年加入運動。」[21]此時，蔣介石已意識到中共的土地改革頗見成效，希望蔣經國能推動國民黨版本的土改改革及青年運動。但國民黨已積重難返，蔣經國無能為力。

在台灣推行政工制度

一九四九年十二月，蔣介石兵敗退守台灣，蔣經國在這段時間一直隨侍左右。在四面楚歌、眾叛親離之際，蔣介石意識到只有親生兒子靠得住。他開始把蔣經國提拔到重要位置上，尤其是讓其控制軍隊和情治這兩大強力部門。蔣經國相繼擔任國防部總政治部主任、總統府資料室主任、中國國民黨幹部訓練委員會主任委員、中央改造委員、中國青年反共救國團主任、國防會議副秘書長、行政院國軍退除役官兵就業輔導委員會副主任委員及主任委員、行政院政務委員、國防部副部長及部長等職務，年方四十、從未打過仗就被授予二級上將軍銜。

從少將到中將再到上將，蔣經國的火箭式攀升，引起不少高級將領的不滿和嘲諷。當時，原空軍總司令周至柔晉升為一級上將、參謀總長，與蔣經國的二級上將、總政治部主任是同時任命的。周至柔對前來賀喜的人發牢騷說：「哎呀！別恭喜我了，現在，連沒打過仗的人都可以當上將了。而我血戰沙場數十年，才

升空軍一級上將，想想也沒啥可喜的！」周至柔的風涼話，不久後傳到蔣經國耳朵裡。蔣經國為了降低他人的反感，刻意不張揚軍階，很少穿軍裝出現在公共場合——當然，記仇的蔣經國沒有忘記這一羞辱，等他手握大權之時，迅速拿居功自傲的周至柔開刀（周被毛邦初案波及），同時也是打擊宋美齡及陳誠的土木系在軍中的勢力。

敗退台灣之後，蔣介石總結國民黨軍隊潰敗的原因，認為關鍵在於取消軍隊中的政工制度。「自從黨代表制取消，政治部改成部隊長的幕僚機關以後，軍隊的監察即無從實施；同時因為政工人員的不健全，故政訓工作亦完全失敗。」他認為，「北伐勝利是黨代表制度，一方面監察各級部隊長貫徹革命主義，達成作戰任務；另一方面在加強士兵政治意識，以充實其戰鬥力量，提高其戰鬥精神」。所以，蔣介石下令重建政工系統：「要構成一個公正無私的監察系統，要選擇最積極優秀的幹部來充任政工人員，務使命令貫徹、紀律嚴明。而要做到這一步，首先要從改革政工制度做起。」對蔣介石來說，政工人員必須承擔兩大任務：一是監督將官，二是洗腦士兵。

蔣經國也認為，不夠獨裁專制，讓國民黨在中國的統治失敗。所以他反對那些要求民主自由的聲音，點名批評胡適說：「今天胡適之在美國說我們台灣不自由，總統不民主，因為胡適之忘記了敵人。」他聲稱，「我們立國的精神不能學外國，政治上的道理不能學外國。」[22] 但他推崇的政工制度，卻是從蘇聯學來的。

　　蔣氏父子自以為是「對症下藥」，但若將其藥方與病症對照，則發現根本就是掩耳盜鈴、飲鴆止渴：首先，放眼二戰時最具戰鬥力的軍隊，美軍、德軍、日軍都沒有政工制度，唯有蘇聯有政工制度 —— 沒有政工制度的美軍、德軍和日軍，難道就不能打勝仗嗎？其次，當初北伐的勝利，並不是依靠草創的黨代表制度，而是依靠蘇聯的軍事顧問、武器和金錢，加倫將軍的軍事才幹是蔣介石望塵莫及的。第三，政工制度不可能挽救國軍的潰敗，因為威權的國民黨建立的政工制度的功效永遠趕不上極權的共產黨建立的政工制度的功效，就像仿冒的山寨貨永遠趕不上真品。實際上，蔣氏父子急於在軍中重建政工制度，並不是為了實現「反攻大陸」的海市蜃樓，而是為了達成蔣氏父子對軍隊的絕對控制，消除昔日國軍派系林立的局面，也反對孫立人的軍隊國家化和非意識形態化的構想。

　　一九五〇年三月，國防部政工局改組為國防部政治部，蔣經國被任命為政治部主任。一九五一年，蔣經國在台北近郊北投設立政工幹校（後來改名為政治作戰學校）。蔣經國最初親自負責此學校的大小事務，後來兼任多個要職，轉而任命其在江西青年幹部訓練班培養的第一批學員王昇任訓導長及校長。此學校成為蔣經國培養其子弟兵的基地，政戰學校之於蔣經國，宛如黃埔軍校之於蔣介石。

　　蔣經國在軍隊內部推廣政工制度，政工幹部不動軍事，卻要對軍隊事務指手畫腳，引發職業軍官階層的反彈：

　　據報，五十軍薛軍長曾於十月四日發表意見說「政工制度是
學敵人的，將來一定會有不好的結果，所以不如美國制度來得
好」。不知薛軍長是否這樣講的？以及他認為今日政工制度不行
是根據什麼？去五十軍調查政治教育時，可一訪薛軍長，當面問
他的意見。[23]

　　這是一九五三年十一月二十六日，時任國防部總政治部主任
的蔣經國的一則批示。從這則批示中可看出三點端倪：其一，國
軍高級將領對蔣經國推行從共產黨學來的政工制度極度不滿，公
開批評和抵制；第二，韓戰之後，台灣受美國庇護和美軍支援，
台灣社會及軍中將領普遍推崇美國文化和制度；第三，蔣經國的
特務系統滲透軍隊，將領有何言論，他在第一時間迅速掌握。蔣
經國的這則批示，後來結果如何不得而知，但薛軍長必定因言獲
罪、受到懲戒。

　　蔣經國比蔣介石「略輸文采」，其文章和演講乾癟枯燥、老
生常談，卻喜歡搞文字遊戲。他在一九五二年六月二十八日曾批
示：「將政校之所在地『北投』改名為『梅花崗』、『雪恥崗』、
『勾踐崗』或『復興崗』，如何？」[24]或許是因為蔣介石將草山
改名為「陽明山」，給了蔣經國以特別的啟發。雖然將北投改名
的想法沒有實現，蔣經國卻成功地將「政工」改名為「政戰」，
「戰」比「工」更威風、更殺氣騰騰，但是，僅靠改名遊戲就能
打敗共產黨嗎？

　　蔣經國在軍中推行永無休止的政治理念灌輸，舉辦各類訓練

班、檢討會、週會、茶會，編印各種教材和資料。一九五〇年四月五日，他在一則手條中寫道：「我們應當主張在部隊教育計畫中要指定一定鐘點，用於政治教育。」同年五月十四日又批示：「本部對於各軍事學校以及部隊，應統一規定政治課程之時間以及內容，今後政治教育之重點，應確立對領袖之信仰，發揮忠黨愛國之精神，並指出今天為何而戰、為誰而戰的目標。必須照此原則編發統一的教材與教育計畫。此事極為重要而迫切，必須從速辦理為安。」[25]這些做法都是從蘇聯學來的。

　　蔣經國意識到當時政戰人員普遍素質低下、在軍中狐假虎威而不受官兵歡迎的事實，在多則批示中命令嚴屬處理某些政戰人員貪腐的個案。一九五〇年四月十二日，蔣經國在一則手條中寫道：「據報二一一師之政工人員，不但素質低，而且有領薪餉而不辦公者。如有魏華庭者，為山砲連上尉幹事，而事實上乃是二一一師師長之弟，經常在師長公館看家，而未到差。這種現象恐相當普遍，但必須根本改正，否則政工實無法展開。」一九五一年，他對「國防部警衛團可疑分子送訓案」做出嚴屬的批示：「一個營裡面有十二個『靠不住』的兵，倘使是事實，那麼充分表現營長之無能與政工人員之不負責任。我們的軍隊裡決沒有不能教的兵，只有不會教兵的官。」[26]然而，即便蔣經國在政戰工作方面如此廢寢忘食，他能處理的個案仍是滄海一粟，於國軍整體性的低效和腐敗並無大補。

國軍？黨軍？

蔣氏父子在乎的不是軍隊到底有多大戰鬥力，他們都知道「反攻大陸，殺朱拔毛」是騙人的鬼話，也知道民眾大都知道這是騙人的鬼話，但戲還得演下去；他們在乎的是軍隊對其個人的忠順，政戰人員就是他們手上馴獸之魔棒。到了一九五七年，國軍三軍共有一萬七千一百三十九名政工人員，換算起來，國軍每三十五人就有一人是政工人員 —— 該比例比中共及東歐共產黨國家軍隊中政工人員的比例還高。

蔣經國與幾乎每一個政工人員都握過手，他們的晉階都由他親自批示。他不但在國軍部隊中重新佈建政工人員，還在連隊以上復設國民黨的小組，恢復了黨（其實是蔣氏父子）對軍隊的控制。到了一九五四年，六十萬國軍官兵中有二十一萬人是國民黨黨員。事實上，每個常備軍官都是黨員，全部參加單位裡的國民黨黨團會議。黨的控制使得政工人員恢復大權，而政工人員都是蔣經國的爪牙。

一九六三年，國防部總政治部改為總政治作戰部，政工人員改稱政治作戰人員，政戰工作從防禦性轉變為進攻性，強調「三分軍事、七分政治」、「三分物理、七分心理」，主要目標在「打擊敵人、消滅敵人、戰勝敵人」。此後，政戰工作範圍不斷擴大，「從軍中到社會」，「從基地到敵後」，成為全面的宣傳、動員與精神鬥爭。此一思想作戰核心不僅在「反共」，並將「台獨」視為「共匪對台思想統戰的陰謀伎倆」，必須積極打擊。[27]

在政戰工作中，蔣經國意識到台灣的族群對立也出現在政工人員身上，他希望培養更多台灣籍政工人員，以達成「以台治台」之目標。他在一九五二年六月二十六日的一則批示中明確指出：「海軍工廠中有許多台灣籍的工人？因言語不通，不易推行政訓，最好能用若干台灣籍的政工人員。」[28]

蔣經國當初剛剛從蘇聯回國時，連中文都寫不到一兩百個，他的中國文化功底遠不如其父，雖經過一番惡補，卻無法做到融會貫通、活學活用。但越是缺什麼，就越是要炫什麼，他在軍中發動激勵士氣的政治運動，大都冠以詰屈聲牙的名稱，如「克難運動」、「勿忘在莒運動」、「國軍新文藝運動」等。以當時國軍士兵大都是文盲、半文盲的程度，基層官兵恐怕連這些運動名稱背後的含義都無法理解，其宣傳效果如何，可想而知。

許多政工幹部都以蔣經國的子弟兵自居，目中無人、飛揚跋扈。若干高級將領對政工幹部在軍中的太上皇地位深為不滿。在德國受訓的裝甲戰專家蔣緯國曾對蔣經國的心腹、政工幹校校長王昇高聲抱怨政工人員干擾軍隊日常訓練的做法，這些話傳到蔣經國耳裡，加深了兩兄弟之間的裂隙。美軍顧問團在一九五一年進駐台灣，團長蔡斯少將毫不掩飾對軍中設置政工人員大不以為然的態度。蔡斯在第一次與蔣介石會見時就直率地指出：「軍中普設政工人員是一項極可反對的制度，它會壓制主動創意、破壞每個階層指揮官的權威。」一九五三年六月，美國參謀長聯席會議主席雷德福海軍上將訪問台灣，對蔣介石表示：「過度灌輸政治思想、施加政治控制，會對青年軍官產生不利影響，製造出不

安全感，也挫傷組織系統。」孫立人案爆發之後，雷德福更聲稱
自己同意孫立人的見解，龐大的政戰人員深深介入軍隊的日常
事務，不是一個好制度，「國軍部隊裡升遷不依指揮官的推薦，
要依政工人員的建議，導致士氣低落，指揮官不能管控部下。」
他的結論是，這樣的部隊不能有效地作戰。[29] 蔣介石對美方的意
見，雖不敢當面反駁，卻如風過耳。

蔣經國聲稱信仰人本主義、民主政治，可是他根本不尊重公
民的政治權利，也不尊重軍隊中的專業精神。這種說一套、做一
套的做法，對未來世代的價值觀念產生極大影響。[30] 蔣經國一手
打造的政工、政戰制度，敗壞了軍隊風氣，也敗壞了整個台灣社
會的風氣。他實行填鴨式意識形態灌輸，並沒有贏得官兵和民眾
真心的認同和愛戴。最具諷刺意味的是，蔣經國在政戰系統提拔
的青年才俊，日後都蛻變成「附匪」之先鋒，比如跑到北京人民
大會堂聽「匪首」習近平訓話的國軍退役高級將領中，就有蔣經
國曾無比信賴的下屬、曾任國防部總政戰部主任、陸軍二級上將
的「許老爹」許歷農。[31]

蔣經國生前最後一次公開露面，是在他死亡前一天，國軍在
北投復興崗政治作戰學校召開七十七年度工作檢討會，他親蒞
會場，向國軍幹部講話。[32] 這個事件足以顯示他對政戰工作的重
視 —— 這是他一生貫徹始終的事業。

蔣經國的政戰模式，使得國軍未能轉型為「國防軍」，而定
格為「黨軍」乃至「蔣家軍」。台灣民主化之後三十多年，蔣經
國的政戰思維對軍隊的荼毒仍不能完全去除，軍隊的民主化和國

家化進程遠遠滯後於社會其他領域。台灣青年男性必須強制服兵役，但在軍中的經歷非但不是美好的回憶，而是一場難以忘卻的噩夢。台灣法律人徐偉群在臉書上貼出一段文字，生動地描述了在軍中的心路歷程：

　　我在高中畢業後的成功嶺訓練，以及碩士畢業後服預官役的經驗，都讓我覺得台灣的軍隊有極大的問題，需要翻轉性的改革。

　　在成功嶺的大專訓，我看到的是，軍隊裡對於軍人自身，以及對軍隊治理的理解，非常貧乏，只知道暴力式的紀律，別無其他。軍隊訓練人，卻根本不理解人，只是一直要把軍人養成沒有思想，完全服從的人。這導致培養出來的軍人，人格已經扭曲，而且以為罵人，恐嚇，把人折磨得沒有尊嚴，就叫訓練，就是做軍人的本職。而一天扣除罵人，以小事來講紀律的時間之外，其他時間就是讓受訓者空轉，職業軍人自己也空轉。無知化，無智化，是我在大專訓練裡體認到的軍隊文化。

　　我的預官役是在總部級單位服役。很多人認為，能在坐辦公室的環境裡服役，沒有被操練，應該要很滿足。但是我過得心理上極痛苦。因為我看到的是，軍隊裡的中高階軍人絕大多數是過著沒有目標，沒有知識，沒有學習，精神上完全墮落的生活。除了等著佔缺升遷之外，就是成天無所事事，勾心鬥角，說人壞話，分贓報假帳，排擠不願同流合污之人。

　　我兩次在軍隊中所經驗的，都是威權統治的後果。把這種模

式用在學校，運動選手訓練，監所管理，司法官訓練，其結果更是遺害好幾代人。而軍隊本身呢？我相信，不先讓軍人體認做一個現代公民的價值，不把公民素養當作軍人素養的根本，軍事治理是良善不起來的。[33]

　　蔣經國的政戰模式，不僅在軍中，更滲透到全社會。比如，「人二室」（人事室第二辦公室）廣泛設置於各政府機關、學校、公營事業機構以及部分民營企業，主要職責是「保密防諜」、監控所在單位工作人員的思想言行。據調查局退休副局長高明輝回憶，早年司法行政部調查局設在各機關內的人事查核單位名叫「保防室」，後來改名叫「安全室」，一九七〇年左右，行政院副院長蔣經國舉行國內治安會議「永靖會議」時，斥責安全單位在外形象不佳，下令全數裁撤、併入各機關人事單位中。幕僚人員索性在人事室成立「人事室第二辦公室」，將安全單位編制人員原封不動編入，做原來的工作。「人二室」是政戰模式在軍隊之外的延伸，是國民黨對整個社會實行軍事化管理的標誌。

　　兩蔣時代，台灣的軍隊號稱「國軍」，卻並非民主國家的「國防軍」，而是為兩蔣看家護院的「蔣軍」以及國民黨的「黨衛軍」。如今，台灣民主化已三十餘年，但軍隊的轉型滯後於社會的轉型，威權時代的意識形態仍深深嵌入軍隊的文化和制度之中。台灣民主的鞏固和深化，有賴於軍隊真正轉型為「國防軍」。

第四章 「紅色恐怖」與「白色恐怖」

只要我們不停止說謊

而且沒有忘記恐懼

史達林就沒有死

——哈維爾（Vāclav Ḥavel，捷克作家）——

　　法國學者畢仰高在《歷史的覆轍：中俄革命比較》一書中指出：「中國革命雖然有時候蛻化為鬧劇，但並沒有因此就避免成為蘇聯革命那樣的悲劇。」蘇聯和中國都是用謊言和恐懼來維持的極權主義國家，充滿了世界上令人髮指的不公不義、無休無止的貧困苦難和權勢人物的陰謀詭計。

　　在共產主義陣營中，史達林和毛澤東是最可怕的混世魔王。作為毛主義者的鄧小平，曾是毛的暴政的受害者，又是毛的統治模式的繼承人。生活在謊言和恐懼之下的人們，必然苟且偷生、殘忍自私、頑固僵化。畢仰高在一九七〇年代初獲准訪問中國 —— 那時他還是一名熱情洋溢的毛主義者。他在中國發現，這個社會的實際情形與書本上的宣傳截然相反：林彪事件之後，國慶活動取消了，以免洩露了毛主席的親密戰友和接班人叛逃的消息。洩露機密是極其嚴重的罪行，沒有哪一個領導人敢這麼做。向外國洩密更是罪不容赦。領導人都這樣害怕，一般老百姓更不在話下。鄧小平一九七五年復出時表示：「每個人都害怕，年輕人如此，年紀大的更是這樣。」這是鄧小平說的少數真話之一。

　　二十世紀的中國陷入先後由國民黨和共產黨發起的革命，革命沒有拯救這個國家，卻帶來亙古未有的恐怖統治 —— 國民黨的白色恐怖及其升級版的共產黨的紅色恐怖。

　　研究中國革命的蛻變墮落，除了國共兩黨第一代領袖毛澤東和蔣介石外，其第二代領袖鄧小平和蔣經國也是繞不開的對象 —— 前者是「紅色恐怖」的第二責任人，後者是「白色恐怖」

的第二責任人。

　　這裡使用「紅色恐怖」和「白色恐怖」兩個概念來指稱共產黨在中國和國民黨在台灣分別實施的暴政，並非遵從華語世界和左翼學界固化的左派與右派的標籤，而只是以此區分極權暴政與威權暴政。

　　「白色恐怖」之說法，緣於法國大革命期間，一七九四年熱月政變後，南方保皇黨人對雅各賓派的報復行動，以及一八一五年波旁王朝復辟之後對革命黨人的報復行動，因為波旁王朝的家徽是白色百合，所以其鎮壓被稱為「白色恐怖」。與之對應的「紅色恐怖」，則是荷蘭史家布林克（Jan ten Brink）在《羅伯斯庇爾與紅色恐怖》一書中將雅各賓派恐怖統治期間最血腥的六個禮拜稱為「紅色恐怖」。

　　實際上，對於國共兩黨來說，他們都是「紅色恐怖」——長期以來，在台灣進步派的論述中，國民黨被冠以「右派」之名，導致「右派」成為一個被妖魔化的負面詞彙。其實，英美傳統和清教秩序，以及海耶克所說的自由市場經濟，才是真正的「右派」。蔣氏父子的專制獨裁，全都是從蘇聯學習而來（尤其是蔣經國），共產黨與國民黨是攣生兄弟，鄧小平與蔣經國是莫斯科中山大學朝夕相處的同學，兩黨及其領導人都跟「右派」沒有半點關係。

　　蔣經國在台灣實施「白色恐怖」，效仿史達林大清洗的種種手段，乃是另一種「紅色恐怖」。只是囿於國民黨的歷史慣性，它還沒有達到極權的地步，只是某種更廣義的威權模式 —— 與

之類似的政權，有西班牙佛朗哥政權、菲律賓馬可仕政權、韓國朴正熙政權等。在此意義上，國民黨與共產黨的殊死搏鬥，實質上並非意識形態之爭，而是政權之爭。[1]

用他人的血換來每一次升遷

鄧小平被毛視為自己人，關鍵原因是他在土改上與毛保持一致，嗜殺成性、心狠手辣。在廣西暴動期間，鄧小平在其佔領區展開血腥土改，跟此前毛澤東在湖南所發起的農民運動如出一轍。

暴動之後，鄧小平將在南寧掠奪的大批軍火運送給壯族共產黨人韋拔群。韋拔群利用這些軍火迅速奪取東蘭與鳳山兩個縣城。他們在當地進行徹底的屠殺，殺光所有人並燒毀一切物品。有目睹之人寫道：「在與豪紳的衝突中，農民群眾實行燒殺政策的錯誤傾向頗嚴重。每奪下豪紳所佔據之村莊，必焚毀一空，且不分別是豪紳地主抑係其統治下之農民，有見人即殺之勢。」這樣的暴行，使居住在右江上游的農民驚恐不已，「幾乎全是始終站在豪紳一邊」。鄧小平的副手陳豪人承認：「極少有人投過來。」鄧小平也確認百色的農民起義未能發動農民參與，「作戰完全沒有運用群眾……單憑紅軍的力量」。直到後來，紅軍從龍州海關和鴉片貿易商處掠奪大筆財富之後，向每個士兵發二十元津貼，才有飢腸轆轆的流氓無產者加入。

鄧小平剛到龍州，就發布命令沒收地主、富農的所有土地

並轉移給蘇維埃政權,並禁止商人從市內轉移資金和貨物,進而捕殺敵對階級。龍州當地人聲稱這是自太平天國之亂後他們遭到的最大規模的屠戮。第二階段,鄧小平下令沒收所有人的土地 —— 包括窮人的土地,從所有人家中收集穀物、家畜和工具,並交給村蘇維埃。在村中「建立一座大廚房,由村蘇維埃政府消費合作社來管理。還有一個牛棚。所有住家房舍、農業樓居和畜牧都共同使用」。鄧擬訂《共耕條例》,企圖在更大範圍內展開此一實驗。不過,隨著國民黨軍隊逼近,鄧和紅軍棄城逃亡,他沒有時間完成此一實驗。[2]多年後,毛發起大躍進,算是幫助鄧實現此一夢想,但其結局是數千萬民眾飢餓而死。

鄧小平及其同僚取得淮海戰役的勝利後,率軍西進,殘存的胡宗南部毫無招架之力。平定了西南諸省國民黨軍隊的反抗之後,鄧小平主持成立西南軍政委員會,任副主席,但其實權在主席劉伯承之上(其黨內地位高於劉伯承),成為名副其實的「西南王」。

中共建政初期,實行大區制,各大區的封疆大吏有相當大的自主權。葉劍英主持的廣東土改和風細雨 —— 作為廣東人,葉劍英不願沾上太多鄉親的血,受到毛的嚴厲指責。鄧不願重蹈葉劍英之覆轍,他知道越殘忍越能得到毛之青睞 —— 毛在一份批示中說:「第一要強調一個『狠』字。」在四川、雲南、貴州這幾個最新納入共產黨統治版圖的省份,鄧組織農民,發動土改和鎮反運動,大量屠殺地主、富農及國民黨遺留人員(他們被稱為土匪和特務),他稱此為「西南淮海戰役」。西南諸省從清末

起就爭取到獨立或半獨立的地位，地方自治沿襲多年，反共的群體、社團和階層數量最大，故而反抗也最激烈。因此，鄧小平的圍剿和鎮壓也最為殘暴。

一九五一年三月二十九日，鄧小平提議，應當處決二分之一到三分之二的反革命分子，毛表示同意，但條件是殺人應該「祕密控制，不要亂，不要錯」。鄧小平寫信給毛澤東，聲稱地方政府中有許多反革命分子。在雲南的一些村子裡，甚至百分之九十的幹部都被當作特務、地主或其他類型的壞分子。在雲南，有些幹部甚至隨機性地殺人：「看到別的地方捕得多殺得多，自己也就在幾天內草率地大捕大殺。」一九五一年四月，雲南鹽興縣地方黨委逮捕了一百多名中學生並嚴加拷問，甚至連六歲的小孩也不放過。四川的民兵也試圖在中小學生中發掘特務組織，多名小孩被折磨至死。胡耀邦曾匯報說，在四川西部「處五年以上徒刑的極少，有些同志認為處五年以上徒刑不如殺掉」。懋功是一個小鎮，是紅軍長征時經過的地方，在恐怖盛行的四個月中，該地對外公布的死刑犯只有十人，但實際上另有一百七十人被祕密處決，其中有二十人是被刺刀捅死的，還有幾個遭到斬首，首級甚至被掛在城門上示眾。許多遇難者只是普通的農民，從未參與過任何反共活動。對此當地幹部解釋說，因為懋功是少數民族地區，所以只有使用赤裸裸的暴力才能馴服當地人。[3]

鄧小平本人出身於袍哥人家，他從小就知道袍哥等祕密會社的力量，由他來剷除這些地方勢力，確實能做到將其連根拔起。在此期間，鄧小平過家門而不入，卻將若干家人召聚在身邊，以

免他們受到土改和鎮反的衝擊。比如，他的弟弟鄧蜀平是家族財產和權勢的繼承者，也曾在國民黨地方政權中擔任若干職位，若非鄧小平的保護，必定難逃一劫。不過，鄧小平的保護到了文革爆發之際就戛然而止 —— 鄧蜀平知道哥哥垮台的消息之後，不堪忍受批鬥和折磨，自殺身亡。

一九五一年五月九日，鄧小平將西南地區的土改工作向毛及中央匯報。鄧小平在報告中寫道：

這個運動規模較大鬥爭異常劇烈，預計全區可得減租退押和懲治不法地主的果實七十七億斤米，已經到手的約六十五億斤米（實際上要多），其中又以川東可得二十五億斤已得約二十二億斤為最多，川西可得十五億斤已得十二億斤次之。……在鎮反和懲治不法地主兩個問題上有些地方發生了控制不嚴的毛病。殺人以二、三、四月為最多，領導上的控制數字，常常為下面所突破，領導總是跟著數目字跑，顯得很被動。三月底我們根據已殺八萬的情況，決定收縮，下面殺起勁來了，收縮也不容易，結果三月下旬和四月份又殺了五萬，個別地委聽到要收縮還趕殺了一批，當然被殺人都有罪惡，尚未發現錯殺（可能有個別的），但殺了一些可殺與不可殺之間的人，有些殺得粗糙草率，則是很明顯的。……以後在農村結合土改，特別在城市還需要殺一些，鑒於上段經驗，當會殺得更恰當更仔細些。全區減退懲治不法地主和土改總的說來是正常的，但在四月份川南資中縣發生了十天內打死四百餘人的事件（地委副書記親自坐鎮該縣），而且波及

到附近幾個縣。[4]

　　在這份報告中，鄧小平看似自我檢討殺人太多、殺人失控，實際上是在向毛表功，他知道毛欣賞敢於殺人的地方大員。他對人的生命毫無尊重，也沒有基本的法治觀念，在他看來，殺人並無具體的標準或罪狀，可殺可不殺的，皆殺之。

　　後來，中央下令收縮，將判處死刑的命令從縣級單位收回，但這個命令卻導致了一場更瘋狂的殺戮，地方幹部都搶著在命令生效前盡快剷除他們想處死的人。在四川涪陵，僅十天之內，就有兩千六百七十六人未經審判即被處決。中央的命令生效後，又有五百人在兩天之內被處決，以致在兩個多月的時間裡，被殺的人數達到了八千五百人。在溫江縣，當下級請縣委書記批准從一百二十七名犯人中再殺掉一批人時，他簡單地回覆說：「看一下，挑幾個。」結果，三天之內即有五十七人被槍斃，而此時中央決定暫緩死刑的命令已經生效。[5]

　　這場「西南淮海戰役」殺人之多，超過其他大區。學者馮客考證，在鄧小平領導下的貴州、四川和雲南三省，殺人比例應該不會低於千分之二。毛下達的指標是殺千分之一的人，但貴州有千分之三的人口被消滅。在涪陵地區下轄的十個縣中，這個比例達到了千分之三點一。在四川的其他地方，甚至有高達千分之四的。[6]

　　作家譚松在採訪川東地區大量地主家庭後指出：「土改以一種前所未有的國家暴力，在廣大農村煽起了一種前所未有的仇

恨和虐殺。……土改所使用的那些暴力手段，在隨後的反『瞞產』、『四清』、『文革』等運動中反覆出現。」[7]

毛對鄧在報告中所說的「那種認為經過清匪反霸減租退押就可以和平土改的想法，已為事實所粉碎。經驗證明，土改必須在貧雇農發動起來的基礎上去進行，才不致煮夾生飯」大加讚賞，批註「很好」，並在多處附註意見。五月十六日，毛將此報告轉發各大區領導人。毛的秘書胡喬木在《中國共產黨的七十年》一書的序言中指出：「黨反對不發動群眾，用行政命令方法把土地『恩賜』給農民的『和平土改』。」

鄧小平主持的西南各省的剿匪和鎮壓反革命運動，屠殺了數十萬人 —— 鄧小平在一份給毛澤東的報告中承認殺了十五人，這個數字被大大縮水。鄧小平在西南區第一屆司法會議上講話，鼓勵司法機關擺脫法律的束縛，大膽殺人：「幾個司法部門（檢察署、司法部、法院）是要和敵人鬥爭中保護國家人民利益，過去的責任，主要是各地領導機關的，如怕殺人，有好多領導同志是這樣的，十月（去年）之後才糾正了。」他強調說，鎮壓反革命好處多多：「鎮壓反革命後，生產恢復到去年十二月的紀錄，私營廠也是如此。這一系列事實說明不鎮壓反革命，群眾是起不來。這問題擺在我們司法工作者面前，如果我們對敵人專政的話，才能使人民揚眉吐氣站起來，雲南某工廠鎮壓反革命之前，群眾不敢起來，鎮壓反革命之後，群眾說：『中國現在才解放了！』人民看解放是看他們自己解放了沒有，因此應很勇敢的站在群眾方面，堅決的鎮壓反革命，這說明中央的指示和條例

是正確的。」鄧小平甚至認為，反革命是不可教育的，只能消滅：「反革命是否可以教育，我們不否認有一部分動搖的，經過長期教育可以爭取；但對堅決者來說是不可以的。如重慶大逮捕時，有的特務高喊：『國民黨萬歲！』、『台灣萬歲！』打死一個（不應該打死，打傷才好），另一個起來又喊。⋯⋯在監獄內強調教育。想教育好是不可能的，跑的也不少，重慶關的犯人在獄中搞組織，企圖暴動。⋯⋯只能教育人民，敵人是不能教育過來的。」[8]

在文革前的諸次政治運動中，鄧小平皆為毛澤東之有力打手。在「三反」、「五反」運動中，鄧在給毛的工作匯報中寫道：「從運動情況來看，凡屬已展開的部門，其猛烈性，其牽涉之多，其震動之大，都超過鎮壓反革命運動。」鄧還說：「西南區打虎高潮是在最近十天開始，黨政軍民系統平均每天要打一千至一千五百隻老虎。到十四日止，全區已打老虎一萬三千二百九十四隻，其中貪污一億以上的大老虎有一千四百五十八隻，約佔百分之十。」在給毛的另一份報告中，鄧列舉西南級財經系統的清查結果：該系統共有留用人員及新吸收的青年和知識分子九千零四十四人，「其中自動坦白出特務四百四十三人、偽軍警即二百零六人、反動黨團三千一百四十八人、反動會門一千九百七十九人，共計五千七百七十六名，佔新成分總數的百分之六十四。同時交出電台一部、短槍十四支、證件六千三百八十七份。」另外，「又在政法文教部門的三千零七十四人中坦白和發現出特務二百六十一人、反動黨派五百二十八人、會門二百十一人、

偽縣長以上人員廿人、蔣匪八百三十九人,佔新成分的百分廿七。」[9]如此細緻的報告,頗能討得毛澤東的歡心。

一九五三年,高崗、饒漱石案發生,鄧小平是此案之關鍵人物。高崗在前一年與鄧小平一起上調北京,由「東北王」搖身一變為「小國務院」——國家計畫委員會——之主席,從周恩來和劉少奇手中奪過經濟大權。饒漱石從華東上調為中央組織部部長,執掌中央人事大權。二人揣摩毛的心思,發現毛對劉、周有所不滿,便在中央尋找盟友,對劉、周發難,企圖取而代之。

一開始,鄧小平是高、饒拉攏的對象之一。多年後的一九八〇年三月十九日,鄧小平在同中央負責同志的一次談話說:「揭露高、饒的問題沒有錯。至於是不是叫路線鬥爭,還可以研究。這個事情,我知道得很清楚。毛澤東同志在一九五三年底提出中央分一線、二線之後,高崗活動得非常積極。他首先得到林彪的支持,才敢於放手這麼搞。那時東北是他自己,中南是林彪,華東是饒漱石。對西南,他用拉攏的辦法,正式和我談判,說劉少奇同志不成熟,要爭取我和他一起拱倒劉少奇同志。我明確表示態度,說劉少奇同志在黨內的地位是歷史形成的,從總的方面講,劉少奇同志是好的,改變這樣一種歷史形成的地位不適當。」[10]對於高、饒在中央的「非組織活動」,鄧小平立即向毛告密,劉、周隨即也對高、饒發起強硬反擊。毛看到劉、周在官僚體系中樹大根深,遂假裝事前不知高、饒兩人的「反黨活動」,迅速將兩人拋棄(高崗與蘇聯關係密切,也讓毛頗為忌憚)——但毛一直沒有放棄整肅劉、周之心,直到十三年後從體

制外掀起文革才將劉少奇打倒和將周恩來馴服。

這一次，鄧小平押對了寶，憑藉告密青雲直上。毛曾表示：「從高饒問題上看出，最正直的人，是羅榮桓、鄧小平、陳雲。」這三個人都是向毛告密的高官，也是高、饒事件的獲益者。高、饒被定罪後，鄧被委以代表中央在黨的全國代表大會上作《關於高崗、饒漱石反黨聯盟的報告》之重任。鄧在報告中宣布：「中央委員會認為，為了嚴肅黨的紀律，應當開除反黨陰謀的首腦和死不悔改的叛徒高崗的黨籍，應當開除反黨陰謀的另一名首腦饒漱石的黨籍，並撤銷他們的黨內外各項職務。」[11] 對鄧起草的這份報告，毛親自做出多處修訂，特別增加一段話：「我們黨內曾經出現過陳獨秀、張國燾等著名的大叛徒，他們都是階級敵人在我們黨內的代理人，我們曾經進行嚴肅的鬥爭驅逐了這些叛徒。有些同志覺得高、饒反黨聯盟是難以理解的現象，這是不了解黨的歷史、階級鬥爭的歷史和現狀的原〈緣〉故。」[12]

在以上幾次重大政治運動和政治鬥爭中，鄧小平察言觀色、投其所好，及時向毛匯報其工作成績。毛則投之以桃、報之以李，對鄧的報告親筆批示，並轉給其他地區和其他領導人參考、學習、研究。一九五四年四月，毛讓鄧接掌「中箭下馬」的饒漱石的中組部長之職，更安排鄧出任中央秘書長，吩咐他說：「中央的事由你們做，對外一律用中央名義。」在一九五五年的中共七屆五中全會上，毛將鄧和林彪同時補選為政治局委員。鄧代替了高崗過去的地位。一九五六年，鄧當上了中央書記處總書記和政治局常委，比林彪攀升得更快。

　　中共黨內對鄧小平的迅速竄升存在著一股反對聲浪。一度與鄧走得很近並擔任其副手（中央副秘書長）的李雪峰向毛建議，鄧小平主持的書記處，理應劃入政治局的管控，並且只負責分發軍隊和國務院的文件。毛澤東察覺到李雪峰希望削弱鄧小平的職權，而李雪峰的意見代表著多名被鄧小平超越的元老，便堅持要將書記處歸中央委員會管轄 —— 中央委員會平時不開會，形同虛設。毛認為，中央的工作都可以交由書記處負責，也就是由鄧小平負責，不單單是以中央的名義分發文件。毛說：「我們是醫生，書記處是護士，你是護士長，還是我們的助手嘛！」[13]毛甚至稱呼鄧為「副帥」，這是林彪的「副統帥」地位確立之前，毛賦予的最高地位。

「小平是過河拆橋的人，你要小心」

　　作為總書記，鄧小平是毛澤東之外唯一可插手黨政軍所有領域的領導人。

　　一九五八年，鄧在毛的授意下，主持軍隊整風運動。鄧在批判粟裕問題上的角色與作用，比掌握軍隊實權的國防部長彭德懷有過之而無不及。在淮海戰役時，粟裕曾與鄧小平有過分歧，粟裕的思路在毛的支持下得到實施並在戰場上取勝，鄧對粟裕懷恨在心，這一次正好假公濟私算總帳。鄧斥責粟裕犯了「資產階級個人主義」錯誤，是「大野心家、陰謀家」。批判結束後，鄧找粟裕談話說：「調你到軍事科學院工作，今後你就待在那裡，在

北京搞學術研究，不必到部隊去跑了。」由此切斷粟裕與軍隊一線部隊的聯繫。

文革之後的一九七九年，在出兵越南的問題上，粟裕再次反對鄧小平。結果正如粟裕所料，解放軍傷亡慘重。

粟裕在晚年極力爭取中央將一九五八年軍委擴大會議加諸其身上的各項不實指控全部推翻，以還自己清白。雖然包括鄧小平在內的領導人都口頭同意粟裕的平反請求，卻並無下文，直到一九八四年粟裕抱憾離世，仍含冤未雪。[14] 這是鄧小平從中作梗 —— 為粟裕平反，不就是否定了鄧自己嗎？鄧與毛一樣，從來不向弱勢一方認錯（鄧只向主宰其命運乃至生死的毛澤東認過錯）。

批判粟裕並將其打入冷宮還不夠，對毛來說，軍隊整風還需要擴大到對「教條主義」的批判。毛預見到軍隊若持續按照劉伯承、粟裕等的規劃，往正規化（學習蘇軍）的方向發展，長久下來可能會對他個人在軍中的影響力不利。他要鞏固對軍隊的控制，也順道一報江西時期遭到劉伯承排擠之仇 —— 一九三二年，劉伯承在寧都會議上，響應「國際派」逼退毛的主張。鄧深知毛的心思 —— 不讓劉伯承受辱絕不罷休，儘管彭德懷明白地表示「劉帥有病就不要來了吧」，鄧卻回覆：「來一下比不來好。」殘病交加、不便行走的劉伯承被迫從南京赴北京與會，乖乖聽取諸多同僚的當面辱罵，並親自撰寫自我批判文稿。

劉伯承是早已退休的「死老虎」，毛澤東將其羞辱一番之後，不再上綱上線，接著讓鄧批判另一位掌握實權的上將 ——

國防部副部長、軍訓部長蕭克。蕭克私下裡說毛的軍事觀點已過時，被人密報給毛，毛睚眥必報，痛斥蕭克「不僅有教條主義，而且有資產階級思想、軍閥主義、封建主義思想」。身為「反教條主義小組」主張的鄧，秉承上意，對訓總四級幹部會議做出「方向不對、風氣不正、水平太低」的十二字評價，一劍封喉。眾人強迫蕭克承認「反黨」罪行，蕭克在精神緊張、身心疲憊的狀態下，在一次批鬥會後大口吐血。在江西蘇區時期，蕭克與鄧小平頗為友善，兩人因共同刻蠟板而相熟。一九三六年，鄧罹患傷寒而昏迷期間，蕭克曾特意前往探視。然而，此次軍委會議後期，鄧與之形同陌路，下手狠毒，毫不留情。蕭克的部下蔡鐵根因為在會議上說對蕭克的批評嚴重失實，被劃為右派，清除出軍隊，文革中被槍殺。蕭克晚年憶此，仍唏噓不已。[15]

　　文革剛剛開始，尚未波及劉少奇、鄧小平，毛澤東先對內蒙古領導人烏蘭夫開刀，給烏蘭夫扣上「民族主義」的帽子，炮製了牽涉數十萬人的「內人黨」冤案。那時，鄧小平沒有意識到自己很快就淪為被打倒的對象，積極參與對烏蘭夫的整肅，上竄下跳，殺氣騰騰。

　　在一九六六年七月二日召開的批判烏蘭夫的會議上，劉少奇和鄧小平一唱一和，要置烏蘭夫於死地。鄧小平說：「牧區階級劃分問題，內蒙落後於新疆、寧夏、青海、四川，還會落後於西藏。……你們的綱落後了。什麼綱？階級鬥爭的綱。你不如賽福鼎同志，他還站起來反對地方民族主義。你現在走的路是包爾汗的路，劉格平的路，札喜的路，搞獨立王國。再走，就走到達

賴、班禪的路上去了。有這個危險，你拚命強調地方民族主義，你那裡是前線，面對蘇修、蒙修，不搞階級鬥爭，你要把內蒙引向什麼方向？你不從這個地方深挖，是極其危險的。」鄧小平給烏蘭夫扣上「搞獨立王國」的帽子，這可是天大的罪行，烏蘭夫有口難辯。

　　鄧小平又說：「搞公社時牧區劃不劃階級，你的態度是不明朗的。民委有兩派，一派主張劃，一派不主張劃。你是不主張劃的。你的理由是不劃階級也發展了生產。直到去年你還是強調不分、不劃階級能發展生產。其他自治區劃了階級，生產不是更可以發展了嗎？劃了階級管的不是更長嗎？有的牧主坐上飛機到處逛，錢從哪裡來的，還不是剝削來的！老黨員烏蘭夫變成了牧主、富牧的代表，你是代表資產階級的，站在蒙古族百分之五的人一邊，沒有站在蒙古族百分之九十五一邊，立場錯了！」烏蘭夫只得低頭認罪，鄧小平仍不依不饒：「不是去年起，還早。你長期思想是右傾，站在李維漢一邊。一九五三年就開始了。一九五五年平叛，一九五六年社會主義改造，以後的平叛，你都是右傾的。……如文字問題，用什麼字母，你主張用俄文字，俄文詞彙。你說同外蒙把語言文字一致起來是為了影響他們。一九五〇年我們就覺得劉格平思想不對頭，一九五三年就覺得你也有些不對頭。」

　　在一百四十多名高級官員參加的會議上，鄧小平聲色俱厲，對烏蘭夫上綱上線、百般羞辱：

如果拿到群眾中去，群眾會把你與彭、羅、陸、楊一樣看待。你的組織活動相當多，不是一般政治思想問題，而是打出自己的旗幟。這多危險！中國只有毛主席一面旗幟。楊靜仁不搞民族特殊，劉格平打了自己的旗幟。賽福鼎比你共產主義多，他站起來做了一個反地方民族主義的報告，主動了。你在組織上做了活動。有相當一批力量。現在還有那麼些人，要打你的旗幟。「打游擊也幹。」你們還能打起來？！你搞代常委，呼市奪權，包頭市也要奪權。奪誰的權？你的夫人搞的什麼事？你那家鄉搞的什麼事？相當驚人啊！這些事出在別人身上不奇怪，出在烏蘭夫同志身上很奇怪，今天向你交底。[16]

鄧小平對那些毛確定要打倒的高級幹部親自開刀，他深知中共權力鬥爭的鐵律：若心慈手軟，就會淪為犧牲品。但他卻沒有料到，儘管他如此賣力地討好毛澤東，卻也成為毛打倒的對象。剃人頭者，其頭已被人剃。

中共高層政治鬥爭血雨腥風，中共對底層的統治亦如此。鄧小平視人命如草芥，與毛不相上下。一九七五年八月初，河南發生強降雨，板橋水庫等處岌岌可危。河南省委第一書記兼河南省革委會主任劉建勛接到急電後立即向國務院副總理紀登奎報告險情。紀登奎接到報告後，立即趕往副總理李先念辦公室。紀登奎和李先念經過短暫商討，決定只有動用部隊才能化險為夷。他們決定向第一副總理鄧小平匯報，請求具體指示，因為鄧小平除了是主持國務院日常工作的第一副總理之外，還擔任軍委副主席和

解放軍總參謀長，有權調集各兵種參與搶險工作，而無須驚動當時已經重病的毛澤東和周恩來。

據紀登奎的兒子紀坡民回憶：八月七日二十二時十五分左右，李先念給鄧小平家裡打電話。鄧小平的小女兒鄧榕接到電話後說鄧小平不舒服，已經入睡。李先念說發生了非常危急的情況，必須叫醒鄧小平。但鄧榕堅持說鄧小平已經入睡，身體不好，不能叫醒，有事天亮再說，並掛斷了電話。但據紀登奎和李先念後來了解，當晚鄧小平並沒有生病，也沒有入睡，而是在萬里家打麻將，一直打到八日清晨五點左右。

八日凌晨零時二十分，駐馬店地委、地革委第二次向河南省委和省革委發出特級急電，請求動用轟炸機炸掉副溢洪道，確保大壩安全。劉建勛接到急電後，直接向李先念打電話，要求動用空軍。李先念在紀登奎的催促之下，再次給鄧小平家裡打電話，要求動用空軍，但電話再次被鄧榕掛斷。此後，河南六十多座堤壩崩決，十多萬人被淹死。鄧對此負不可推卸的責任。鄧也從未去災區視察。

鄧小平的心狠手辣、冷酷無情，還有一個例子可以證明。晚年遭鄧小平罷黜的楊尚昆，釋出部分日記，以示與鄧小平劃清界線。其中一則一九八八年八月五日的日記，記載與下台的胡耀邦的一段對談：「又和耀邦見了一面，耀邦說，小平是過河拆橋式的人，你要當心。同時，耀邦又向我透露了一件大事，說這是他最見不得人的事件，不說出來對不起自己的良心。八〇年四月，我們當時以清理『三種人』為理由，將北京市公安部門二

十四名科級到處級的幹部騙到雲南大理祕密槍決，當時還派了王震去現場觀看。我問，為啥子祕密槍決他們，他們犯了啥子罪？耀邦說，他們當時掌握了我和小平是七六年四五事件幕後指揮的證據。另外，有些人也掌握了鄧榕和其他的高幹聯動成員是一九六六年八月五日打死北京師範大學附屬女子中學副校長卞仲耘兇手的證據。當然，還有人也掌握了聯動成員於六六年八月在北京大興縣殺死大批所謂的『黑五類』人員的證據。我說，我知道這件事，殺人的主謀高福興和胡德福不是當時就被判刑了麼？耀邦說，是呀，可高福興和胡德福在七五年九月突然翻供了，說是聯動成員幹的。他們是冤枉的。但七五年九月小平同志已是政治局常委，把這件事壓下來了。八三年小平指示我給高福興和胡德福平反，我便照著做了。但北京市公安部門的幾個幹部祕密向這些『黑五類』人員的家屬通風報信，結果這些家屬便起來鬧事，反對給高福興和胡德福平反。小平很震怒，指示我將北京市公安部門的這幾個幹部也作為三種人祕密殺掉。我聽了後很震驚，說我們現在講法治，怎麼可以這樣隨便殺人，四人幫也沒有這麼幹過呀？耀邦說，所以我內心有愧呀。但我已經指示將這二十四名幹部作為因公死亡處理了，也給了他們的家屬撫恤金。其中五個幹部也授予了烈士稱號。」曾任《人民日報》總編輯的胡績偉認為，楊尚昆的這些記載是可靠的，鄧小平確實就是這樣的人。

在毛澤東時代，鄧小平大部分時間都在黨務部門任職，參與制定經濟政策，在軍隊系統保持一定影響力。但他基本不涉足特務系統。中共的特務系統是由周恩來創建的，到了延安時代則由

留蘇的康生接管，仿照蘇聯的格別烏模式大大擴張。康生與鄧小平一樣曾在莫斯科中山大學受訓，他在蘇聯停留時間更久，「並不只是掌握了逮捕、拷問和處決對手的那些簡單技術細節——他發現了如何使用恐懼來作為壓制政治異端的手段，如何將最荒誕無稽的虛假招供轉變成強有力的工具」。[17]康生在莫斯科追隨王明，運用肅反辦事處，將若干中山大學學生打成反革命，蔣經國險些成為其刀下亡魂——蔣經國被誣陷為反動的「江浙同鄉會」重要成員，被列為處決的對象，因蘇聯人出手保護才倖免於難，中國人的內鬥尤其慘烈，數百人在異國他鄉消失得無影無蹤。回到延安後，康生審時度勢，背叛王明，投靠毛澤東，幫助毛發起延安整風，成為讓人毛骨悚然的「中國的貝利亞」。而中共的另一個特務系統則控制在周恩來手中，這是毛對周一直投鼠忌器的原因之一。鄧小平不曾有機會在康生和周恩來之外開闢第三個特務系統。

文革結束，毛、康、周都死去，鄧小平掌握全權，他並未親自掌握和廣泛使用特務系統。毛通過多次政治運動，消滅了敵對群體和一切不安因素，中共更喜歡掀起群眾運動，而不是打造警察國家。鄧小平時代，黨內鬥爭趨緩，鄧小平與陳雲等元老在經濟政策上有分歧，但只是技術性的分歧，而非你死我活的鬥爭；鄧與胡耀邦、趙紫陽兩個門生的關係由疏遠而破裂，但他不必像史達林對付政敵那樣使用祕密警察的力量，而用既有的組織方式就能輕易罷黜之；民間的異議人士，如「西單民主牆」的魏京生、徐文立以及後來的方勵之、劉賓雁等人，鄧小平對付的方

式游刃有餘 —— 或直接逮捕判刑，或點名批判，或放逐海外。在鄧小平時代，普通民眾並不覺得中國是一個警察國家；到了胡溫時代後期尤其是習近平時代，中國才迅速滑向數位極權主義的警察國家。

主事在毛，成事在鄧

鄧小平是毛的馬前卒，他參與的黨內鬥爭，對平民百姓而言，是「神仙打仗」，凡人未必遭殃。那麼，反右運動是鄧作為毛的打手，實施的最大罪惡 —— 這場運動「主事在毛，成事在鄧」，它將數百萬（官方統計數字為五十五萬）知識分了打成右派，從此右派及其家人淪為「賤民」。

鄧在反右運動中的罪責僅次於毛。鄧與政治局委員、政法書記、北京市委第一書記和北京市市長彭真，分別擔任「中央反右領導小組」正副組長。比起劉少奇、周恩來等其他常委來，鄧與毛在懷疑乃至仇恨知識階層這一點上「流氓所見略同」，鄧對打擊知識階層有一種主動的熱情，毛正是看中他的這一特性，才讓他在「單線領導」下「專案負責」—— 擬文件規劃政策、審社論引導宣傳；開大會鼓動要員、聽匯報插手單位；掌號令電報全黨、奔各地驅動四方……鄧對實施反右運動樂此不疲。

一九五七年九月二十三日，鄧小平在中共八屆二中全會上作《關於整風運動的報告》。報告指出，反右運動可分為「大鳴大放」階段和反擊右派階段，著重整改（即反右補課）和研究文

件、批評反省、提高自己階段。「大鳴大放」階段從四月二十七日中央書記處發出《關於整風的指示》開始，至六月八日毛、鄧決定在全國反擊右派分子「猖狂進攻」為止。在前一階段，鄧助毛「引蛇出洞」，尤其是在新聞輿論上「讓敵暴露」和「按兵不動」，鄧幾乎就是將戰場上那一套兵法運用到政治運動中。比如，五月四日，五四運動紀念日這天，鄧以中央書記處名義發出《關於重組黨外人士對黨政所犯錯誤缺點展開批評》的指示，旨在為「引蛇出洞」設下陷阱。在後一階段，鄧小平更是對右派發出雷霆之擊，他在《關於整風運動工作報告》中以極左面目大力批判黨內「溫情主義」：「現在還有一些同志，在反對黨內右派分子鬥爭中，表現了較嚴重的溫情主義，特別是對一些應該劃為右派的老黨員更加惋惜、心軟、下不了手，這種情結必須加以克服。」到了「反右補課」時，鄧一再警告說，存在「姑息養奸，養癰遺患」的右傾保守危害，對右派要「除惡務盡」。

六月是從整風運動到反右運動的轉折期。這一個月，鄧馬不停蹄地奔波於多個省市之間，幫助毛蒐集各地情報，並對地方官員做出各種重要指示。六月六日下午，他在瀋陽聽取黑龍江、吉林、遼寧三省省委主要負責人的匯報，次日上午主持召開東北地區幹部大會，作反右運動報告。六月八日，他回北京向毛報告。十日，他飛往西安，聽取陝西、新疆、甘肅、寧夏、青海等西北五省區負責人的匯報。十一日，從西安飛抵成都。十二日，在四川幹部會議上做報告。十三日，從成都飛濟南，次日在山東幹部大會上做報告。十五日，到上海。十六日，到南京。十七日，回

北京向毛澤東報告。半個多月內，其足跡遍布大半個中國。

　　其中，鄧在西安所做的報告中，已圖窮匕見，直接將反右鬥爭稱為一場「戰爭」，使用赤裸裸的戰爭術語：「現在我們正在進行的這個鬥爭，是很激烈的，這一仗說成戰爭也可以。這是一場激烈的鬥爭，或者說是一場激烈的戰爭。這個仗非打不可，因為思想鬥爭本身就是階級鬥爭。」[18]在成都所做的報告中，用語跟毛一樣充滿痞子氣：「今天主要談談運動，同志們是直接指揮作戰的，我們來談這個仗的性質、打法。這次仗，實際上是打悶棍，全國共產黨，所有各單位都在挨悶棍，有意識的讓大家挨挨悶棍的味道。……思想上、政治上鬥爭是很激烈的，過去思想改造等是一家獨鳴，那是要無產壓倒資產，哪有這次激烈，以前他們市場小，現在是雙方針鋒相對。如果中國解放後照匈牙利的辦法，那就沒有今天。思想鬥爭這次是最激烈的，反映到政治鬥爭這個運動更加明白。我黨歷來未放鬆的任務，就在社會主義鬥爭基本完成之後，『滅資（產），興無（產）』，在黨內仍然提出這個問題。毛主席在最高國務會議上也講這個問題，當然不是這個字，滅資興無的任務是個長期任務，這一仗很激烈，但不能說完全解決問題，但可看出，像這樣的鬥爭，最能鍛鍊我們的戰鬥力，要經過幾個五年計畫，幾次大的鬥爭，把我們的戰鬥力提得更高。軍隊在我們手上，他們想爭奪，怎麼行呢！」[19]

　　反右運動在中國製造了一個新的賤民階層：右派。中國傳統的士大夫精神和五四以來的現代知識分子品格，在這場運動中遭到毀滅性摧殘。鄧積極配合毛，表現得比劉少奇、周恩來更積

極。歷史學者鍾延麟認為，鄧是反右運動的統籌執行者：上有指令，鄧結合具體情況加以下達；下有新情，鄧過濾盤整再予以上傳。在上令下達與下情上傳之間，鄧個人享有不小的仲裁空間。毛對運動縱有「雄才大略」，若沒有鄧從中布置落實，難免成為空中樓閣。鄧在運動中的表現，特別是令到行止、風行草偃的組織長才，毛甚為滿意。在運動過程中，鄧往往是替運動打氣加油、催油加速。揮兵「反右」上，常見鄧態度亢奮、言語激越，例如：「引蛇出洞」期間，指出「時間比黃金還寶貴」，要各省領導趕緊回省內蒐集「離經叛道」的言論以利秋後算帳；展開「反右」後，不厭其煩地強調「放長線釣大魚」、「大魚在後面才能出來」，要運動再深入。以鄧在運動中「二把手」的地位，他代表中央所做的相關言行，確可對運動造成推波助瀾的效果。[20]

　　六四屠殺之前，推動反右運動是鄧小平一生中最大污點。毛在文革之前發起的一系列政治運動，鄧都不曾缺席。在文革初期，鄧以為毛是要發起第二次反右運動，遂與劉少奇向大學派出工作組，工作組用反右的慣例來打擊造反派，卻沒有料到毛是要利用群眾運動打倒架空他的官僚階層，鄧自己如冰雪消融般瞬間就垮台了。文革之後，鄧主張對歷史問題「宜粗不宜細」，就是害怕自己的諸多惡行遭到追究。鄧對右派平反百般拖延、避重就輕，對胡耀邦負責的平反冤假錯案事務只是給予有限支持。一九七八年，鄧小平十分強硬地肯定反右運動：

　　一九五七年的反右是必要的，沒有錯，同志們可以思想一

下，一九五七年的問題是個什麼問題呢？……這個時期出來一股思潮，它的核心是反對社會主義、反對黨的領導。有些人是殺氣騰騰的啊！當時不反擊這些思潮是不行的。

鄧故意歪曲了歷史真相：殺氣騰騰的，不是鄧所說的「有些人」——這些人都是手無寸鐵的知識分子，最多就是「忠言逆耳」，他們哪裡有推翻共產黨統治的心思和能力；殺氣騰騰的，是毛澤東和鄧小平，他們以戰爭的方式對付已經邊緣化的知識分子，從肉體和精神上剿滅數百萬知識分子。

一九八〇年三月十九日，鄧小平說：「一九五七年反右派鬥爭還是要肯定……不反擊，我們就不能前進，錯誤在於擴大化。」他又說：「反對資產階級右派是必要的，但是搞過分了。」對於自己的責任，他猶抱琵琶半遮面：「不要造成一個印象，好像別人都完全正確，唯獨一個人不正確。這個話我有資格講，因為我就犯過錯誤。一九五七年反右派，我們是積極分子，反右派擴大化我就有責任，我是總書記呀。」[21]

正是鄧小平固執己見，中共中央沒有像否定文革那樣否定反右運動。一九八一年六月二十七日，中共中央十一屆六中全會通過決議說：「在整風運動中，極少數資產階級右派分子乘機鼓吹所謂『大鳴大放』，向黨和新生的社會主義制度放肆地發動進攻，妄圖取代共產黨的領導，對這種進攻進行堅決地反擊是完全正確和必要的……」這是鄧小平一錘定音的結果：反右本身是對的，只是略有擴大化。鄧小平的女兒毛毛（鄧榕）在《我的

父親鄧小平》中寫道：「父親始終認為，不能說整個運動是錯誤的。」

鄧小平剛愎自用，一如毛澤東。晚年軟禁中的趙紫陽評論說，鄧小平很注意自己的形象，凡是有損自己形象的事，是堅決不做的，即使這件事是正確的，也堅決不做。鄧小平定下的事，你就得執行，不能反對。

中共官方的《鄧小平傳》中記載：「在鄧小平的直接關心、指導下，到一九八一年底，被錯劃為右派分子的人全部得到改正。」[22]這是一個無恥的謊言，時至今日，仍有一部分右派「只摘帽子，維持右派原案，不予改正」，其中包括中共中央認定的五名右派分子章伯鈞、羅隆基、彭文應、儲安平、陳仁炳以及由各地方認定的九十一名右派分子。

「鄧小平的一生，就是反右的一生」

鄧小平將自己塑造成毛時代政治運動的單方面的受害者，卻不願面對自己作為加害者的面向。胡績偉認為，鄧小平是靠反右起家，又靠反右發家。正是在一九五七年及以後不斷反右的無情打擊、殘酷鬥爭中，鄧終於成為中共第二代領袖，一將功成萬骨枯。這樣，鄧不可能為右派真正平反，絕不能自己拆掉上台的墊腳石。[23]

文革初期，鄧榕在一份揭露父親鄧小平的大字報中寫道：「鄧小平一手操縱了我校的文化大革命，他通過我給工作組一些

黑指示，並控制了我的思想，使我犯了嚴重的錯誤。……他為了更好地推行其反動路線，藉口要了解情況，解剖一隻麻雀為名，把我校當成了他的試驗田。……他大力支持學生鬥學生，他也曾對我說過開兩次辯論會不算轉移目標，不算學生鬥學生。鄧的黑指示起了關鍵性的作用，他堅定了工作組鬥同學的決心，也控制了群眾。」

鄧榕的大字報顯示，鄧小平在文革初期試圖轉移毛澤東在黨內高層找敵人的矛頭，讓文革與此前的歷次政治運動一樣，整肅的目標為弱勢群體和邊緣階級：

鄧小平多次和我說：要不斷地分類排隊，劃分左中右等等，目的就是要「選準打擊目標」。這個目標就是革命群眾，這成了我的指導思想。在我做大隊工作的時候，忠實地執行了這些指示。在初一、初二各班中，讓各班輔導員首先分類排隊，劃分左中右，實際上就是排「黑名單」，找出依靠對象和打擊對象。有的班共分七、八類之多，開幾次輔導員會也都說各班誰是左派，誰是右派……。當時，一些班裡的領導小組成員出身不怎麼好，由於受反動血統論之毒害，我極端的唯出身論，滿腦子想的都是「奪權」，在排黑名單之後，就大搞奪權鬥爭，想把各班都換上我們信任的人，熱衷於調查家庭問題，今天你是領導小組的，明天一調查出你家有問題，就換掉。為了開一個改選會，商量半天，估計各種情況。惡毒地是先把一些同學在班上搞臭，激起民憤，然後再改選、換掉，完全是運動群眾。這樣做了一個時

期，基本上各班都換上了我們信任的人。[24]

　　胡績偉認為，「反右」是鄧小平一生不變的立場，絕不僅僅局限於反右運動這一時期。反右運動之後，從反對劉伯承軍事教條主義、批判粟裕的軍內鬥爭，到反對彭德懷右傾機會主義集團、《劉志丹》小說案引發的批判習仲勛反黨集團，直到「四清」反對走資本主義道路的當權派……在一系列接連不斷的政治運動，名稱不斷翻新，實質上始終是反右的鬥爭中，鄧是積極緊跟毛的得力幹將。

　　「反右」之後的「大躍進」，鄧小平也是「廖化作先鋒」，他完全接受毛的「大躍進」思路，成為該運動的支持和倡導者。一九五八年二月，鄧視察四川石油勘探局川南礦區時表示：「應該有個雄心壯志，超越國際先進水準。世界先進水準也不是高不可攀的。」他還提出：「草棚也可出科學，出先進水準。」一九五八年八月，中央政治局在北戴河會議上提出鋼鐵產量增長一倍，隨即掀起「全民大煉鋼鐵運動」和「人民公社化運動」。鄧主持的中央書記處對下指揮、施壓及稽催，對運動的發展進程產生重大的推動和影響。鄧代表中央出面支持河南激進派領導人吳芝圃說：「真理在你們這邊。」對河南的「大躍進」運動起了火上澆油的作用。[25]

　　文革結束後，鄧小平對毛時代的暴政和「紅色恐怖」，多少有一些反思，在一定限度之內「撥亂反正」。一九八〇年十月，他接見美籍華裔科學家、企業家朱傳榘，對朱說的第一句話是：

「共產黨犯了很多錯誤，欠人民很多，我們必須向中國人民還債。」鄧的坦率，贏得朱的好感。當然，這是因為鄧急於籠絡海外華人華僑，引入資金和技術，這些話他不會向國內人民說，更不會向受害者說。

獨裁者往往對其家鄉最狠毒，希特勒、史達林都是如此，鄧小平亦如此。鄧小平尤其對不起的是他的四川鄉親：「大躍進」時期，他是催促主政四川的李井泉「調糧出川」、餓死川人的主要人物之一。但他假裝對四川的慘狀一無所知。一九八六年十一月，鄧接見中國經濟體制改革研究所所長陳一諮時，兩人有一番談話：

鄧小平一上來就說：「改革是一場革命，我想聽聽你的看法。」

陳說，實際上，我們的改革就是共產黨將功補過。僅是一九五九年到一九六二年，中國餓死了四千三百萬人。人類歷史上是沒有的。

鄧用濃濃的四川口音問：「四千 —— 三百萬？」

陳說：「是的。四川就餓死九百萬！」

鄧緩緩地說：「九 —— 百萬？」

陳說：「是的。我是聽四川南充地委書記康盛世告訴我的。後來，我又做了一些調查，又看了檔案。就憑這一條，我們今天的改革是向老百姓贖罪啊！」[26]

　　鄧的疑問和驚詫的模樣是裝出來的，以他所處之高位，可以比陳看到更多祕密檔案和材料，當然知道「大躍進」給中國和四川帶來的空前絕後的災難。他的偽善是推卸責任。他不僅是知情者，而且是下令從四川調走大量糧食的主要責任人。

　　原全國人大常委會機關黨委書記、一九五四至一九六三年和一九七五至一九七八年曾擔任李井泉秘書的陳振寰，在一次訪問中披露：一九六〇年夏天，大饑荒最嚴重的時期，總書記鄧小平到四川傳達中央一份文件，傳達完了，吃完中午飯就要走。當時，在省委辦公大樓下邊，臨上車的時候，李井泉提出到機場送他。鄧說：「井泉啊，糧食還得調，死人也只能死我們四川的人，不能死北京的人，也不能死上海的人。如果北京、上海死人，國際影響就大了。」陳說，這基本上是鄧小平的原話，當時在場的僅三五個人。

　　陳是體制中人，接受訪問是在二〇〇九年，他早已退休多年，但說出部分真相的同時，仍竭力為李井泉和鄧小平辯護：「當時全國都缺糧的特殊情況下，中央出於無奈，沒有辦法的辦法，才下死命令四川必須調糧，才說這樣的狠話。這是特殊情況下的特殊措施。這種特殊措施在當時情況下，全國一盤棋，不管是誰，都得執行中央的命令。不管是李井泉還是王井泉，誰來當四川的第一把手，你能不執行嗎？結果是，全國都有死人，四川死的人更多一些，損失更慘重一些。」這句話的意思是，四川人是低等人，是二等公民，四川人可以餓死，北京人和上海人比四川人更有資格活下去。

　　到了一九六二年開七千人大會，檢討大躍進的錯誤，四川的慘劇才被揭開。第一個發言的地方官員是四川涪陵地委書記，叫孫俊卿。涪陵在四川是重災區，孫俊卿承認困難時期調糧多了，沒有飯吃，死人特別多，感到很沉痛。孫俊卿講著講著，痛哭流涕，說不下去了。他這一哭，在場的人都哇哩哇啦地哭了起來。都不說話了，都在哭。稍後，作為四川人的朱德說了一句話：「四川調糧多了，也不能都怪四川省委，四川的問題中央也有責任，現在，大家要總結經驗教訓，搞好以後的工作，也不要過分的難受。」大家第一次聽到朱老總說，「中央也有責任」。朱德在中央並無實權，所以講話時候騰挪的空間相對大一些。

　　李井泉的檢討一直過不了關，夜不能寐。到了第二天檢討，在北京工人俱樂部，鄧小平來了，是李井泉請鄧小平來的，希望鄧為他保駕護航。李井泉再次檢討，聲淚俱下，但他始終沒有把責任推給中央，只是說，省委有責任，對下邊的情況了解不夠，自己承擔責任。他講完以後，鄧小平講了幾句話，很簡單：「調糧的問題，井泉同志檢討了。中央也有責任，這個問題不能怪四川省委，調糧調的多了些，四川死人死的多了些，中央也有責任。」就說了這麼幾句話。隨後就散會了。從鄧小平的這番談話中，到會的官員心知肚明──中央是下過死命令讓四川調糧的，中央當然也知道將糧食調走後的後果。

　　陳振寰在訪談中又補充說：「中央下這個命令，不是所有的人都知道的。我作為一個見證人，應該把這件事情說清楚。中央是出於無奈，特殊情況下。我記得，最困難的時候，寶成鐵路

客車都停了，運糧，發生這麼嚴重的問題。四川交通不便，人背肩扛，背到公路上，再由汽車轉到火車站，轉到長江輪船碼頭。」[27]

　　從這段訪談中可以看出，鄧小平、李井泉等中共高官，視人命如草芥，數百萬、數千萬人活活餓死，他們只是輕描淡寫地說中央有責任或省委有責任。如果是在一個民主和法治的國家，這樣的高級官員一定會被送上法庭、送進監獄——當然，如果是在民主和法治的國家，就不會發生這種慘絕人寰的大饑荒了。經濟學家阿瑪蒂亞・森指出，饑荒並不完全是由於食品短缺造成，更可能是由於權利分配不均造成。人類饑荒史的一個重要事實是，沒有一次大饑荒是發生在有民主政府和出版自由的國家。饑荒發生在古代的王國，發生在當代的專制社會，發生在原始部落，發生在現代技術官僚獨裁的國家，發生在帝國主義者統治的殖民地經濟，發生在專制統治或一黨專制的新興獨立國家。但是，在那些獨立的，實行定期選舉的，有反對黨發出批評聲音的，允許報紙自由報導的和能夠對政府決策的正確性提出質疑的，沒有實行書報檢查的國家，從來沒有一個發生過饑荒。

　　鄧小平不是右派改革家，而是左派和毛派。在江青等「四人幫」眼中，鄧小平是右派，是走資派，是修正主義者，但實際上，鄧只是在極左派價值光譜中「不夠左」。鄧從來沒有打算保護私有財產和基本人權、放棄一黨獨裁、實行西方式的民主制度。鄧的「改革開放」本質上是「偽改革開放」，是為挽救中國經濟崩潰和共產黨統治瓦解的權宜之計。

毛一方面是純粹的烏托邦社會主義，另一方面以嚴苛的暴力壟斷中國社會。鄧保持了毛的後一個方面，放棄了毛的前一個方面，而以現實主義立場認識到維持共產黨統治必須提高經濟成長速度。鄧與毛最大的差異是，毛認為「窮」是革命的動力，鄧認為「讓一部分人先富起來」是統治的祕訣，但兩人最終殊途同歸：共產黨的「黨天下」是不能改變的。[28] 對此，胡績偉概括說：

鄧小平走的仍然是沒有毛澤東的毛澤東的道路。他以「四個凡是」（四項基本原則）反對「兩個凡是」，堅持凡是毛澤東思想、凡是毛澤東所建立的無產階級專政、凡是毛澤東所推行的社會主義、凡是毛澤東所推行的共產黨所領導都應當成天經地義來遵守，誰要是違反，都是反黨反社會主義的反革命分子。鄧小平一生在政治上忠實執行毛澤東的路線，在毛死後繼承毛澤東的政治遺產，堅持毛澤東的政治上左傾路線，在經濟基礎和上層建築方面，鄧小平思想停留在一九五七年反右派鬥爭的錯誤立場上。所以，鄧小平拒絕為一九五七年反右派鬥爭平反，是他堅持毛澤東無產階級社會主義革命路線的思想、立場的必然選擇。上世紀八十年代，鄧小平從反資產階級自由化到鎮壓「六四」學生運動，仍然是他的反右派鬥爭的思想理論在作怪。[29]

鄧小平一生三起三落，精通權力鬥爭之厚黑學：對最高權力的源頭毛澤東百般討好；對周恩來、劉少奇、陳雲等排名在他前

面的高官合縱連橫，今日為友，明日為敵；對兩名他親手挑選和培養的接班人胡耀邦、趙紫陽則始亂終棄，無情無義。從反右到六四，鄧小平手上沾滿鮮血，為了權力，他從來不憚於殺人。

台灣特務頭子

與鄧小平相比，蔣經國的權力之路相對平穩，因為他具有太子爺的特殊身份，而且他是蔣介石唯一的親生兒子。但在走向最高權力寶座的路上，蔣經國同樣需要拔除掉一些攔路石，他比鄧小平更喜歡使用情治和警察系統鞏固權力。

國民黨敗退台灣，蔣介石的第一個「改革」舉措是一九四九年八月在台北郊外設立「政治行動委員會」。該委員會由國防部保密局（此前為軍統）、內政部調查局（此前為中統）、憲兵司令部、國防部第二廳、台灣省警務處、台灣省保安司令部（後改名警備總部）等情治單位的首長組成，由此將特務工作整合為一條鞭式的指揮。

次年，該委員會改用「總統府機要室資料組」的名稱，蔣經國出任主任。這是一個級別不高、看似不起眼卻又最為顯赫的職務。這個名稱文縐縐的職位，享有整合並執掌情治部門和軍情單位之大權。原來山頭林立、互相牽制的情治系統，統統歸到其麾下。蔣經國獨攬大權，僅對蔣介石一人負責。在這個機構工作過的一名下屬回憶說：

「政治行動委員會」到了太子先生手中，馬上便不同了，由無名單位改為「總統府機要室資料組」，這個名銜，真是微不足道；然而大家不要以為它僅僅是機要室下面的一個小小單位，而便小看了它。實際上它是一顆包在敗絮裡面的鑽石，雖然沒有關防大印，只有個木條刻戳，但是就憑這個木戳，有時再加上一顆太子先生的名章，便已所向披靡，沒有哪個機關敢不另眼相看。[30]

一九五四年，該機構歸入「國防會議」（後改稱「國家安全會議」）之下，蔣經國擔任國防會議副秘書長。由此，在台灣被重新整編的特務組織，變成「以蔣經國為首、以軍統為核心的被一條鞭化的統治工具」。[31]無論此後蔣經國的官職如何變遷，對特務系統的掌控始終不曾放鬆，正如黃文雄所說，蔣經國對情治系統的牢牢掌控使得蔣家威權獨裁統治達到了某種「超穩定」的程度：「這種狀況自然極有利於蔣家自父傳子的皇朝接班計畫。國民黨內原有的派系不是被封殺、壓制、收買，就是大勢所趨，自動『知趣』。」蔣經國在這段期間接收了原有軍、情、治之外的許多中央權力機制，他明面上出任的各種職位，都不過是照劇本演出的戲碼而已。

蔣經國滯留蘇聯期間，親身體驗過祕密警察格別烏的厲害。在他被釋放回中國之前幾個月，是史達林眼中頗有價值的棋子，每天都有兩個特務跟蹤和監視他，一舉一動都不放過。他連一刻的自由也沒有，在日記中寫道：「我除了工廠和宿舍外，什麼地

方都不敢去，更不用說找朋友了。當時我隨時都可能被捕，特別是晚上。」蔣經國是特務統治的受害者，但他沒有從自身悲慘遭遇中悟出人權自由之可貴，在獲得權力之後，反倒亦步亦趨地效仿史達林的做法，在小小的台灣島大搞特務統治。

　　二二八屠殺發生後，三月十七日，蔣經國以三民主義青年團中央幹事會第二處處長的身份，隨國防部長白崇禧到台灣「宣慰」。蔣經國抵台隔天立即拍發電報給蔣介石：「親美派—林茂生、廖文毅與副領事Kerr（葛超智），請美供給槍枝及Money（金錢），美允Money。」誣告台大文學院長林茂生及廖文毅向美國人要求武器和金錢。這是林茂生遭到捕殺的重要原因。二二八受難者王育霖的長子王克雄指出，遇害的二二八台灣菁英，絕大多數都是在白崇禧來「宣慰」後才被大量屠殺的。白崇禧是蔣介石不信任的桂系軍閥，雖身為國防部長卻並無實權，事事需要看太子的臉色，所以重要的決定都是蔣經國做出的，蔣經國很難推卸殺人的責任。

　　二二八受難家屬王文宏認為，蔣經國就是白色恐怖的元兇之一。據解密的國家安全局十九個「拂塵專案」二二八事件卷宗顯示，蔣經國很早就在台灣設置情治系統。其中有一份名為「台灣二二八事件反間工作報告書」的檔案，敘述保密局利用黑道流氓組成忠義服務隊，操控各地「二二八事件處理委員會」。另一份「台灣二二八事變報告書」，透露台北、台中、台南、高雄、花蓮、澎湖各地情治人員滲透、反間、操控的運作。[32]

　　蔣經國在致蔣介石的電文中還指出：「日人治安，硬軟不

足，今後硬軟兼用。」研究白色恐怖歷史的學者蘇瑞鏘指出，蔣經國來台後，對付政治異議人士，「硬」的部分被他發揮到極致，「軟」的部分恐怕要等到他的生命末期才能在他身上找到一點點。[33]

蔣經國要全面控制情治系統，首先要拿毛人鳳開刀。毛人鳳曾是戴笠的助手，戴笠死後接任軍事委員會調查統計局局長，卻已無力挽回國民黨與共產黨情報戰之敗局。一九四七年，軍統改制為國防部保密局。一九四九年國府遷台，毛人鳳繼續擔任保密局局長。當蔣經國染指情治系統之時，毛人鳳不會乖乖交權，兩人鬥法的第一個大案是「毛邦初案」。

毛邦初是蔣經國生母毛福梅的同宗侄子輩，官拜空軍副總司令，攜巨款到美國採購飛機、油料並遊說美國國會議員支持台灣。毛邦初中飽私囊，滯留美國不歸。此聞傳出後，毛人鳳介入調查，劍指作為毛邦初表兄弟的蔣經國。

一九五一年七月二十三日，蔣經國致信在美國訪問的俞國華：「關於毛案，極為煩急，詳情已託（俞）大維先生面陳。此事務必得順利解決，否則影響實大。」[34]可見，蔣經國一開始希望將此事大事化小、小事化了。然而，此事被美國主流媒體報導，如同滾雪球一般越滾越大，已不單單是一個貪腐案件，且嚴重影響到中華民國政府在美國的信譽及觀瞻，進而影響到蔣介石對蔣經國的信任和蔣經國的接班人地位。在這一輪交手中，毛人鳳勝出。

一九五二年，又發生撲朔迷離的「杜長城案」。杜長城是深

受毛人鳳賞識的保密局爆破技術專家，在蔣經國與毛人鳳爭奪情治系統領導權之時，支持毛人鳳。蔣經國先發制人，將杜長城等人逮捕，聲稱其打算綁架自己——杜是情治系列老人，不會愚蠢到做這種沒有勝算的謀逆案。軍法單位不敢審決，將涉案名單上呈蔣介石。蔣介石一怒之下，用紅筆批示「一律槍決」。杜長城及涉案的毛人鳳另一心腹胡凌影成為槍下亡魂。這個回合，蔣經國大獲全勝。

一九五五年，保密局改組為情報局，不再負責肅諜與保安事務。毛人鳳出任國防部情報局首任局長，官拜上將，但基本已無實權。在這場權力之戰中，毛人鳳徹底敗落。

一九五六年，毛人鳳心臟病發，赴美醫治。六月二十六日，蔣經國致信毛：「目前以在美靜養為宜，不必急計返國。因國內醫療條件遠不如美國，且兄責任心重，必無法休息，故勸兄出院後在美至少作三個月之休息。關於經費弟已託董大使代付，請兄派人與其接洽領用，將來可由弟處歸還，請兄不以經費為念。」[35]此信意味深長，言外之意多於字面意思。第一層意思是說，你不要急於回國，你的地盤交給我管理好了（在下一封信中，蔣又更加具體地表示：「上月弟曾在局內主持會報，一切如常，希望勿懸念。」）毛人鳳在美國治病和療養的時間越久，蔣經國就越能從容地讓自己人在此前被毛視為禁臠的情報局內奪權。第二層意思是說，我來幫你付昂貴的醫療費用，你不必擔心——小蔣以國庫為私人金庫，用公家的錢收買人心，此一細節可看出國民黨政府在財政和行政管理上遠未實現現代化和制度

化；又可看出中國是一個人情社會，由人情結成一張蜘蛛網般的人際關係，任何人陷入其中，必定動彈不得。

毛人鳳回台灣不久就去世了。蔣經國卻不放過最後一次攻擊他的機會，在十二月二十三日給李士英的信中抨擊毛人鳳的風光大葬：「人鳳兄之喪排場甚大。送喪行列長達數里，經過之處，交通斷絕。且有卡車數十輛，滿載武裝士兵護行，余頗不以為然。對此一布置，事前並無所知，如此作法定使人鳳兄不安於九泉，對公對私皆有害而無益也。在看送喪者形形色色，而出於衷心之哀傷而來者，實無幾人。此種喪禮實庸俗不堪。」[36] 這顯然是落井下石。但蔣經國看得清清楚楚：沒有人會為特務頭子的死亡感到悲痛。特務頭子只能讓人畏懼，而不能讓人愛戴。但他卻還是不由自主地重蹈毛人鳳之覆轍 —— 成為比毛人鳳權力大得多的特務頭子。

蔣經國不但排除毛人鳳、將戴笠創建的軍統收入囊中，而且收編了陳立夫、陳果夫兄弟控制的中統。國民黨敗退台灣之後，陳氏兄弟被放逐，中統改制為司法部調查局，國共內戰時期傳奇性間諜沈之岳被蔣氏父子安排為打入調查局的一個楔子。沈之岳曾奉戴笠之命潛入中共「解放區」，入抗大學習，受康生賞識，一度擔任毛澤東的秘書。據說正是沈之岳提供的情報，使國軍成功圍剿新四軍，是為「皖南事變」。沈之岳逃離延安後，重歸軍統。在守衛大陳島期間，他派人潛回蔣家故鄉奉化，將蔣母墓、豐鎬房、報本堂、雪竇寺的諸多景物拍成照片，獻給蔣介石，由此得到蔣介石的信任和賞識，被任命為調查局副局長。蔣經國後

來將沈之岳提拔為調查局局長，沈之岳上任時，蔣經國親自駕臨調查局，勉勵所有工作人員放下派系成見、精誠合作。

沈之岳是蔣經國的重要打手。黨外人士評論說：「乾瘦、短小、貌似慈祥而心狠無比的沈之岳，善於扮演不同角色，他是一個性格相當複雜的多面人。他可以擔任極左傾的毛澤東秘書而不洩露國民黨地下工作人員的身份，他可以忠心耿耿地執行國民黨反共策略殺害往日朝夕相處的共產黨同志，他可以一方面迫害愛國人士，一方面從事狂熱的宗教活動（他經常穿著『我是罪人』的白色衣服，在台北濟南路口阻攔過往的路人參加禮拜）。他可以用軍統經歷出任敵對的中統的調查局局長，公然整肅中統官員而不留痕跡，他可以代人受罪而不吐怨言。」[37]沈之岳在台灣從事三十多年特務工作，其抓捕、迫害的國民黨人和黨外人士，遠遠多於共產黨人。

極為詭異的是，一九九〇年，沈之岳因患腎病曾到北京治療，並獲鄧小平接見，在延安時代，兩人曾有來往。據資深記者陸鏗透露，沈之岳去世時，中共前國防部長張愛萍曾主持祕密追悼會悼念，張愛萍送的輓聯寫道：「文武全才，治國有方；一事二主，兩俱無傷。」因而引起後人對沈的真實身份的懷疑，曾為台灣國策顧問的曾永賢在為國史館所作的口述史中，更直指沈之岳就是雙面諜。甚至有人認為，沈之岳根本就是共產黨、為共產黨在台灣至死未被發現的兩大臥底之一。若真是如此，對特務頭子蔣經國來說，乃是莫大的諷刺。

炮製吳國楨案和孫立人案

一九五〇年代的台灣，有文武交相輝映的兩顆星辰：文為吳國楨，武為孫立人。他們的思想觀念傾向民主自由，作風廉潔高效，既得到美國的認可和支持，也頗得台灣的民心。因此，他們成為蔣經國接班的障礙和掃除的目標。

吳國楨是台灣省主席，兼任台灣省保安司令，軍警實權卻操在副司令彭孟緝手中。彭眼中只有蔣經國，不將吳放在眼中。但對特務專權的現象，吳偏要過問，遂與彭和蔣發生衝突。吳制止多起特務濫權事件，對島內特務橫行、踐踏人權，十分憤慨。小蔣頻頻向老蔣告狀，一九五〇年八月十一日在日記中記載：「為國楨對逮捕匪諜之觀念加以糾正。」[38]

早在任上海市長期間，吳國楨就與空降上海「打老虎」的蔣經國發生過衝突。吳國楨曾「六戰蔣經國」，分別是「上海幣制改革事件」、「台灣火柴公司案」、「台灣縣市長選舉事件」、「龔德柏案」、「任顯群被誣包庇匪諜案」，最嚴重的是中國青年救國團經費問題 —— 吳認為該組織是模仿共青團的非法組織，不但拒絕撥經費，更主張將其撤銷。

一介書生的吳國楨不可能對抗手握軍警憲特大權的蔣經國。韓戰爆發，國際形勢丕變，蔣介石重新受到美方的重視，由棄子變成活棋。吳國楨失去美國的支持，被迫辭職。蔣經國仍不放過吳國楨，命令特務破壞其座車的控制系統，試圖製造車禍將其殺害。吳國楨發現此事後，司機簡萬火突然失蹤。[39]

　　吳國楨不願坐以待斃，好不容易申請到護照，與妻子一起離台赴美。蔣經國再次制定暗殺計畫，企圖在吳國楨去機場的路上製造車禍將其殺害。幸虧宋美齡得知此事後加以阻止，吳國楨才倖免於難。

　　吳國楨夫婦離開台灣後，十四歲的兒子作為人質留下，特務常去其學校恐嚇騷擾。吳國楨將此事公諸於眾，在美國政府的壓力下，蔣介石勉強同意放吳國楨的兒子赴美。在孩子出國來美前，蔣經國企圖派人將其腿打斷，使其殘廢，算是給吳國楨的一個教訓。國民黨元老黃少谷善言規勸，才讓蔣經國打消此意。連未成年的少年人都不放過，蔣經國手段之毒辣可見一斑，完全不符合他日後塑造的「人民慈父」形象。

　　吳國楨在美國發文指出，他與蔣氏父子根本的分歧是，蔣氏父子反共的策略是「以組織對抗組織，以宣傳對抗宣傳」——對抗魔鬼，自己首先變成魔鬼。吳國楨反對這種做法，他認為共產黨的組織和宣傳是邪惡的，反共不能以惡抗惡。更何況，共產黨的組織和宣傳已有三十年經驗，佔有先發優勢，國民黨如何能夠用共產黨的方式成功地消滅共產黨呢？[40]

　　當蔣介石違反憲法、第三次「當選」總統，吳國楨在美國發表公開信譴責說：「鈞座之病，則在自私。在大陸則只顧個人之政權，在台灣則於苟安之後，又只圖傳權於子，愛權勝於愛國，愛子勝於愛民。因此遂走上一人控黨，一黨控政，以政治部控制軍隊，以特務控制人民之重大途徑。」他更指出，蔣經國的一系列做法，是學習蘇聯經驗，與民主政治格格不入，蔣經國必須

改旗易幟學習美國的民主制度:「年來我國政治進步之又一大障礙,即為經國兄。鈞座為表示大公無私起見,此時此地,實不宜再令經國留住台灣,在幕前或幕後操縱把持。鈞座應立即英斷,派遣經國兄來美國入大學或研究院就讀,俾其能對於民主政治深切了解。」[41] 蔣氏父子不會接受這樣的建議。

　　蔣經國的下一個清除的目標是孫立人。抗日名將孫立人一向主張軍隊國家化,軍中另行發展具有政治性的組織就等於是破壞了這個原則。以孫立人留學美國軍校的經歷背景,對仿自蘇聯紅軍黨代表制度的政戰體系,心理上是頗難適應的。[42] 孫立人對政工制度及蔣介石在金馬部署大批兵力的做法多次提出批評。他反對政工人員濫用職權,最厭惡打小報告的小人,對保安司令部及情治單位,不透過原單位軍法官的調查取證,即逕行逮捕人犯,尤表不滿。孫立人還對軍中的保密防諜工作做出跟蔣經國背道而馳的指示:「不可隨意拿一頂紅帽子戴在別人頭上,更不能聽到一個人發幾句牢騷,就視為這個人有問題。試問一個有良心血性的人,誰能沒有幾句牢騷話?尤其不可隨意逮捕人。今天我們反共抗俄,為的就是爭取自由。……情報工作是蒐集敵人的情報,不是用來對付自己人的。」孫立人還曾在「新年第一次年終擴大良心會」上致詞說:「現在社會黑暗,人心不古,不但做事騙人,說話也騙人,所以社會動盪不安,就是彼此不能開誠相見,埋沒了良心之故。」他萬萬沒有想到,自己隨後成了特務政治的犧牲品。

　　有一次,蔣經國與孫立人一起午餐,蔣問:「聽說你反對政

工制度？」孫很誠懇地回答說：「不是我反對政工制度，而是政工人員素質參差不齊，在軍中引發許多問題。」[43]蔣經國聽了之後，表面接受，心中卻很不高興。

國府遷台之初，孫立人與美國走得很近。他對美國官員說，國軍的雙元領導制度「對於要達成良好的軍紀、高昂的士氣及有效的戰鬥力，構成幾乎無法克服的障礙」。他的這些言行犯了蔣氏父子之大忌。

蔣氏父子在軍中推行政工制度，尤其是蔣經國在軍中建立威權，先要搞掉孫立人這個攔路虎。政工人員和祕密警察羅織了孫立人的各種「證據」，孫立人已危在旦夕，他卻渾然不知。一九五五年五月，在蔣介石的指示和蔣經國的操辦下，孫立人案爆發。五月二十八日，蔣介石召見孫立人，說他打仗不行（孫立人打仗比蔣介石厲害多了），解除了孫立人的職務，將其軟禁在家。六月，國府以孫立人部屬郭廷亮預謀發動兵變為由，對孫實施看管偵訊。八月二十日，「孫立人兵變案」公開化，蔣介石以「縱容」部屬武裝叛亂、「窩藏共匪」、「密謀犯上」等罪名，公開革除孫立人的總統府參軍長職務。

美國對蔣氏父子炮製孫案的惡劣做法反應強烈。雷德福上將驚愕地說不出話來，他認為，孫立人是國軍中最有才能的將領，「不可能，也絕對不會是親共分子」。然而，美國政府需要蔣介石配合韓戰之新局面，最後還是默許蔣氏父子對孫立人的構陷和迫害。

孫案發生後，直接受到牽連的有數百名青年軍官兵，間接受

到株連的難以計數。過去凡是做過孫立人部屬的官兵，無不遭到調查、歧視和排擠。有的被囚禁，有的被撤職，有的被監視。其中遭遇最慘的，多是隨同孫立人遠征印緬的忠勇將士，出生入死，功勳卓著，最後落到入獄受刑，家破人亡。

在孫案爆發前，蔣氏父子就炮製了李鴻案等子虛烏有的「匪諜案」，既剪除孫立人的羽翼，又為整肅孫立人製造口實。孫立人麾下的猛將、新七軍軍長李鴻，在長春戰敗後，帶家人逃離中國，從香港赴台灣，投奔孫立人。他到台灣不久後即被捕，妻子馬真一也被關押多年，孩子是在獄中出生的。該案為蔣經國一手炮製，蔣經國在一份給周至柔的報告中給這批軍官羅織罪名，污衊「孫立人任用被匪方釋回之官佐總數約在二百以上」，「且均任重要職務，如不予以處置，此類人員援用日多，則問題更為嚴重。惟孫總司令對於此輩人員，以為個人之感召，當無意外，深信不疑。若突然予以免職，集中監視，亦難免不動搖軍心，甚或發生其他舉動」。[44] 這段話捕風捉影，刀筆可殺人。按照其邏輯推理，蔣經國自己何嘗不是「被匪方釋回人員」？

蔣經國手下的特務為了將冤案打造成鐵案，無所不用其極。審訊馬真一的特務說：「你知道我們為何只抓你而不抓其他人的老婆？因為你受過高等教育！你識字，她們不識字！」情治人員恐嚇孫立人說，如果有任何救援行動，他們會先下手立即槍斃李鴻。孫立人不敢有所動作，不久自己也失去了自由。被關押二十一年後，李鴻等人才被以「將軍隊交共軍整編」和「策反孫立人動亂」的罪名判處無期徒刑。一九七五年，蔣介石去世，被減刑

為十五年，可李鴻已坐了二十五年牢。當局又再發一紙裁定將其釋放。後來，有人將李鴻臥病在床的照片給九十高齡的孫立人看，孫立人悲憤不已：「李鴻他們何罪？一關二十五年，他們在抗日戰爭中立了那麼多戰功，竟一筆抹煞，公理何在？」又連聲說：「是我連累了他們，我為什麼要召他們來台灣啊！我竟聽信蔣介石的承諾！」李鴻去世後，在其葬禮上，有輓聯如此寫道：「統帥有權丟大陸，自可復職；將軍無力保孤城，當然坐牢。」、「誰敢講，統帥無能，整個江山丟棄盡；人皆說，將軍有罪，剩餘生命未拚光。」

孫立人的另一位老部下劉放吾將軍，晚年在屏東靠賣煤球為生，用一些碎的煤渣，壓成煤球，然後拉個車子挨家挨戶送，當年虎虎生風的、創造中國抗戰史上輝煌的「仁安羌大捷」的劉團長看起來像個種田的。劉放吾被冤屈入獄二十五年，出獄後已七十三歲，晚年不曾罵過蔣介石，談到老蔣扶植小蔣繼位，只講過一句比較重的話：「為了（蔣經國）一個人，他（蔣介石）犧牲了多少國家菁英！」[45]

孫案受到台灣島內和國際社會之普遍質疑，蔣經國在給時任駐日大使的董顯光的信中如此為自己叫屈：

> 至於晚因孫案而引起外界之誹謗與攻擊，亦不願作任何之辯白。在此國難嚴重之時，大敵當前，惟有忍痛受難，埋頭苦幹，方能盡救國救民之天職。至於個人成敗得失，實不足論也。[46]

　　真是賊喊捉賊：既然是「國難嚴重，大敵當前」，為什麼還要陷害忠良、自毀長城呢？明明是他一手炮製驚天大冤案，卻假裝自己「忍痛受難」，真是無恥至極。

　　蔣經國從毛人鳳手中奪取祕密警察大權，是靜悄悄的權力轉移，外界少有議論。而吳國楨案和孫立人案則對國民黨和蔣氏父子公共形象損害巨大。吳國楨先於蔣經國去世，在美國平靜地度過晚年；孫立人活到蔣經國去世後，等來部分平反昭雪 ── 就如同鄧小平不願徹底平反反右運動一樣，蔣經國生前多次拒絕各界還孫立人清白、還孫立人自由的呼籲。

　　多年以後，政治評論家葉一舟在題為〈彈丸江山父傳子，可歎孤臣生非時〉的評論文章中指出，躲在幕後行使法律以外的特權、指揮嘍囉狠狠打擊異己和政敵，一直是蔣家第二代、第三代在「蟄伏」階段的特色。在「潛邸」時代，蔣經國所擁有的實權，遠遠超過他的官職。許多人以為在吳國楨事件、孫立人事件發生之際，蔣經國因「位卑」和羽毛未豐而不可能扮演重要角色，其實這種假定都錯了。吳、孫兩案，完全是蔣介石和蔣經國父子在島上「再出發」的第一階段政治攻勢。當時國府處境危險、經濟未上軌道、台海情勢緊張，蔣氏父子卻在這個時候剷除國府文武百官中最光彩照人的兩顆明星，孫案更牽連了三百人之譜。蔣氏父子寧可一家哭、一路哭，乃至一營哭、一師哭，而不能稍稍寬容鯁直諤諤之士在島上同舟共濟，其度量之褊狹，國史上之君王亦難有望其項背者。[47]

　　美國外交官對蔣經國的印象是，他讓人覺得「有點可怕」。

蔣經國訪美時，到蘭利會見中情局局長艾倫・杜勒斯，雙方同意分享情報，改善合作關係。蔣經國到國務院拜訪國務卿約翰・杜勒斯，杜勒斯說，他聽到一些外交官反映，將軍的做法「有點粗暴」。蔣經國的翻譯沈琦略過這句話，雙方陷入沉默。杜勒斯再次說，他「聽說將軍在處理安全事務時有點粗暴」。他指出，美國人在處理顛覆問題時，沒有侵犯基本人權，希望蔣經國「斟酌國情，採納這些方法」。翻譯戰戰兢兢地將這段話翻譯出來，蔣經國低聲訥訥應話。

回國後，蔣經國並未改善其做法，抓人數量一點沒有減少。即便杜勒斯略有微詞，美國給予台灣的軍援及中情局的協助，不論他的方法有多麼「粗暴」，不僅會繼續，還會增加——因為美國必須將台灣納入反共陣營，即便蔣氏父子是「混蛋」，但畢竟是「我們的混蛋」。

為了與共產集團抗衡，美國在全球範圍內支持若干威權政權，在「壞」與「次壞」之間選擇「次壞」：極權政權永遠不會走向民主化，除非其崩潰，如蘇聯東歐共產國家；威權政權則有可能以非革命方式走向民主，台灣、南韓及拉美諸國皆是如此。

警察之島

掃除了接班掌權的一切攔阻和障礙，蔣經國就可隨心所欲將台灣打造成一個「警察之島」，吳國楨在美國媒體發表的文章的題目毫不誇張——「你們的錢已在福爾摩沙建立了一個警察國家」。

　　這個「警察之島」究竟有多麼可怕？一九九四年，時任總統的李登輝對日本作家司馬遼太郎說：「我們這些七十幾歲的人，以前在晚上是無法安心睡覺的。我不希望子孫們還要承受這樣的待遇。」李登輝因青年時代參加過左翼組織，長期以來都是特務監視的對象，他訴說的是無比真實的感受。作家王鼎鈞在回憶錄中描述說：「感覺台灣如同一望無際的荊棘叢，我置身其中，姿勢必須固定，如果隨便舉手投足，就可能受到傷害。」[48]在高壓政策之下，文化界的很多人都患上或輕或重的抑鬱症。

　　蔣經國是「白色恐怖」政策的總體策劃者，又事必躬親，介入大量具體案件，經常視察監獄，約談受刑人。

　　從一九五一年五月一直到解嚴之後，綠島是戒嚴時代主要的監禁政治犯的流放離島，民間長期以「火燒島」之名稱之，反映戒嚴年代恐怖社會裡的神祕惡魔島一再被污名。五、六〇年代的綠島，聚集了來自台灣各地及中國各省籍政治犯、還有俘虜，人數最多時達兩千人以上，加上官兵眷屬，人數超過三千人，相當於當時綠島的居民人數。當局為何選擇綠島作為政治犯的監禁地，是懼怕人犯逃亡，與社會太接近，還是擔心管理機器的無能？這個問題恐怕只有蔣經國本人能回答，因為這個決策是由他親自做出的。綠島耆老陳新傳口述指出：新生未到達綠島之前，蔣經國曾經為了勘查趕建監獄的綠島東北角，搭乘軍艦在外海轉搭當地舢舨船到達綠島，率一眾官員視察施工現場，當日離開綠島。[49]

　　一九五〇年代「白色恐怖」政治受難人、當時只是一名十多

歲的牧童李石城，因鹿窟事件而入獄。他在回憶錄中記載了一九
五八年五月一日勞動節那天，蔣經國前來監獄視察，他與蔣經國
有過一番對話。當時，李在監獄中負責大洗衣機，獄方安排他向
蔣講解機器的功能及容量 ——

「你還很年輕嘛，到這裡來多久了？」太子突然問我。

「五年多了。」

「你們是國家未來的主人翁，怎可亂搞？」

「思想問題怎可說亂搞，要說亂搞，你們當年在莫斯科中山
大學和廖承志他們二十八人做過的事才叫亂搞。」[50]

被一名年輕囚徒當面頂撞，蔣經國氣呼呼地離開了。隨即又
安排在監獄政治室單獨約談李石城，蔣經國詢問說：「方才你所
說的話，是在哪裡聽來的，是在外面就聽說了還是進來這裡頭才
聽人說？」不愧是特務頭子，他企圖憑藉囚犯的一句話，順藤摸
瓜，再炮製出一起大案。

李答：「是我從書本上自己看來的。」

蔣問：「那你還記得那本書的書名嗎？」

李答：「當然記得，叫《俄蒙回憶錄》。」

蔣問：「你是哪裡買的呢？」

李答：「不是買的，是我在圖書館借的。」

蔣問：「那本書的作者是誰啊？」

李答：「就是前西北軍總司令馮玉祥的參謀總長毛以亨。」

　　蔣立即將手往桌上按鈕一按，叫衛兵進來，拿上他寫有書名的條子，到圖書館找那本書。然後繼續問：「你既然知道我是誰，你不怕我嗎？」

　　李答：「死都不怕，還怕你？」

　　蔣問：「你為何這樣說呢？」

　　李答：「到了這裡，早把生死置之度外了，從來就不敢奢望活著回去。」李決絕的回答讓蔣無計可施。

　　很快，衛兵將那本書拿來，蔣翻開一看，果然有李所說的內容，這才放棄追究。從此，這本書就從台灣消失了。

　　二二八之後，國民黨政權漫長的政治整肅被稱為「白色恐怖」，與共產黨在中國的「紅色恐怖」遙相呼應。蔣氏父子祭出戒嚴、動員、裁亂的「六字魔咒」，實施世界上最久的軍事戒嚴，通過大屠殺和大逮捕以立威，指揮軍警憲特，以「反共抗俄」為旗號，以搜捕共產黨為名，連帶抓捕殺害追求台灣真正自治或獨立的本省人、原住民，以及外省人中的自由主義者和異議分子。這種遊戲規則造成許多怪現象：平民受軍法審判、軍人執行思想言論審查、特務機關發布的行政命令凌駕法律和憲法之上、平民不經審判送往勞改營（勞改營是從蘇聯學來的懲戒手段，中國與台灣都有大量的勞改營）、軍人強迫入黨、黨庫通國庫等。[51]

　　在長達二十多年的「白色恐怖」時期，台灣有過三萬多宗平民軍審案件，其中大部分為政治案件。政治犯魏廷朝在《台灣人權報告書》中指出，台灣的受難人數多達十四萬至二十萬以上。

死亡人數,一般說法是兩三千人以上。[52]美國學者丹尼．羅伊認為,被捕者為九萬人,且有半數被處決。[53]

在此期間,為了有效監控、威嚇並壓制政治異議者,相關系統被建構起來。從執行戒嚴的機關、也就是台灣省警備總部開始,形成一張互相重疊、龐大且周密的政治警察網。國民黨的鎮壓政策充斥社會每個角落。特務系統從政府、軍隊延伸到各大學、中學以及國有企業。除了警備總部、保密局、調查局和國安局的警察、祕密警察、情治人員之外,更有五萬名全職線民與五十萬名兼職線民,在他們的協助下營造了令人膽顫心驚的政治氣氛。在「寧可錯殺一百,不可放過一個」的統治政策之下,執行恐怖政策的軍、警、憲、特、情治、軍法單位之外,當局還要求教育部等部門加強防諜工作,加上戒嚴長期宣傳「匪諜就在你身邊」等反共教育,形成「白色恐怖」受害者都被戴上「紅帽子」,受刑人即便在刑期屆滿釋放後,亦普遍遭到政府部門的監控和社會不自覺的隔離,無法真正融入社會、享有完整的公民權利。[54]

國民黨早期的特務系統是由戴笠創建的。戴笠是傳統中國末期的邊緣知識分子,並未受過現代情報工作的系統教育和訓練,卻創建了「軍統」。與之平行的「中統」,其領導人陳立夫同樣不是專業人士,對強化特務系統心有餘而力不足。這種先天缺陷,使得國民黨在統治中國期間的情報工作始終不是中共的對手。戴笠沒有傳說中那麼厲害,只是到了抗戰中後期,國民政府得到美國先進的情報技術的支持,其情報和特務系統的效率才有

所提升。戴笠承認，國民黨的特務組織無法滲透到共產黨之中，共產黨有極其有效的安全系統，這一系統是莫斯科間諜系統和共產黨自己創造的結合物。[55] 既然戴笠不是康生的對手，蔣經國不會以戴笠為師，而是直接將蘇聯經驗移用到台灣。

　　國民黨敗退台灣之初，在親身經歷者眼中，台灣就像是一個逃難社會，或者說，是一個巨大的難民營，人心是浮動的。三教九流，五湖四海，都聚集在這個破茅草屋裡混口飯吃。[56] 在九死一生的時刻，蔣氏父子信心全失，惶惶不可終日，甚至有流亡菲律賓的準備，唯有藉助特務和警察維持對社會的控制。

　　跟一九七〇年代末第三次復出的鄧小平躊躇滿志、準備大幹一次的心態不同，蔣經國接班之際，對外部環境的體認是風聲鶴唳、如芒在背，他必須親自掌控特務系統，他知道特務頭子不是什麼好名聲，但安全（個人的安全和政權的安全）比名聲重要，若背負惡名能獲得安全，當然在所不惜。即便如此，蔣經國仍然夜不能寐，從其日記中可以看出，他掌權的十三年基本處於極度焦慮、悲觀、痛苦的情緒中，是重度抑鬱症患者。

　　「白色恐怖」也包括藉由恐怖手段推行無孔不入的政治教育——這項做法比只是打壓政治異議者這個特定人群所帶來的「教育效果」更大。它讓台灣人民不得不學會一種態度，就是把政治視為危險事務，並在認為反抗無用的心情下遠遠地「退出」政治。一般的父母都不讓孩子學很容易因言獲罪的人文社會科學，而讓孩子學遠離政治、相對安全的醫科、理工科等。「恐怖與相互的不信任，變成了日常生活中政治關係的基調。這就是後

來在民主化運動中必須呼籲人民克服內在的『戒嚴文化』、以及『每個人內心的警總』之原因。」[57]作家王鼎鈞形容，那個時代的台灣，一眼望去，滿目荊棘，人人道路以目。

情治單位與「白色恐怖」

特務治國，受傷害最大的是知識階層，它也大大毒化了知識分子乃至普通民眾與政府的關係。加害者（最高統治者）的人性亦被異化。曾任蘇聯格別烏副主席的菲‧博布科夫在回憶錄中承認，蘇聯領導層將格別烏當作鎮壓工具，使得「全體蘇聯人民和知識分子的心頭積累了對格別烏的怨恨」。[58]

蘇聯的特務頭子，如葉若夫、雅戈達、貝利亞等人都在失勢後遭到處決，下場很慘，唯一熬成最高領袖的特務頭子是安德羅波夫，但其掌權時間很短暫，很快就病死。

中國的特務頭子從未成功問鼎最高權力，地位最高的特務頭子康生和周恩來，只是政治局常委，從未成為潛在的接班人。胡錦濤時代的「政法沙皇」周永康，在常委中排名靠後，在習近平時代很快遭到清洗。

蔣經國是一個例外：以太子爺身份當特務頭子，特務頭子的資歷和資源成為其接班的正面因素。或許因為他缺乏鄧小平的迴旋空間及時代背景，所以先選擇讓人恐懼，到了晚年再轉向讓人愛戴。鄧小平則是先讓人愛戴，後讓人恐懼 —— 不是大量使用特務所製造的恐懼，而是調動野戰軍進城殺人而製造的恐懼。

對「白色恐怖」負有最大責任的是執掌最高權力的蔣氏父子，蔣介石為首，蔣經國次之。蔣介石在統治中國期間，主要通過戴笠和陳氏兄弟控制特務系統；在統治台灣期間，則主要通過蔣經國控制特務系統。蔣介石本人通常不直接掌控特務系統，以免自己手上沾血。蔣經國沒有這一層顧慮，幾乎赤膊上陣。在特務系統中浸淫久了，小蔣的猜忌之心比老蔣更嚴重。

據已揭祕的檔案顯示，若干政治案件，最高當局不滿意最初判決，發還嚴審，追究負責判決人員的情形，屢有發生。白色恐怖檔案幾乎每一案件都經過總統（府）批示，事關人命的判決，政府體制各層級機構的相關人員配合行事。[59]學者劉熙明指出：「白色恐怖的眾多冤案中，部分案件為蔣氏父子所主導，這些案件與保衛台灣的大局無關，純屬私人嫌隙。……蔣氏父子與情治單位互為台灣實施白色恐怖的共生體。」學者阮大仁亦指出：「許多人批評蔣中正先生在『白色恐怖』的戒嚴期間的一些作為，其中多出於經國先生之手。……蔣中正先生猶在位時，老先生是決定大方針的CEO，而經國先生則是負責實際行動的COO。」學者薛化元指出：「整體而言，在台灣白色恐怖期間，蔣經國對於國民黨當局侵害人權，基本上必須負起相當的決策或是行政的責任。」[60]歷史學者周婉窈指出，蔣經國掌控了一個七合一機制 —— 黨、政、軍、警、特、教育、媒體，置入人民腦海的是蔣經國「勤儉親民」、「建設台灣」的形象。

蔣經國一生最擅長的事情，不是黨務，不是宣傳，不是軍事，更不是經濟建設，而是特務工作。蔣經國曾在一次情治工作

會議上指出:「我們情報機關在這個大時代大鬥爭中間,所佔地位是重要的。」他認為,警察和憲兵都應當做情報工作,「今天國家在生死存亡的關頭,對共匪鬥爭,警察非做情報工作不可。倘使警察與憲兵每個人都做情報,這個力量是非常大的。有百姓的地方,就有警察;有軍隊的地方,就有憲兵,這種力量是無可比擬的」。這種看法與民主和法治背道而馳。接下來,蔣經國更宣稱,情報工作可凌駕於法律之上:「一般人以為情報人員是黑暗的,是偷偷摸摸的,所做的事情,往往與法律抵觸。其實情報人員是最光明正大的。我不是專門研究法律的,不過我認為國家的利益是最高的利益,革命的利益是最高的利益,如果法律不能保障國家和革命利益的時候,這種法律,應該值得商討。」[61]蔣經國在給調查局訓話時更聲稱,當法律與責任發生衝突時,責任高於法律,「倘使你們今天完全是拿法來講的話,那麼我們就束手無策來推動我們今天的工作……我們調查局從清黨以來革命的傳統歷史比什麼都重要,所以多少次來我特別強調我們政治關係應當單純起來,就是說我們今天只知道我們的黨,我們實行的主義,只認識我們黨的領袖,他的意志我們要實行,其他的問題,在我們反共的基本責任之下,只能作個參考,不能拘束我們,不是決定我們政策的力量」。[62]他所謂的「單純」,就是對領袖(他父親和他自己)的愚忠,法律居然「只能作個參考」。正是在此種思維之下,特務無法無天,為所欲為,「白色恐怖」愈演愈烈,刑訊逼供、亂捕亂殺盛行。

　　一九六五年三月十六日,蔣經國在警備總部發表訓話,給警

備總部的工作以極高評價和定位:「今天我們從事警備總部的工作,不是一個事務工作,不是一個業務工作,這是具有重大政治性的革命工作。」

在這篇講話中,蔣經國專門談及對台灣獨立運動的鎮壓。他認為台灣獨立運動「可以說是共匪的策略」:

> 現在要防備共匪利用一切野心家、政客、反動分子來挑動這件事情。尤其是對於知識分子,對於一般學生、大學生、教授的挑唆。這是很值得我們今天注意到的。所以無論在理論一方面,行動一方面,我們總是要注意到如何徹底的來消除這種反動的台灣獨立運動。我們想到今天共匪要拿台獨來破壞我們,這個如同在大陸上一樣的,大陸上共匪沒有拿共產主義來破壞我們,那時候,他是拿自由、拿民主來破壞我們的思想、我們的組織。[63]

在這段話中,蔣經國刻意歪曲國民黨被共產黨打敗的歷史 —— 共產黨當然是用共產主義為號召,贏得民心,擊敗國民黨。蔣經國將民主自由污衊為共產黨的武器和手腕,進而將民主自由妖魔化,要求警備總部官兵以及一般台灣民眾抵制民主自由。同樣道理,蔣經國將台獨與共產黨煮成一鍋粥,從而將台獨妖魔化 —— 他隱藏的真相是:共產黨與台獨是兩種截然對立的意識形態,台灣民主化和本土化之後的歷史將有力地證明這一點,中共最害怕的就是民主和台獨,而不是昔日他們的手下敗將國民黨。今天的國民黨跟共產黨站在一起大聲反台獨,若是蔣經

國地下有知，看到這滑稽一幕，不知是哭還是笑？由此可見，蔣經國的反共、反台獨，不是出於某種價值堅守，而是維持國民黨獨裁統治的需要。

蔣經國賦予特務機關以超越法律的大權。後來，他對於特務的濫權也有所警惕：「情報治安主管人員多近視且好誇大小事、算舊帳、計恩怨，以害人為快，且聞有刑求逼供之事，不知是否有此事，長此下去必將物（誤）大事，如再不下決心，將來可能尾大不掉，以害國家。」[64] 就如同明朝皇帝對錦衣衛、東廠西廠收放自如，蔣經國也不斷更換特務機構首長，讓不同的特務機構互相制約。

蔣介石一生要對付黨內外無數敵人，很少有推心置腹的朋友，但對身邊侍從大抵還是信任的。蔣經國的朋友更少，常常在日記中哀歎沒有可推心置腹的朋友：「因為談心的人不多，所以常感寂寞，這是精神上的苦痛。」因為不信任別人，蔣經國被迫像諸葛亮那樣事必躬親：「我不怕任何外來之任何壓力，所可憂慮者，乃是內部之不夠團結，而又缺乏助手，我不應管大小諸事，但只要有一事疏忽，就會發生大錯誤，此乃我之無能也。」[65] 他連侍從也不信任，每當有高官來官邸匯報工作，都要先暗示所有侍從退下。即便為蔣經國服務多年的國防部長、並兼有兒女親家身份的俞大維，也不為蔣經國所信任，兩家並無任何私人往來。

長期擔任兩蔣侍衛長的翁元認為，蔣介石在釋放他的權力之初，是先把國民黨引以為自豪的情治系統交給蔣經國，蔣經國浸

淫於其中，在個性和作風上，多多少少會受到影響。一般人所了解的蔣經國，是勵精圖治的經濟專家，而非陰險毒辣的特務頭子，蔣經國的後一個面向，長期被刻意遮蔽。

關於蔣經國特務治國的習性，翁元講述了三個例子為證：其一，總統府有一位科長，平常頗受蔣經國重用。有一天，這個人忽然人間蒸發。後來，人們才知道，這名科長被送到警備總部保安處那個不見天日的地方關押了大半年，後來調查不到他有什麼犯罪證據，才被釋放回家。這名科長之所以遭此橫禍，僅僅是因為蔣經國對其有所懷疑，遂示意手下的特務機構將其關押審查。

其二，蔣經國神祕兮兮的性格在晚年變本加厲。若非萬不得已，他一般都拒絕住院，即便不得不到榮總住院，也不忘指示總統車隊特別在其備用座車上安排一個假人，使之坐在主位上，然後每天傍晚時分開回七海官邸，以此掩人耳目。翁元感嘆：「其實，比較細心的人民早已知道蔣經國是躺在醫院裡面，用不著這樣掩耳盜鈴的方法欺騙人民。」然而，對於蔣經國來說，人民不是朋友，而是潛在的敵人。

其三，蔣經國的健康狀況是頭等的國家機密，他晚年身體日漸衰弱，卻祕而不宣，既害怕黨內出現篡權者，也害怕民間反對運動因此而高漲。其驗血報告從來不署真名，而用侍從官們的名字替代。當翁元本人的名字被使用過之後，他去醫院驗血，只好另外取一個名字。古代的皇帝喜歡將其姓賞賜給功臣，如鄭成功號稱「國姓爺」；蔣經國反其道而行之，偏偏要霸佔別人的名字。[66]

　　翁元指出，蔣經國早年是共產黨員，後來繼承父親的反共事業，但共產黨的意識形態如同深入骨髓的毒素，難以徹底去除。蔣經國「講究唯物辯證法，他和中共領導人如鄧小平等人，都是在蘇聯生活過的舊識，他們那個年代的人，對人生乃至政治都有他們一套思維邏輯」。這套思維邏輯的核心是什麼呢？就是對權力的迷戀和人生命的蔑視，為了達到目的（壟斷權力）而不擇手段。

　　台灣沒有完全蘇聯化，不是蔣經國不想如此，而是他受制於島內和國際形勢而做不到 —— 台灣有日治時代形成的民間社會和公共空間，有一定規模的自由經濟，更有作為保護者的美國對台灣的政治改革和人權狀況的高度關切。

　　蔣經國將民主自由掛在嘴邊，以此籠絡民心和換取美國的支持，但他內心卻篤信強人政治。學者蘇瑞鏘指出，「強人威權黨國體制」是國民黨當局製造政治案件的核心體制。究其發展歷程，有訓政時期威權文化的移植，也有戰後動員戡亂體制與戒嚴體制的建構，以及一九五〇年代初期「改造」後該體制的強化等面向。要探討台灣眾多政治案件的處置，作為「台灣政情最強力的發動機」的「舵手」，蔣介石與其子蔣經國對政治案件的思維和所扮演的角色，絕不可忽略。[67]

　　「紅色恐怖」與「白色恐怖」都不應當發生，它們應當被終結。「白色恐怖」在台灣已成為歷史，轉型正義工作漸次展開；「紅色恐怖」在中國仍是現在進行式，習近平既像鄧小平一樣迷戀軍隊，也像蔣經國一樣重用特務 —— 中國的民主化遙遙無期。

第五章　美麗島與天安門

中國總是進幾步，馬上又退回原位；這就是復古。

共產黨是這樣，國民黨也是一樣，一直都在文化醬缸裡面，

不斷回到醬缸，以為這是唯一的活路。

中國人的思想怎麼會這樣？是因為以為這樣才安全，

如果直接走出去，他們會覺得危險，沒有安全感。

這就是中國的歷史。從這裡我們就可以了解，

中國人不會有發展，因為他們沒有理想。

—— 李登輝 ——

美國政治思想家杭廷頓指出，政治動亂之所以在二十世紀的
亞洲、非洲和拉丁美洲到處蔓延，很大程度上要歸咎於那裡的現
代化進程過快，其速度遠遠超過早期實現現代化的國家。歐洲和
北美的現代化進程延續了幾個世紀，大體上來說，每次只解決一
個問題或應付一種危機。但是，除了西方，世界其他地區在現代
化過程中，中央集權、民族融合、社會動員、經濟發展、政治參
與、社會福利等等，不是依次而至，而是同時發生。[1]

　　杭廷頓認為，晚近一百多年來，全球先後經歷三波民主化浪
潮。第一波是十九世紀末至二十世紀二十年代，第二波是二戰之
後的民主化短波，第三波是一九七四年始於葡萄牙康乃馨革命一
直到一九九〇年蘇聯東歐共產集團垮台，這一次的民主化浪潮
速度更快、規模更大 —— 此前，世界上不足三成國家是民主國
家；此後，世界上有超過六成國家至少部分實現民主化（通過某
種形式的公開、公平和競爭性的選舉來建立政府）。[2]

　　杭廷頓分析說，只有西方基督教文化才為民主制度的發展提
供了一個合適的基礎。傳統的儒家和伊斯蘭教的價值則對民主化
構成障礙。是故，在亞洲、非洲和中東的領導人中對民主價值的
真正信念要麼不存在，要麼十分薄弱。儒家強調權威勝於強調自
由，強調責任勝於強調權利，儒家社會缺少抗衡國家之權利的傳
統，而且認為個人權利是由國家創造的，儒家把社會融化在國家
之中，沒有為自治的社會提供合法性來在全國的層次上抗衡國家
的力量。左派不願承認此一事實，反倒批判說出真相的杭廷頓是
「種族歧視」或「文化歧視」。

　　若用美國學者戴倫・艾塞默魯和詹姆斯・羅賓森的「自由的窄廊」的理論來分析，民主自由是在一條「窄廊」中孕育出來的，「窄廊」的兩邊分別是企圖擴權的統治階級和企圖革命的草根大眾，若兩者失去巧妙的平衡，則國家無法步入自由的「窄廊」。自由不是事先設計出來的，巧妙的制衡的出現有相當的偶然性，「自由必須依靠社會的動員、警覺和自信心」。[3]台灣幸運地進入了自由的窄廊，而中國至今不得其門而入。

　　台灣和中國都身處上世紀末民主化第三波浪潮之中，但兩國的選擇及結果天壤之別。就領導人個人而言，蔣經國和鄧小平都不是民主派，而是獨裁者，都傾向於使用武力鎮壓民主運動，力圖維持一黨壟斷權力的格局。但就兩國的社會背景而言，早已分道揚鑣：台灣在經濟上的驚人發展，有民主訴求的中產階級不斷擴大，完全壓倒了相對脆弱的儒教遺產與半列寧式政黨國民黨的舊有統治方式，而美國又不斷施壓，使蔣經國在處理美麗島事件時，感到「不審勢即寬嚴皆誤」，左右為難，屠刀揮起又放下，放下又拿起。美麗島事件固然讓黨外民主運動遭遇重挫，卻未能將民主的火種掐滅，民主運動在數年之後很快重新結集，並讓重病纏身的蔣經國難以招架。

　　相比之下，一九八〇年代末，中國經濟尚未起飛，民間社會和公共空間剛剛萌芽，西方對中國的影響可忽略不計，鄧小平像毛澤東那樣無法無天、心狠手辣，命令野戰軍在北京街頭開槍殺人，不惜「殺二十萬人換二十年的穩定」——鄧小平當然沒有殺那麼多人，但換來的所謂「穩定」的時間卻更長。中國人被血腥

屠殺嚇破了膽，六四之後至今再也沒有發生過大規模的、全國性
的民主運動。

　　在美麗島事件與天安門事件當中，蔣經國和鄧小平的態度都
是鎮壓，但鎮壓方式有所不同：前者沒有造成大規模的生命損
失，後者則是首都屠城（其他城市亦有規模不等的屠殺）。這兩
個事件影響深遠，台灣和中國從此背道而馳：台灣走上民主之
路，中國走上極權之路，兩者再無交集。

美麗島事件真相

　　一九七〇年代末，台灣政經形勢緊繃，美國即將與台灣斷交
的傳聞不斷，島內黨外人士利用地方選舉結集和造勢，國民黨的
腐敗無能已積重難返。

　　蔣經國敏銳地感覺到變局將至，在一九七八年十二月十日的
日記中寫道：「競選活動已經開始，反動派來勢洶洶，處此時千
萬不可衝動，必須作原則性之容忍。」又記：「共匪和美帝分別
策動支持國內的流氓反動分子，利用今年的選舉機會，發動運動
企圖推翻我政府，手段陰險惡毒，政府之內外處境又如此複雜微
妙，輕不得又重不得。」[4]他不反省是國民黨的獨裁統治讓民眾
越來越不滿，反而認為國內反對派、中共和美帝是「三合一敵
人」，就如同《動物農莊》中的「拿破崙」，永遠都找來一個遠
在天邊的外敵作為「公共污水溝」。

　　一九七九年一月一日，美國卡特政府宣布與國府斷交，而且

並未給台灣留下緩衝期。蔣經國在當天的日記中寫道：「心煩意亂，服重量之安眠藥已有多夜，所以身心甚不舒適。美國於今日起承認共匪，為之苦痛悲傷，更有失職之恥，此心如何得其安耶？」一月四日和五日又寫道：「國家多難，處理國務，雖已盡我心力，但無法平我之心，寢食不安，美國將以置我於死地為快，事已到了如此地步，美國還要不斷的欺侮我們，帝國主義之真面目日益暴露清楚，吾人務必作最壞之打算，除了自己，再無人可靠了。」可見，此刻蔣經國已然將自己置於完全孤立的狀態。

同月，黨外人士齊集高雄橋頭鄉聲援被判重刑的余登發父子，這是台灣戒嚴三十年來第一次公開政治示威活動。蔣經國對此心驚肉跳，下令鎮壓：「反動頭目余登發父子因為通匪，由警備拘捕法辦，明知此案必將引起政治後果，竟不出所料，一群反動分子企圖集眾抗議，妥作處理後暫告平息，問題則依在。」、「余登發案本純為法律問題，但反動分子以此作為政治性之困擾，處理此等事，必須有堅定之立場。世界各地越南、葉門、伊朗、非亞諸處，砲火連天，世界危機已至。」[5]

整個一九七九年，在年終的美麗島事件爆發之前，共有十四件規模較大的群眾活動舉行。民眾與當局之間的緊張感日漸加深。[6]

蔣經國面對民主浪潮，日漸感到捉襟見肘、力不從心。他在日記中感歎「政客和流氓可以造成令人至感困擾的社會逆流和政治暗流」，而「處理之手段必須平衡其輕重」，在「行仁政」和

「鎮壓」兩者之間的拿捏,如同高空走鋼索般微妙。九月二十三日又記:「國賊企圖作亂詭計百出,他們之所以敢如此大膽,乃是因為有美國政府作後盾也。……處理國是之難,即在於此也,輕不得亦重不得也。」他再度提及「輕不得亦重不得也」的矛盾心態。十一月二十三日又記:「月來政敵緊迫而來,一天比一天緊,似有非把我置之於死地不可之勢,精神重擔一天重一天,有時壓得抬不起頭來。」十一月當月反省錄記下:「最近一、二月之內以情勢而論,似有大事發生,處理事變應以周詳嚴密沉著為要。」[7] 蔣不愧為政治老手,本能地感覺到「似有大事發生」,但如何應對,並無通盤的考量,只能走一步看一步。

一九七九年六月,《美麗島》雜誌社以「形成沒有黨名的政黨,主張實行國會全面改選與地方首長改選」為目的,在台北市正式掛牌成立。短短數月間,該雜誌成為台灣島內最受歡迎的黨外媒體,第四期銷量高達十四萬本,創下政論雜誌的空前紀錄。《美麗島》不僅僅是一份雜誌,黨外人士以之為名,在全台各地成立分社、服務處和「基金管理委員會」,雖無政黨之名,儼然有政黨之實,迅速成為「對國民黨當局造成最大威脅的政團」。[8]

十二月十日,國際人權日,《美麗島》雜誌社計劃在高雄市扶輪公園舉行「世界人權日」演講。下午六點,黨外精神領袖黃信介南下高雄,與南警部司令常持琇交涉,常答應「可以演講,不可遊行」。當人群向演講地進發時,卻發現公園已被封鎖,常的承諾是個騙局。

　　《美麗島》的兩位核心人物施明德和姚嘉文決定臨時改變集會地點，前往服務處附近的大圓環（現為高雄捷運美麗島站），演講後就地解散。於是，民眾多人手持象徵普世人權光環的火把出發，抵達大圓環後，熄滅火把、席地而坐，由黃信介首先登上宣傳車上發表談話。

　　很快，整個大圓環被鎮暴部隊、憲兵、警察包圍，二十四輛新型鎮暴車封鎖道路，將陸續趕來的民眾隔離在外。晚八點半，鎮暴車打出強烈的探照燈，施放白煙，向被包圍的民眾逼近。現場民眾開始騷動，在封鎖線前方與憲兵、警察爆發衝突。群眾中，有一些身份不明、衣服上有特殊記號的人故意喊打喊殺——這些人是國民黨安排的黑幫和便衣，故意挑動事端，擴大事態，予警方以鎮壓口實。後來在一九八九年的北京，共產黨也使出這個陰狠招數，派出特工冒充民眾攻擊戒嚴部隊，刺激戒嚴部隊射殺民眾。

　　當民眾衝破第一道封鎖線時，施明德要求群眾撤回服務處，但現場已完全失控，群眾繼續衝撞高雄市第一分局。當時人數粗估約十萬人。受警察壓制，民眾退回服務處，張俊宏站上宣傳車要求迅速解散，但眾人仍留在現場傾聽呂秀蓮演講。

　　晚間十時左右，裝甲車及警隊逼近，實施強力驅散行動，釋放催淚瓦斯，鎮暴部隊手持盾牌配合鎮暴車逼近遊行隊伍，在場民眾還以石塊及棍棒攻擊，雙方更發生大規模衝突。同時有「不明人士」攻擊民宅，直至半夜民眾才逐漸解散。

　　事後，官方宣稱軍警約有一百八十三人受傷，民眾無人受

傷——國民黨當局說，蔣經國親自下令，警察一定要忍辱負重，「打不還手，罵不還口」。受到外界質疑後，官方又改稱民眾有五十多人受傷（後來又更正為九十二人）——可見即便蔣經國真有這樣的命令，前線警察也並未遵守。

事件之後，國民黨政府下令新聞媒體一面倒地指責參與活動的民眾，電視台不斷播放憲警住院，以及社會各界關懷及聲援憲警的情況。國民黨政府一味將憲警塑造成受害者，並眾口同聲地批評黨外人士為匪黨、暴力分子、野心陰謀分子，意圖操作台灣民眾對黨外人士的憤怒與反感。

調查局高雄站負責人高明輝後來披露，他事先安排一些和政府關係比較好的媒體攝影記者，拍攝衝突場面的照片。「只要有這種畫面的照片，底片錢我們出，相片一張一千元，我們全部收購。後來，我們從記者手上拿到九十張相片。」[9]

全台灣只有《台灣時報》一家做平衡報導，並冒險刊出兩張警察打人的照片，於隔天銷售一空。

隨即，蔣經國下令全國大逮捕和大審判，黨外菁英幾乎被一網打盡。面對肅殺的鎮壓，一群為被捕者辯護的律師挺身而出，國際社會也迅速展開營救活動。海內外有識之士，憂慮大逮捕後果，擔心二二八事件重演，哈佛大學教授余英時等此前與蔣經國關係較好的知名學者，投書《紐約時報》指出，受審判的不是黨外人士，而是台灣的民主。

旅美作家陳若曦帶著余英時、張富美、張灝、張系國、李歐梵、杜維明、楊牧、田弘茂、白先勇、莊因、葉維廉、許倬雲、

許文雄、鄭愁予、鄭樹森等旅美華人知識分子的聯署信回台灣求見蔣經國。該信指出，高雄事件使得省籍矛盾愈演愈烈，海外人士深感憂慮，故而向蔣經國提出五條建議：一，全案即移交法院循序生理。二，就案論案，凡當事人與高雄事件無關之言行，應不予追究，以平息政府借題發揮、一網打盡黨外人士之流言。三，應有首從之分。四，應有事前知情與否之分。五，應有當時在場與否之分。此信指出，既然「先生平素倡導民主勵圖法治」，那麼「依法言法，則凡涉嫌觸犯妨害公務罪與妨害社會秩序罪者，不應交由軍事機關審判。就事論事，警總大舉逮捕黨外人士之後，應即公布罪證，然迄今逾半月之久而遲，未見公布罪證，遂使海外對政府有羅織罪名之譏評，而尤以台籍貫人上為然」。[10]

此前，陳揭露中國文革真相的小說《尹縣長》頗受蔣經國賞識，蔣經國推薦國人都來讀這本書。蔣兩度接見陳，看了聯署信後說：「一切會依法行事。」然而，蔣經國並未接受信中之建議，仍然堅持對美麗島當事人實行軍法審判。

陳說：「台灣人很害怕這是第二次二二八。」蔣聽到「二二八」，臉色變得很難看，反問說：「如果不是叛亂，是什麼？」陳說：「那是警方過度反應，先行鎮壓，才引發民眾的反抗。未暴先鎮，鎮而後暴。」她接著以「政治素人」和「女士」的身份對蔣經國動之以情、曉之以理：「美麗島的事情，在我們看來不是什麼叛亂，你是不是打打屁股就好了？我回來以前，大家都跟我講，蔣經國是個殺人魔王；可是我今天一看你，滿臉慈祥，

我有信心，你不是殺人魔王，是個很慈祥的長者。」[11]陳知道跟
獨裁者打交道的方法：先給獨裁者戴高帽子，讓其虛榮心得到滿
足，才能順水推舟地為被捕者求情。

陳若曦對美麗島事件的八字定義「未暴先鎮，鎮而後暴」不
脛而走、深入人心。很多黨外人士亦認為，美麗島事件的策劃者
不是美麗島雜誌社，而是蔣經國和特務頭子沈之岳。美麗島雜誌
既無「顛覆政府步驟」，也沒有「奪權計畫」，後來軍事檢察官
在法庭上承認「長程和短程奪權計畫」、「五人小組」等都是特
務杜撰的名詞。

一九八一年，木星和土星的影像將合在一起。中國古書記
載，「木」與「土」合，國有內亂。國民黨的學者將此一天文上
的預言呈報蔣經國，蔣經國考量自己體力日衰，而台灣民心思
變，決定先下手為強，清除有影響力的黨外領袖，遂重新起用已
退休的前調查局長、國策顧問沈之岳，讓其制定整肅黨外人士的
方案。沈之岳每天到總統府辦公，擬出幾件方案，呈請蔣經國批
示。蔣經國批示以後，沈之岳才召集各情治單位主管，包括警備
總部司令汪敬煦、調查局局長阮成章、警政署長孔令晟等人開
會，面授機宜，製造高雄美麗島事件，將黨外人士一網打盡。[12]

對於此類看法，國民黨竭力加以反駁。高明輝在口述回憶中
指出，美麗島事件當晚，他事先安排四組調查人員，在美麗島雜
誌社四周的四個制高點，以無線電對講機和指揮所聯絡，匯報
現場的情況。當他發現事態愈來愈嚴重，幾乎有全城暴動的趨
勢，擔心發生打砸搶燒等種種動亂行為，就打了一通長途電話

到台北，給正在等候消息的調查局局長阮成章。高報告說：「現在外面的情勢已經失控了，為了防止全城暴動，是不是要調動陸戰隊來維持秩序？」阮很嚴厲地說：「你怎麼會有這種主意？不考慮。怎麼能出動軍隊？」高後來承認：「阮局長對我的斥責是對的。如果當局採納我的建議，而叫軍隊進城維持秩序，那不知會演成什麼樣的局面。而歷史也絕對會為之改寫。」[13] 他以此證明，「上面」的確沒有打算以強硬手段來處理美麗島事件的做法。

　　但是，不動用軍隊並不能說明國民黨不願強力鎮壓，因為警察和憲兵的力量足以完成對民眾的鎮壓 —— 警總控制的防暴警察本身就是一個裝備和訓練都不亞於正規軍、野戰軍的鎮壓機器。蔣經國在事發之後一兩個星期之內的日記中反覆討論此一議題：「今後國內之患重於來自國外，自本月份起，每週五將由我親自主持安全會談一次，如此或可督促安全工作之加強。敵我之間已至短兵相接之時，必須注重鎮暴之組織、技術以及工具等。對內不可用兵，只可用憲警。孔令晟（警政署長）此人不可再用。今後掌握憲警重於正規部隊也，政戰學校應另設一班。」[14] 蔣評估，中共短期內不會對台灣發動戰爭，因此國防問題相對不再嚴重；反之，最大的敵人在島內，是反對國民黨的黨外力量，所以憲警比軍隊更重要 —— 鎮壓國內的反對運動，使用憲警就可以了，不必直接出動軍隊。對於這段日記，研究者評論說：彷彿當年隱身在總統府資料室的情治頭子又回來了！

　　在如何對待大規模的民眾抗議這個問題上，蔣經國比鄧小平

聰明，或者說更注重國內名望和國際形象，知道「對內不可用兵」的道理。鄧小平是在六四屠殺之後名聲掃地才明白這個道理，從技術上檢討警察和武警鎮暴訓練和裝備之不足，此後中共大力擴充武警部隊，悄然將數十萬正規軍和野戰軍轉型為武警，此後鎮壓「群體性事件」，就可只動用武警而不必動用野戰軍。在對外宣傳中，中共就使用乾坤大挪移式的詞語轉換遊戲：我們只是調動警察（武警）維穩，並未像六四一樣調動軍隊鎮壓。

蔣經國有殺人之心嗎？

美麗島事件當天，警察和憲兵確實沒有開槍殺人，但這並非因為蔣經國仁慈，而是他害怕激發民間更大的反抗以及招來美國的制裁。

在美麗島事發之後數日，蔣經國在日記中寫道：「反動派所謂美麗島暴徒在高雄暴動，企圖火燒高雄，當時情況非常嚴重。情勢平靜之後，我即下令將全部禍首拘捕，暫作處理。一網打盡之後，再做斬草除根之事，為黨國利益不得不下此決心。」又記：「一年已過，中美之斷交，共匪之統一和謠，國際油價暴漲，不法分子之不斷發起暴行，以至高雄暴亂，這是多麼痛苦的一年，有深思之必要。」十二月二十五日，蔣經國決定親自督導國安工作：「由於共匪採取內應外合之惡毒政策，高雄暴動乃是強烈信號，從此一定多事。我決定國家之安全工作由我自己親自加以督導（組織、訓練、巷戰、工作），以力還力，才有力以擋

之。」十二月三十日又寫道：「近月以內憂外患交迫，而且內政甚於外者，在政治方面，我總是想以理與德而感化之，根本不記仇懷恨以待人，但是結果無不失敗。人性為何如此不如人意也！」

蔣經國對高雄事件的規模和性質的評估是錯誤的，黨外人士並無「火燒高雄」的謀畫和動作，高雄事件更無共產黨介入。蔣經國的一網打盡、斬草除根的應對方式，乃是過猶不及。字裡行間，顯示蔣經國是一個自以為是的儒教帝王：對的永遠是自己，錯的永遠是別人；只有別人對不起他，他對別人毫無虧欠。每當其臆想的仁政、以德治國想法受挫時，立即轉向亂世用重典的法家，用殺人來立威。

蔣經國有殺人之心嗎？美麗島大審最後沒有人被處死，是因為蔣經國宅心仁厚嗎？為蔣經國寫傳記的美國前外交官陶涵，一九九六年五月二十四日採訪《中國時報》董事長、國民黨中常委余紀忠時，余紀忠告知，當時軍事法庭原本打算將施明德處以死刑，可是蔣經國傳話，不得有任何人遭處死，只要他在位擔任總統，他「不允許台灣島上有流血」。似乎表明不對任何人處以死刑是蔣經國的最高決策。但是，這個細節只是孤證，沒有其他任何文字紀錄顯示蔣經國說過這句話。[15] 美麗島事件中的大逮捕、大審判和對被捕者普遍施加酷刑折磨，都不足以支持蔣經國傳記作者茅家琦所說的「在處理中壢事件和美麗島事件兩個問題上，蔣經國的方針都與五〇年代以來慣用的方針不同，懷柔與高壓相結合代替了嚴厲鎮壓」。[16]

　　反倒是有更多確鑿證據顯示，蔣經國和國民黨死硬派早有殺人之心，軍法審判的目的就是要判處重刑乃至死刑 —— 否則，何必用軍法審判呢？

　　蔣經國想殺人，而最後沒有殺人，是因為國際社會的巨大壓力。一方面是公開的抗議譴責，另一方面是私下的交易談判。檯面下交易對口是華府，唯有華府才能左右蔣經國；而華府肯不肯救援，又取決於檯面上的輿論力量大不大、能不能施壓。當時，美國國會議員反應強烈，不在話下。美國國務院高級官員至少三次發表意見或評論。助理國務卿郝爾布魯克（Richard Holbrooke）私下要求國府對美麗島案公開審判，不要以叛亂罪定罪。美國更派遣在台協會理事主席丁大衛由華府前往台北拜會蔣經國，強調嚴懲人犯會傷害台灣在美國的聲譽，使得今後要重建兩國斷交後之互信更困難。丁大衛建議，如果國府解除戒嚴，捨棄軍事法庭審判，改以一般法庭審判，允許黨外人士表達異議，他們將在美國和其他國家得到更多的支持。[17] 蔣經國接受了一半的建議，公開開庭審理，但仍以軍事法庭和叛亂罪審理多名黨外運動領袖。

　　最後，美方使出殺手鐧 —— 以軍售換人命。對於美國關心陳菊等美麗島受刑人，蔣經國不禁惱羞成怒，在日記中惡言相向：「美國向我政府有關陳菊案所採取的蠻橫態度，令人痛恨，忍無可忍，美國人的做法既惡毒而又愚蠢，不過吾人處理此類事，不可意氣用事，今天還沒有到向美國攤牌的時刻，美國已經成了共匪的幫兇。」、「陳菊案為一高度政治性之案件，處之以

輕，則將使國內反動分子益趨狂妄，處之以重，則將引起美國之政治干涉，不論是輕是重，皆應以國家之利益為先，內奸外賊皆足以害我國也。」、「美國大使竟在其使館接見我國之罪犯，行為之卑鄙可悲，美國私通國內反動分子，並予支持，行之多年，美國所做之事，無不害人害已，不知我將忍至何時，嗚呼痛哉。」[18]

事件後三十年，二〇〇九年二月，已是高雄市長的陳菊出訪華府，與老友、前國務院中華民國科科長費浩偉見面。費浩偉證實，當年華府以對台軍售為籌碼，換取陳菊等人免於死刑。所謂「陳菊等人」，就是遭軍法審判的八名被告，按《懲治叛亂條例》第二條第一項起訴，是唯一死刑的罪名。[19]

蔣經國被迫接受公開審判和沒有死刑的結果，是因為他沒有辦法公開與美國對抗，也害怕激發出本土民眾「民不畏死，奈何以死懼之」的反抗意志。但他事後將「窩囊氣」發在黨內溫和派身上。他認為，受刑人在公開審判期間肆意宣揚台獨立場，這些觀點被國際媒體廣為報導，政府也「破天荒」允許國內報紙刊載審訊過程與被告陳辭，結果對國民黨造成嚴重傷害。他召見推動公開審判的改革派代表、中央文工會主任楚崧秋，一方面假惺惺地對審判結果表示滿意，另一方面又說黨內對楚崧秋批評之聲日盛，然後告知：「或許你該換換工作了。」隨即，楚被降職為中國電視公司董事長。[20]

楚崧秋後來回憶，他遭到貶職是因為他主張公開審理美麗島案，被國民黨頑固派認為是幫助黨外人士擴散「精神污染」——

這個用詞跟鄧小平的「清除精神污染」如出一轍，可見國共兩黨的意識形態都有揮之不去的蘇聯氣味。王昇在日記中也指出：「自高雄暴力事件公開審判後，遺下十分嚴重政治污染。昨天早上在匆忙中趕寫一件報告，請蔣秘書長（蔣彥士）轉呈主席（蔣經國）如何採取一系列行動，希望在思想戰場上能掃除思想上一切污染。」[21]王所用的詞語是政治污染和思想污染，將民主自由思想都歸入污染的範疇。

獨裁者的最後手段就是暴力。被逮捕偵訊的美麗島人士，大都遭受了慘無人道的刑求。紀萬生在警總保安處的地下室遭刑求九天八夜，坐「老虎凳」痛至昏厥，「往往一場偵訊結案，他們的手上早已血淋淋，為了加重對我的羞辱，他們就在我身上穿的衣服揩拭他們的血手」，「有一種叫『蒙古烤肉』，就是用香菸燒我的臉頰。他們也會從我的鼻孔灌辣椒水，更喜歡拿乒乓球塞我嘴巴」。醫官見其傷勢嚴重，勸特務說：「不能再打了。」特務說：「刑求是我們的看家本領，不打，怎麼行？」不准醫官療傷。

邱奕彬被逼誣陷康寧祥等人，他拒絕出賣友人，試圖咬舌自盡。特務用牙刷撬開他的牙齒，牙齦整個被撬爛。

張俊宏回憶：「就像索忍尼辛《古拉格群島》所寫的，到最後進入恍惚狀態。」這個比喻對在蘇俄親眼看到過古拉格真相的蔣經國和邀請《古拉格群島》作者索忍尼辛前來台灣訪問的國民黨政權而言，是莫大的嘲諷。[22]

楊青矗用「磨豆腐，壓成豆腐乾」來形容被偵訊人員強迫逼

供的情形，呂秀蓮則被綁在冰塊上施以酷刑。

吳振明被打得口吐鮮血，下體成傷，用原子筆刺喉，自殺不成。[23]後來，他在法庭上指出，調查局的特務用十八般武藝來對付他。所謂十八般武藝，包括剝指甲、夾手指、拔牙齒、蹲木幹、灌辣椒水、灌汽油、入冰室、捆打、吊打、背寶劍、轉車輪、通電、電療、強光燈照射、遊地獄、陰道通牙刷、燒龜頭、過分手淫、塞石灰、灌尿、吃狗屎等等，無一不是讓人談虎色變。

幾乎所有被關押在不同地點、受到不同機構偵訊的美麗島人士，都遭受程度不等的酷刑，表明針對被捕者的酷刑折磨，不是個別情治人員或機構的孤立現象，而是得到國民黨最高層即蔣經國的指令或默許。蔣經國對此一大規模侵犯受刑人基本人權的狀況負有不可推卸的責任。多年後，施明德說：「當年，真正想殲滅美麗島政團、鎮壓台灣人反抗勢力的首要集團是以王昇上將為頭的軍特派，包括警總司令汪敬煦和中華民國法務部調查局局長阮成章，最後拍板定案下手逮人的就是蔣經國本人！」

後美麗島時代的斑斑血案

大逮捕和大審判並不以美麗島事件這一單一事件落幕而塵埃落定。蔣經國和國民黨沒有在美麗島事件當日殺人、也沒有能在軍事法庭的審判中判處任何人死刑，但他們的殺人之心心癢、殺人之手手癢，他們覺得鎮壓行動沒有完全嚇阻反對派 —— 美麗

島受刑人的家人及律師很快參與選戰並紛紛獲勝，這表明民心在美麗島受刑人一邊，讓國民黨當局顏面盡失。於是，蔣經國及其特務系統開始籌劃新的、升級版的鎮壓，不殺人似乎不足以折服民心。

此時，韓國發生的總統朴正熙遇刺事件讓蔣經國感到心驚肉跳、夜不成寐。獨裁者之間聲氣相通，蔣經國意識到「朴之處境甚為危難，不亞於我，錯不得，亂不得也」，「朴有如此眾多親信和嚴密的黨和情報組織，對於如此重大預謀之事，竟無以人預告密報，這是不可想像之事，值得吾人警惕」。[24] 蔣經國發現，反對派如今的目標「轉向我個人和政府，過去是打下不打上，現在則是打上不打下了，國內反動分子之所作所為，都是共匪的一套，共產黨的一套」、「國內的陰謀分子以美帝和共匪為背景，以各種惡毒的方法來打擊我，這是一場危險的鬥爭」。他由朴正熙的下場聯想到蔣家王朝在台灣的統治：「我和父親來台灣主政已經四十多年了，為什麼台灣民間還有很多人對我們父子不諒解？我應該怎麼做才能得到台灣人的肯定？」國民黨開明派元老陶百川如此回答這個問題：「應該勵行民主憲政。」但蔣經國的答案與之截然相反：蔣經國從朴正熙的慘死中得出的教訓，不是放棄獨裁統治，而是強化獨裁統治。他不認為獨裁者被暗殺是獨裁機制本身的惡果，反而認為這是獨裁者不夠獨裁才死於非命。因此，蔣經國反觀台灣島內的形勢，對反對者磨刀霍霍。在殺人的勇氣上，蔣經國一點都不亞於其父親。

隨後，一系列可怕的血案相繼發生。學者胡慧玲指出，美麗

島事件之後的五年，「國民黨政府放手鎮壓，好整以暇地製造血案，查禁黨外雜誌，羅織政治案件。這五年，是命案連接發生的五年」。

一九八〇年二月二十八日，林義雄家發生血案。林義雄的母親林游阿妹和林義雄的雙胞胎亮均、亭均（年僅七歲）遭兇手慘殺，長女奐均身中數刀，經搶救後生還。林游阿妹的驗屍報告慘不忍睹、觸目驚心：「林游阿妹，身中十三刀，致命在頸部一刀，長約二點六公分……」

血案發生後，國民黨當局扣留精神異常男子何火成並軟禁林義雄的外籍友人家博，企圖轉移視線、誤導輿論。美國國務院評論說，這是台灣當局「有意製造證據，誣陷家博」。

此案至今未偵破，但民間一般認為是國民黨鷹派所為，且得到蔣經國的默許。當時林宅有特務全天候監視，任何人出入，特務都看在眼裡，普通的強盜不可能逃過特務的監控進入林家，也沒有必要如此殘忍地殺害婦孺。而且，兇手選擇在二二八這天下手，警告意味相當強烈。

當時，林義雄在調查庭翻供，揭發其口供是在特務酷刑之下被迫做出的，並且向他的母親透露刑訊的消息。特務警告他，將對他的家人「不利」。三小時後，林宅血案發生。有黨外人士分析說，林宅血案是沈之岳在蔣經國的許可之下導演的一齣大戲。沈之岳精心策劃的是一石二鳥之計。國民黨的報紙在血案發生之際就發出虛假消息，說林義雄與特務合作，然後又假借康寧祥之名說兇手是林家的「叔叔」。林義雄在法庭上表明未曾與當局

「合作」,康寧祥則在《八十年代》雜誌否認謠言。

警務處長孔令晟揚言,這是「眾所周知」的人和國際陰謀集團教唆殺人。前者暗指尚未入獄的黨外領袖康寧祥、黃順興和高玉樹,後者暗指美國在台協會和國際人權組織。一開始,國民黨認為林氏家眷已全部被殺死,再無人證,警務處長孔令晟按照原定計畫,宣布三天之內破案。可是人算不如天算,林家大女兒奐均身中六刀,居然死裡逃生,並且描述了兇手的真面目。由此,沈之岳嫁禍於人的毒辣陰謀落空,孔令晟隨之將「破案」日期無限期延期。[25]

一九八一年五月二十日,美國卡內基梅隆大學助理教授、海外台獨運動活躍人士陳文成博士,回台灣聯絡黨外力量,被警總帶走。次日清晨,陳文成的屍體於台大研究生圖書館後側被發現,身邊的鞋子裡塞了一張百元紙鈔,這是俗稱的「腳尾錢」——劊子手行刑前,把錢塞在死者腳下,留給搬運屍體的人。

警總聲稱陳文成是「畏罪自殺」。一九九三年,曾任國家安全局局長、警備總司令部總司令、國防部情報局局長、憲兵司令部司令等要職的汪敬煦(陳文成命案即在其任期內發生)在回憶錄中宣稱陳文成是死於情殺,卻未曾拿出任何證據,形同「二度謀殺」。

陳文成案至今未告破。陳文成是在美國任教的大學教授,國民黨政府不可能不知道殺害陳文成可能導致美國和國際社會強烈反彈。對陳文成這樣的重要人物下手,以國民黨情治部門的運作

方式，部門首長汪敬煦無權做出決斷，很大可能是蔣經國下令或首肯的。

　　一九八四年十月十五日，美國公民、作家江南（劉宜良）在加州自宅遭到暗殺。

　　這些血案都是美麗島事件之「餘震」。有人認為，此時蔣經國臥病在床，已無力控制軍情系統的擴權和濫權。這種說法是為蔣經國開脫，實際上，蔣經國直到死亡前夕，都牢牢掌控所有強力部門，這幾個震驚世界的血案的發生，他不可能被王昇等人蒙在鼓裡。王昇儘管跋扈，卻從未違背蔣經國的意願自行其是。蔣經國任免包括王昇在內的情治和軍警系統的首長，沒有人能有絲毫的抗拒舉動。

　　這些血案顯示，台灣的民主化進程並非一場「寧靜革命」，也並未避免流血。對付反對派，蔣經國一手軟、一手硬 —— 軟的一手，就是收買分化；硬的一手，就是殺人立威。

　　殺人者要為其殺人行為付出代價。蔣經國突然病亡，生前沒有因為他主導的若干慘案而在法庭上受審，避免了南韓的前總統全斗煥、盧泰愚受審、入獄服刑的命運。但在台灣社會日漸深化的轉型正義進程中，他的殺人行為必然導致他的歷史評價越來越低。

　　美麗島事件之後一直到一九八〇年代中期，蔣經國並未順應民意，始終不願啟動政治改革，他重用王昇，設立「劉少康辦公室」，都是走回頭路。歷史學者陳翠蓮認為，這兩件事是蔣經國採取強硬路線的最高峰：「蔣經國作為威權體制的領導者，首要

目標在維繫統治於長久，他軟硬兼施、窮盡各種路線，都無法化解黨外民主運動對其政權的挑戰。美麗島大逮捕後，反對運動更加茁壯。王昇與劉少康辦公室登場，意味著蔣經國以強硬路線力挽狂瀾。」[26] 蔣經國從未認同民主自由價值，也不是真心誠意的政治改革的推手。

「不怕流血」的鄧小平定律

如果說在西方學者中，陶涵是蔣經國的化妝師，那麼哈佛大學教授傅高義則是鄧小平的化妝師 —— 儘管傅高義從中共政權那裡得到什麼好處至今不為人所知，但傅高義對鄧小平的美化和諂媚遠超過陶涵對蔣經國所做的同類事情。

對於六四屠殺，傅高義在《鄧小平改變中國》一書中寫道：「身為學者，我們和其他關心人類生命和自由的人一樣，都很想找出這場悲劇的明確原因，然而事實是我們誰也無法斷定，假如採取另一種做法會發生什麼。」他認為：「對鄧小平的決策所造成的長期影響尚無法蓋棺定論。假如中國人民在未來歲月裡獲得更多的自由，這條邁向自由之路是否要比前蘇聯的道路少一些曲折？一九八九年春天的時間是不是一個重要因素？我們必須承認，我們不知道答案。」他又寫道：「我們確實知道的是，在天安門事件後的二十年裡，中國人享受著社會的相對穩定和經濟的快速成長，甚至是奇蹟般的成長。……中國在『六四』之後的二十年裡避免了大規模的騷亂。今天，億萬中國人的生活要比他

們在一九八九年時舒適得多。與中國歷史上任何時期相比，他們都得到更多的國際資訊和觀念。教育水準和人均壽命也在繼續迅速提高。由於諸如此類的原因，中國人對民主成就的自豪感遠超過上個世紀。」[27]

　　對六四屠殺的態度，是善與惡的分水嶺。傅高義不承認外界認為他對鄧小平和中共的態度「過於軟弱」，但實際上，他的問題遠非「過於軟弱」，而是「過於諂媚」。他的評論宛如出自中共外交部發言人之口，與曾被黨內外「開明派」看好的溫家寶如出一轍。二○○四年三月十四日，溫家寶在全國人大閉幕的新聞發布會上避實就虛，將「六四」稱為「一場政治風波」。他說：「作為一個有十三億人口的總理，我最關心的是中國的穩定和發展。我也深知中國的穩定和發展來之不易。」二○○八年九月，溫家寶接受CNN專訪，記者出示他當年陪同趙紫陽探望絕食學生的照片，問他「從那次經歷中學到了什麼？」溫回答：「在中國發展民主，必須考慮中國的國情，需要引進適合中國國情的制度，要循序漸進。」

　　傅高義和溫家寶的說法，以經濟成長論成敗，對以殺人達成的經濟成長加以肯定。此種經濟決定論可以被希特勒和納粹拿去為其所用：納粹德國在發動全面對外戰爭之前那幾年，實現了傲人的經濟奇蹟（經濟增長超過同時期所有西方民主國家），也激起絕大多數德國人的民族自豪感和衷心擁護，但這就能說明納粹的統治是正義的嗎？（納粹還是選舉上台的，比中共更有統治合法性。）

　　還有一些學者也企圖幫助鄧小平推卸殺人責任：社會學教授趙鼎新指出，在鎮壓之前，鄧小平的兒子鄧樸方曾派助手前往北京大學，勸過學生撤離廣場，若學生撤離，鄧樸方可以在事態平息之後力勸鄧小平退休。趙鼎新認為：「即使在戒嚴令發布之後，政府仍然在努力避免流血衝突。這倒不是因為政府中的改革派在此時還在發揮做什麼特別的影響，而是中共高層的每個成員都清楚軍事鎮壓的代價。」[28]

　　趙鼎新的說法是錯誤的。鄧小平從未畏懼過屠殺的代價，也從來不顧及國際輿論。鄧小平血腥鎮壓民主運動的決定，早在四月二十五日晚上就做出了。那天，鄧小平在家中對李鵬和楊尚昆談話說：

　　我們不要怕人罵娘，不要怕人家說名譽不好，不要怕國際上有反應，只有中國真正發展起來了，四個現代化實現了，才有真正的名譽。「四個堅持」十分必要。反對資產階級自由化，沒有做到真正貫徹。反對精神污染，二十幾天就丟掉了。如果貫徹得力，在思想界、教育界就不會像現在這麼混亂。……這一場動亂完全是有計畫的陰謀活動，他們想把一個很有前途的中國變成沒有希望的中國，使我們永遠沒有希望。要害是否定共產黨的領導，否定社會主義制度。要發一篇有分量的社論。這還不夠，還要抓緊立法。準備迎接一場全國性的鬥爭，堅決把動亂壓下去。……我們還有幾百萬人民解放軍，我們怕什麼？……我們必須快刀斬亂麻，為的是避免更大的動亂。[29]

　　鄧小平的「快刀斬亂麻」跟他昔日莫斯科中山大學同學蔣經國的「一網打盡」、「斬草除根」，可謂是心有靈犀一點通。鄧的這番講話明確表明，他將民主運動視為文革中造反派的造反行為，是「一場全國性的鬥爭」，他將依靠解放軍鎮壓「動亂」，實行「人民民主專政」。

　　現場紀錄比上述年譜中的文字更血腥，鄧說：處理學潮，「不怕流血」。其實，早在一九八六年發生學潮時，鄧小平召集中央領導人到他家中開會時，就已明確表示，為了平息學生運動，要有不惜流血的決心：「對專政手段，不但要講，而且必要時要使用。當然，使用時要慎重，抓人要盡量少。但如果有人要製造流血事件，你有什麼辦法？」鄧小平的這個說法是顛倒黑白，一九八六年的學潮，學生的言行相當平和，沒有人想要製造流血事件。負責處理學潮的胡耀邦命令警察克制，公安部門迅速釋放在一九八七年元旦到天安門遊行時被捕的學生，還將其他遊行學生用大汽車送回學校，和平解決這次事件。然而，胡耀邦使用不流血的方式平息學潮，反倒成了他「軟弱」的罪證。

　　鄧小平從來就不是一個寬容的、願意妥協的人。他信奉的是毛澤東的鬥爭哲學。在鄧小平的授意之下，題為〈必須旗幟鮮明地反對動亂〉的「四二七社論」就出爐了。該社論不是要平息民眾的怨憤，而是刻意激化矛盾。此社論一發表，朝廷和民間和平談判的基礎不復存在。

　　鄧條件反射般地搬出解放軍來，原因何在？首先，他發現自己處於眾叛親離、四面楚歌的境況之下。就連中央黨校、人民日

報、央視、國務院各部委、恭順的八大「民主黨派」都紛紛舉旗上街支持學生,「小平,你好」變成「小平下台」,各種醜化、攻擊鄧小平的段子、漫畫等多如牛毛。

其次,北京的警察同情學生,不願執行鎮壓命令。當學生向天安門進發時,警察組成的人牆很快被突破,大部分警察袖手旁觀,甚至向學生鼓掌。更重要的原因是,警察平時從未受過鎮暴訓練,一九八九年的中共跟一九七九年的國民黨相比,更缺乏應對大規模民眾抗議的經驗,警察沒有配備鎮暴車、盾牌、煙霧彈、水砲等工具 —— 天安門屠殺之後,這一切很快配置到位。

第三,鄧小平自我定位為軍人,在軍方淵源頗深。他與毛澤東一樣相信「槍桿子裡面出政權」,在文革中他就觀察到,即便天下大亂,黨政系統都癱瘓,只要軍隊沒有亂,共產黨政權就不會垮掉。所以,軍隊是他最後的依靠。

五月十七日上午,政治局五常委齊聚鄧小平家中,接受鄧的指令,在場的還有楊尚昆和薄一波兩名元老。六四前後所有的重大決策,都是在鄧小平家中做出的,這本身就是公私不分的怪現狀。鄧劈頭就給會議定了調子:「今天只談究竟應該(對學生運動)退讓不退讓?」楊、薄二人立即回答,退無可退,絕不退讓。鄧順勢提出調動軍隊進京,對北京市部分地區實施戒嚴的意見,他說:「考慮來考慮去,要請解放軍出來,要在北京戒嚴。」他說這是其個人意見,「請政治局常委考慮」,但他才是掌握最高權柄和軍權的「慈禧太后」,他的意見沒有人敢當面反對。當天晚上,政治局五常委繼續開會討論,趙紫陽提出辭職。

次日上午，鄧小平召集陳雲、李先念、彭真、鄧穎超、楊尚昆、薄一波、王震等八大元老，趙紫陽之外其他四名政治局常委，中央軍委委員洪學智、劉華清、秦基偉等人在其家中開會，決定調動全國各地的解放軍到北京實施戒嚴。同日下午，楊尚昆奉鄧小平之名召集中央軍委會議，商定調兵方案。開完會後，楊尚昆帶劉華清、遲浩田到鄧小平家，向鄧詳細報告軍隊部署情況。鄧問：「戒嚴以後北京市區有多少解放軍呀？」楊答：「解放軍和武裝警察的全部兵力為十八萬人。」後來，實際調動的軍隊超過了這個數字。研究六四戒嚴部隊的吳仁華認為，鄧、楊調動了十八萬到二十五萬解放軍部隊和武裝警察部隊參與北京戒嚴行動是可信的。[30]

開槍的命令是誰下的？

調動軍隊執行戒嚴令是一回事，命令軍隊開槍殺人又是一回事。當戒嚴部隊被民眾阻攔在城外數日，局勢僵持不下之際，鄧小平在六月三日下了最後決斷：以殺人維持中共統治。據多年後解密的英國外交電報顯示 —— 時任英國駐中國大使唐納德在一封外交電報中說：「在五月二十日的私人午餐上，斯圖爾特・施拉姆（Stuart R. Schram，美國籍研究毛澤東的專家，倫敦大學亞非學院當代中國研究所第一任所長，在中國擁有廣泛的人脈）向我確認，他的一位中國線人對他透露，近日鄧小平說『兩百人的死可以給中國換來二十年的和平』。」[31] 這句話有不同版本流

傳，有的說法是「殺二十萬人換二十年穩定」（兩者數字相差一百倍，不過，對於獨裁者而言，鎮壓的階級敵人僅僅是檔案中的一個數字，多一兩個零不足為奇），也有人認為這句話是陳雲或王震說的，但無論鄧還是陳、王，都沒有公開出來「認領」這句話的發明權。

吳仁華在研究大量資料後得出結論：各解放軍戒嚴部隊都是在接到開槍命令之後才奉命開槍的，開槍命令是在部隊向天安門廣場等目標進軍的途中下達的。該命令是通過各大軍區指揮部下達到軍一級指揮部，再逐級下達。作為主持中央軍委日常工作的中央軍委常務副主席楊尚昆，一向謹小慎微，不會擅自做出開槍決定，開槍命令一定是軍委主席鄧小平做出的。[32]

當時，鄧小平和楊尚昆十分擔心出現「兵變」，對進京部隊的調度做出精心巧妙安排，讓不同軍區的部隊互相監督制衡，彼此難以串聯。作為第一主力部隊的陸軍第三十八集團軍，此前因軍長徐勤先抗命，失去中央軍委的信任，雖迅速換上新的指揮官，但鄧小平對此一「王牌軍」心存忌憚。在其向天安門進軍時，中央軍委在其前方和後方都安排了兵力更龐大的「督戰隊」——「如果當時陸軍第三十八集團軍部隊接受一些學生和民眾的呼籲，陣前倒戈，與堅守在天安門廣場的學生『勝利會師』的話，將立即在鄧小平、楊尚昆預設的包圍圈內遭到其他部隊的圍剿。」

六月三日，鄧小平讓楊尚昆向軍方傳達他的兩句話和一個意見：「明天天亮前解決問題；萬不得已，部隊可以採取一切措

施；決不能在廣場上殺一個人。」不在廣場殺人，意思是在廣場之外可殺人，進軍沿途的地方都可殺人，但殺到何種程度？只有靠官兵們「看著辦」了。當時一名在現場的現役軍官回憶說：

> 三十八軍和六十三軍是一塊進來的。北京軍區這種安排，就是讓這兩個軍——這兩個軍本是死對頭——同一時間從公主墳出發向天安門開進。搶著打，打比賽一樣，誰準時到，誰立功，以殺人為比武。哪有這麼上的？……最早到是三十八軍。我看見了。三十八軍往裡衝得最厲害。在六里橋，我爬上車問了，知道今晚部隊要進城，但是根本沒有想到會開槍，而且這麼肆無忌憚。因為真用不著啊！這樣安排、指揮，楊也好、軍委也好，基本就是沒人性。你有沒有想到，夜間，如何對付赤手空拳平民？我們的野戰軍是沒有這種訓練的。……最沒想到的，居然開槍了，而且是真槍實彈——說是空包彈，我一看就知道是真子彈：前面出火花，打到地上、牆上，五六式衝鋒槍呀……部隊就像打群架一樣，閉著眼睛打。所有人，裹脅而下，再有人性的戰士，你也得打了，沒法控制。[33]

其實，當時已過了學運的最高潮，抗議民眾相當疲憊，民眾手中也沒有殺傷性武器（劉曉波等學運領導者在天安門廣場親手砸毀少數戒嚴部隊流失的槍枝，就是為了避免給當局武力鎮壓的口實），當局不必殺人也能用「軟性暴力」壓制民眾。文革後期的一九七六年，北京發生以悼念周恩來為名、反對極左政策

的「四五」運動。當時,毛澤東和極左派的「四人幫」將此事件定性為反革命性質,決定採取暴力鎮壓,但並未出動荷槍實彈的軍隊,只是調動民兵和公安人員及少數不持槍的士兵。四月五日晚,廣場周圍燈光統統打開,「一萬名民兵和五個營戰士、三千公安人員帶著木棍把鬧事的人全部包圍」,然後實施清場。「抓了兩百多人,放了一些之外,還留下一百多人。」[34] 現場有不少民眾被打傷,但沒有人死亡。[35] 一九八九年民主運動的規模比一九七六年更大,但官民衝突的烈度並不如當年。但若採用一九七六年的方式 —— 以民兵和公安為主力,使用木棍等非致命武器驅趕現場民眾 —— 完全可以達成同樣的「清場」目標。

鄧小平是否為解放軍過度使用武力感到後悔?學者丁學良認為,鄧小平一定感到後悔。鄧小平的女兒鄧榕在香港和美國回答記者「如何看待六四事件」時,認為「那是個悲劇」。還有小道消息說,鄧小平生前對其家人說,要是當初讓解放軍兩個人抬一個學生、將學生抬出廣場就好了。前英國駐華大使查理・伊凡在《鄧小平傳》中也寫道,鄧聽說天安門周圍發生流血慘案非常氣憤,對楊尚昆和李鵬說,他們執行鎮壓行動的方式相當拙劣。[36] 這些說法未必契合鄧小平內心的真實想法。鄧從來不在乎殺人,他在乎的是那時北京有太多外國記者,他們將屠殺的場景拍攝下來傳遍世界,他知道這一血案將成為其「政績」和歷史評價中不可或缺的一部分,將對其精心營造的「改革家」和「總設計師」的形象造成致命損害。

六月九日,鄧小平公開露面,在戒嚴部隊指揮部向軍級以上

幹部發表講話，電視上播出這段講話的部分內容 —— 他熱情表揚解放軍戰士完成了黨交給他們的任務，而且「在生命危險面前，他們沒有忘記人民，沒有忘記黨的教導，沒有忘記國家利益，面對死亡毫不含糊，慷慨赴死，從容就義」，這些軍人表明軍隊是「黨和國家的鋼鐵長城」—— 他再次使用「長城」這個被一九八〇年代自由知識分子在《河殤》等作品中否定的概念來比喻解放軍對中共政權的「保駕護航」作用。軍隊再一次顯示出在中共政治中的定鼎地位。接著，鄧說出了在其政治生涯所發表過的官方談話中最可怕的一段話（這段話沒有在電視中播出），顯示他對跟這些軍人同樣年輕，但卻公開與他和黨抗爭的學生們的深刻怨恨：「我們永遠也不要忘記，我們的敵人是多麼兇殘，對他們，連百分之一的原諒都不應有。」

　　天安門事件之後，鄧及其家人小心地掩蓋了他在命令坦克進城一事上的具體責任，並與他的打手們保持距離。他的打手們大都沒有成為最後的贏家：負責執行軍事行動的楊尚昆因與江澤民爭權而被鄧小平強迫退休，楊尚昆晚年曾經在與蔣彥永醫生的談話中推卸自己的責任；對鎮壓最積極的李鵬未能上位成為總書記，卸任總理後成為沒有實權的人大委員長，晚年試圖在香港出版六四日記洗白自己；北京市長陳希同因與江澤民爭權失敗而鋃鐺入獄，在香港出版的回憶錄中也為自己的罪責百般辯解。

　　另一方面，鄧清醒意識到修改血腥鎮壓歷史責任的敏感性，他知道，在他死後，他對天安門運動是一場反革命暴亂的嚴重定性可能被推翻，他可能成為歷史罪人 —— 此前，他違背了向毛

做出的「永不翻案」的保證，推翻了毛對文革的歷史定位。所以，他要精心選擇認同他的政治遺產的接班人，他隔代指派的接班人是同樣雙手沾滿鮮血的胡錦濤——胡錦濤靠在拉薩身穿軍裝、登上裝甲車鎮壓藏人的「叛亂」而得到鄧的賞識，鄧相信這個跟他同樣冷酷殘暴的人不會背棄其遺產。在此意義上，鄧小平沒有選錯人。

老人幫的共識：「該殺的殺，該判的判」

六四屠殺，死亡人數至今成謎。

中共嚴格封鎖官方檔案材料，偽造和扭曲歷史。如劉曉波所說，在中國的當下制度中，對於恢復民族的真實記憶來說，致力於民間見證幾乎是唯一途徑。[37] 天安門母親群體多年來致力於查考六四真相、蒐集遇難者名單，但在中共的嚴厲打壓和限制之下，這項工作進展緩慢。截至二〇〇五年三月，僅整理出一百八十六名受難者。[38] 此後，這張名單上的人數緩慢增加：到二〇一一年八月，共二百零二位。[39] 多年後，美國白宮和英國外交部的解密檔案顯示，六四屠殺的死難者超過一萬人。研究者對台灣二二八屠殺死難者數字的推測，中間值大約也是一萬人左右。所以，六四屠殺的規模大致相當於二二八屠殺。

六四屠殺不僅僅發生在北京，還在全國很多城市發生。澳洲女記者林慕蓮通過調查發現，成都發生了錦江賓館慘案。四川省當局在鎮壓之後匆匆出版的《成都騷亂事件始末》中只承認有八

人死亡，但當時躲避在錦江賓館的西方人士親眼看到若干在院內避難的平民遭到軍警殘酷毆打和殺戮，英美兩國的外交官在電報中估計死亡人數在三百以上，目擊者之一的奧地利人類學教授卡爾‧胡特爾（Karl Hutterer）投書《紐約時報》詳細描述屠殺的經過，另一名目擊者寫道：「他們把人扔進卡車，就像扔大袋的馬鈴薯。我不確定他們是不是都被打死了，但很多肯定是死了。腦漿流到地上，我覺得在這種情況下人不可能存活。」[40]

屠殺並未在六四這一天結束。六四之後，中共抓捕大量民主運動參與者，許多人僅因為向軍車扔了一塊磚頭就被判處死刑。在類似於「嚴打」的恐怖氛圍之下，他們不可能得到公平、公開的審判，也得不到律師最基本的司法幫助。六四之後被處以死刑的人數，至今仍是絕密。這一事實表明，六四屠殺絕非鄧小平及中共高層「偶然」的決策失誤，屠殺是一個精心安排並逐步實施的計畫。這個計畫得到級別最高的八個中共元老的背書。

在鎮壓之後的中共中央全會上，中共高層對學生和市民毫無憐憫，在發言中爭相比狠，凸顯了中共高層的「狼文化」特質。「中國的問題，壓倒一切的是需要穩定。」在黨內資歷高於鄧小平的元老陳雲未出席會議，以書面形式提交兩句話：「一、趙紫陽同志辜負了黨對他的期望。二、我同意中央對趙紫陽同志的處理。」八十七歲的退休元帥徐向前說，學運的根本目的是「妄圖推翻中國共產黨的領導，顛覆社會主義的中華人民共和國，建立一個反共反社會主義的、完全附庸於西方大國的資產階級共和國」。對於如何處理「敵人」，八十一歲的前將軍和國家副主席

王震最為激烈，提交了一份書面講話（他是唯一有兩份發言稿的人），細數具體措施：「該殺的殺，該判刑的判刑，勞改、勞教一大批……戴了帽子的，勞改勞教的，一律吊銷城鎮戶口，送到偏遠地區，強制勞動。」[41]

　　屠殺是鄧小平及中共權力邏輯的必然結果。正是這一邏輯，讓鄧小平毫無反顧地支持毛澤東造成數千萬人飢餓而死的大躍進政策。也正是這一邏輯，讓鄧小平於一九八三年以「嚴厲打擊刑事犯罪活動」為名，匆匆處決數萬乃至數十萬名大都未犯死罪的犯罪嫌疑人。鄧小平說，一九八三年他只做了兩件事，即反對資產階級自由化和嚴厲打擊刑事犯罪分子。共產黨的宣傳機器宣稱，「嚴打」只殺了數萬人，判刑百萬人。但克拉蒙亞洲研究所的研究員林長盛說，他的一位朋友親眼看到了人大常委會的內部絕密文件，「嚴打」殺的是九十六萬人。林長盛的話得到了另外一些人的證實。在我的少年時代，我多次被學校組織起來，與數百名同學一起去親眼目睹「嚴打」中血腥的「公審」畫面，甚至去槍決現場觀摩死刑犯怎樣被擊斃，這是在中國長大的孩子必須接受的殘忍教育，有的小孩甚至走近現場去撿彈殼。

　　鄧小平殺人，首先是出於權力的傲慢，其次是出於失去權力的恐懼。一九九七年，鄧小平死去時，《紐約時報》發表一篇長篇訃文，文章指出：二十世紀的中國，軍閥混戰，外敵入侵，洪水、饑荒、革命連綿。千百萬人因戰亂和飢餓悲慘死去。鄧小平內心對動亂和動亂帶來的暴力懷著恐懼，所以他強烈反對政治多元化。「如果我們現在十億人搞多黨競選，一定會出現全面內戰

的混亂局面。」一九八九年二月會見布希總統時，鄧小平這樣說。對他來說，中國的經濟改革，只能在共產黨的專制統治下實現。[42] 而要確保共產黨的統治，「槍桿子」是最好的工具。在毛時代強悍兇狠的中國軍隊，在鄧時代依舊如此，官兵毫無獨立思考能力，篤信「服從命令是軍人的天職」── 即便是屠殺平民的命令。

鄧將六四血腥鎮壓行動說成是「平息反革命暴亂」，中共官方明文規定：「平息反革命暴亂」屬於戰爭性質，參與平息反革命暴亂行動等同參戰，凡立功受獎、受傷致殘者，均享有參戰軍人的優厚待遇。[43] 在納粹德國，只有小部分軍隊是「黨衛軍」，大部分都是拒絕參與內部鎮壓的、看不起「黨衛軍」的國防軍；但在共產中國，整支軍隊都是「黨衛軍」。

即便參與學運的學生並未發起推翻中共的「起義」（學生的行動十分謹慎，他們很快放棄了包圍國務院所在地新華門的行動，甚至將污染毛澤東像的三勇士送交公安部門），他們的抗議活動最多算是較為激烈的「公車上書」（學運期間，有學生代表跪在人民大會堂前面的台階上遞交給李鵬的上書，姿態比帝制時代的士人還要低），鄧小平仍然對手無寸鐵的子民揮動屠刀。

與毛澤東一樣，鄧小平是當代皇帝，儘管他比毛低調，並未掀起全國範圍內的個人崇拜，他的畫像和塑像也比毛少得多。「鄧小平是個皇帝一樣的統治者。他是毛之後革命元老的小集體中資望最深的一位；在黨內擔任過的職務，都不足以說明他作為最高領導人的實際地位。而最高領導人這個稱謂，似乎就是為

鄧而創造的。直到他逝世，可以說他一直是全中國權力最大的
人。」實際上，鄧小平並不具備與最高領導人的地位相匹配的形
象與品德 —— 在一篇一九九三年的文章中，美國頂級的政治學
家和中國問題專家白魯恂這樣形容他見到的鄧小平：

　　在厚厚的沙發上落座之後，他穿著涼鞋的腳勉強著地，每次
他俯身用痰盂的時候，兩腳真的是懸空的。他的四川口音很重，
說話含混像是在漱口。基本看不出他思想的活躍、睿智或幽默，
也看不出他有連貫的、系統的思考。[44]

　　在六四這一危機時刻，鄧小平靠解放軍的支持而大獲全勝，
但他和他的黨必須承擔屠殺帶來的嚴重後遺症。
　　以「反腐敗」、「反官倒」為口號的民主運動遭到血腥鎮
壓，黨內腐敗和波及全社會的腐敗，在此後三十多年裡變本加
厲，一發不可收拾。中共當局反腐的調門越來越高，但看上去似
乎是為腐敗的氾濫添柴加油。高官腐敗案件的涉案金額越來越
高、情節越來越離奇。
　　在殺人的問題上，鄧小平還嫌蔣經國殺人不夠。六四之後，
鄧小平從蔣經國在美麗島事件中「鎮壓不力」導致民主化浪潮
「亂石穿空、驚濤拍岸」的情勢中汲取教訓，經過幾輪整肅，黨
內改革派遭清洗出局，從此黨內不再有改革派、民主派、開明
派。黨內權力鬥爭一波波激化，但規則只有一條 ——「比左」，
誰更左、誰更殘暴，誰就能上位、誰就能接班。從江澤民到胡錦

濤再到習近平，一蟹不如一蟹，一個比一個更左。

　　而且，既然六四時鄧小平已在全世界面前殺人立威，那麼此後其接班人使用武警來實現暴力維穩就再無任何心理障礙。一九九〇年代以後，武警急劇膨脹，任何一地發生群體性事件，中央都能迅速調動武警，包圍、封鎖該地，第一時間加以鎮壓，將星星之火掐滅在萌芽階段。但另一方面也造成武警和政法委變成尾大不掉的「獨立王國」，出現周永康這個權傾天下的「政法沙皇」，直接威脅到習近平的接班，由此引發「四人幫」被政變推翻之後中共黨內最嚴重的高層權力鬥爭。對中共統治集團而言，武警成為內部權力鬥爭的砝碼，可謂養虎為患。習近平扳倒周永康、薄熙來及軍方的徐才厚、郭伯雄之後，順勢將武警從公安部和政法委中剝離，重新歸入解放軍的建制之下，由軍委主席直接掌控。武警最終認祖歸宗：它不是警察，而是軍隊。習近平對國際社會譴責中國的人權狀況根本不屑一顧，他不再擔心被指責動用武警就是動用軍隊，不需要像江澤民和胡錦濤那樣遮遮掩掩——在這個意義上，習近平具備了毛澤東和鄧小平的屠夫特質。

　　六四屠殺打斷了中國人的脊梁，摧毀了中國人的自由意志。從此，全民向錢看，或醉生夢死，或歲月靜好，有權有錢就是成功，人們不再關心是非、善惡、真假。同樣是遭到獨裁政權的殘酷鎮壓，韓國在光州慘案之後，民眾和學生仍矢志不渝，前赴後繼地浴血抗爭，終於在漢城奧運會前後迎來民主化的曙光；台灣在美麗島事件之後，黨外運動沒有灰飛煙滅，很快重新集聚力

量，短短數年之後就迎來新的民主運動高潮，迫使蔣經國和國民黨當局解除戒嚴；而中國在六四屠殺之後，全民失魂落魄，徹底放棄反抗意志，自願為奴，且成為「奴在心者」，中國遂成為萬劫不復的「為奴之地」。

　　在六四屠殺之後三十多年，中國再也沒有出現全國性的、能與八九民運並肩的反抗運動。無論是民主黨組黨運動、零八憲章運動還是法輪功抗爭、律師維權運動，都未能得到迅速成長的中產階級的普遍支持。在此意義上，鄧小平在一九九二年的「南巡講話」，不是改革開放再出發的號角，而是趕屍人的大聲吆喝。他知道該給中國人投放什麼樣的飼料，可以餵飽他們，進而讓他們樂意遺忘乃至對其感恩戴德。六四屠殺製造了「不愛自由的人民」，這是六四最可怕的後遺症，正如林慕蓮所說：

　　席捲全中國的「遺忘症」不僅是政府由上而下的推動，人民也是共犯，且樂在其中。遺忘是一種生存機制，一種從環境中習得的天性。中國人民已經學會了對任何不愉快的事情不聞不問，為求方便，他們讓自己的大腦留下錯誤的記憶 —— 或者讓真實的記憶被抹除。父母保護他們的孩子遠離過去，因為那些知識可能會讓他們葬送光明的未來。[45]

第六章 黨天下

從「黨」一方面說，
它的唯一關懷必然是如何讓「黨天下」永恆化，
一世、二世，傳之萬世。
—— 余英時 ——

　　鄧小平和蔣經國是偽裝的改革派。比經濟改革更重要的是政治改革，政治改革的核心必然觸動一黨獨裁的體制。鄧小平和蔣經國對這一步的改革的回答，是同一個字：否！

　　共產陣營內部不是沒有真正的改革派，中國有胡耀邦和趙紫陽，匈牙利有納吉，捷克有杜布切克，但他們都成為權力鬥爭的失敗者和反改革勢力的犧牲品。

　　曾任匈牙利總理的納吉，因堅持「民主化」、「法治化」是「社會主義道路的最好形式」而被黨內左派同僚罷黜。一九五六年十月，匈牙利發生革命，納吉被民眾擁戴為領袖，推動自由化與退出以蘇聯為首的華約組織。蘇聯紅軍出動十二個師長驅直入布達佩斯「平亂」，納吉被捕後被押往羅馬尼亞軟禁。一九五八年，因納吉拒絕認罪，經祕密審判，以叛國罪之名處決。一九八九年，匈牙利民主化後，納吉獲重新安葬，在匈牙利人心目中是改革的探索者、先知先覺的殉難者。

　　鄧小平也曾「榮幸」地被文革激進派拿來與納吉相提並論：一九七六年四月五日，發生民眾藉悼念周恩來而反對文革乃至反對毛澤東的天安門事件，鄧小平被視為幕後操作者，「四人幫」之一的張春橋當面譴責鄧小平是「中國的納吉」。毛澤東的侄兒毛遠新向毛澤東匯報，說「四五」事件是匈牙利事件在中國的重演，鄧小平是「鄧納吉」。毛一怒之下，再度免去鄧小平的一切職務。

　　不過，鄧小平拒不接受「鄧納吉」之名，他和張春橋、毛遠新一樣認為納吉是個社會主義的叛徒。在鄧心目中，黨性、黨權

遠高於自由、民主、法治等價值。當年匈牙利事件發生時，鄧小平與劉少奇正奉毛澤東之命訪問莫斯科，他代表中方表示支持蘇聯入侵匈牙利，還勸說赫魯雪夫不要匆匆從匈牙利撤軍。代表團的翻譯師哲回憶說：「小平更是直截了當地提出：先要掌握住政權，不讓政權落到敵人手裡。蘇聯部隊應當回到原來的位置上去，堅決維護人民政權。」[1]中國的支持，讓赫魯雪夫迅速做出出兵匈牙利的決定。鄧小平也是參與殺害納吉的兇手之一。

共產黨陣營的另一位悲劇式改革者是杜布切克。一九六八年出任捷克斯洛伐克共產黨第一書記的杜布切克，主張「帶有人性面孔的社會主義」，推動「布拉格之春」改革運動。蘇聯武力入侵捷克，扶植傀儡政權。杜布切克先是被貶到土耳其當大使，然後在伐木所當機械師。當局將其當作「不存在的人」，祕密警察對其全天候監視，阻攔前去拜訪的客人。但杜布切克仍堅持其信念。

一九八九年，捷克發生天鵝絨革命，杜布切克光榮歸來。十一月二十六日，杜布切克與哈維爾肩並肩出現在布拉格瓦茨拉夫廣場麥蘭特里赫出版社樓房有名的陽台上，他們象徵著捷克和斯洛伐克反對派力量在反對史達林主義殘餘的鬥爭中的聯合。天鵝絨革命的目標實現了：修改現行憲法，刪去規定共產黨在社會中「領導作用」的第四條，結束馬列主義作為唯一准許的國家意識形態的統治。[2]但不久之後，杜布切克意外地死於一場車禍。

納吉和杜布切克是真正的改革家，他們追求的是民主、法治、全民普選、多黨制等目標，與鄧小平和蔣經國一直堅持「黨

天下」模式截然相反。鄧小平和蔣經國不是改革家，是反改革的
獨裁者。

鄧式偽改革：「經濟放鬆，政治加緊」

鄧小平的「改革開放」並不包括傷筋動骨的政治體制改革，
他自始至終都要維護「黨天下」模式。文革結束後，鄧小平高舉
思想解放、改革開放的旗幟，也頻頻提及政治改革，但這些都是
他用來向華國鋒、葉劍英、汪東興等文革既得利益集團奪權的策
略，一旦權力鬥爭塵埃落定，他大權在握，立即恢復其本來的左
派面目，開始新一輪「反右」。

鄧小平利用西單民主牆運動凝聚的民間輿論打壓文革既得利
益集團，等到黨內高層的敵人被剪除，西單民主牆運動立即遭到
強力鎮壓；鄧小平召集「理論務虛會」對「兩個凡是」派發起進
攻，但眼見與會者發言大膽、突破理論禁區、全盤否定毛澤東，
他立即踩下剎車，禁止討論的深入；鄧小平組織四千人大會討論
若干歷史問題之決議，在一定程度上否定文革（不否定文革，
就無法為其第三次復出提供合法性），但其對毛的維護卻超過陳
雲，因為「沒有毛，就沒有鄧」；鄧小平口口聲聲說「清除封建
遺毒」、否定一言堂和家長制，啟動黨和國家領導制度改革，其
實是對掌握最高權柄的華國鋒發起攻擊，換言之，華國鋒的一言
堂和家長制一定要反對，但鄧小平的一言堂和家長制卻不能反
對。

　　一開始，知識界被鄧小平的迷魂湯迷惑了，以為鄧小平真的要啟動政治改革，對政治民主化產生很大期許。他們認為，發展社會主義民主可以借鑑資產階級民主的某些形式，三權分立的資產階級民主形式值得研究和借鑑。[3]然而，這些改革派知識分子很快就知道其所思所想跟鄧小平南轅北轍，他們在鄧小平掀起的政治運動中先後成為犧牲品，有些人在六四屠殺之後流亡異國他鄉。

　　鄧小平的目標不是知識界所渴求的政治民主化，而是把共產黨搞強大，即通過「改善黨的領導」來加強黨的領導。在一九八〇年二月的中共十一屆五中全會上，鄧提出「改善黨的領導，提高黨的戰鬥力」的口號，因為在文革期間中共自身的組織受到重創，從中央政治局到各級黨委一度癱瘓。鄧在此前的三中全會上成立中央紀律檢查委員會，賦予中紀委的「根本任務」是維護黨規黨法，規範黨內政治生活。在五中全會上，鄧又主持通過〈關於黨內政治生活的若干準則〉，其中特別提出「健全集體領導，反對個人專斷，發揚黨內民主」。此後，鄧又在政治局擴大會議發表題為〈黨和國家領導制度改革〉的講話，核心是取消領導幹部的終身制 —— 這是為逼華國鋒下台做準備。

　　一旦涉及到權力問題，鄧小平就磨刀霍霍、毫不手軟。在他逼退華國鋒時，黨內外出現一些不同的聲音：天津六十六軍砲團兩次召集團營幹部會議，表態支持華國鋒；大連、新疆等地出現「還我華國鋒」的標語。鄧小平十分惱怒，在北京軍區黨委的處理報告上批示說：「這是發生在軍隊裡的一件至為嚴重的、明目

張膽的反革命政治事件。」他更指出，這是「敵我界線的問題，不是思想認識問題⋯⋯是要另立黨、另立政府、另立軍隊這樣一個問題」。

當鄧小平取代華國鋒之後，他比華國鋒更專斷獨裁 ── 他通過非法的「生活會」罷黜胡耀邦，通過在家中召集的八大元老會罷黜趙紫陽，跟無法無天的毛澤東毫無二致。

史學大師余英時分析說，文革結束後，鄧小平等認識到，如果「黨」的路線不做大幅度調整，則「黨天下」即將面臨崩潰的危機。這是他們後來正式揭櫫「改革」旗號的主要原因，鄧小平也因此獲得「改革總設計師」的尊號。「改革」原指「路線」的「改變」或「革新」，但落在實踐層面則不可避免地牽動到原有「黨天下」體制（或結構）的內在調整。所以「改革」很快地便引出「體制改革」的觀念。「改革」是一個意義含混的概念，從當時開始流行的「經濟體制」和「政治體制」兩個名詞來看，「改革派」顯然主張同時在經濟與政治兩大領域中進行體制的調整。但以鄧小平對於權力世界有敏銳的直感，很快便領悟到：經濟體制可以改革，政治體制則因關係著「黨天下」的權力基礎，絕不能輕舉妄動：

一九七九年三月鄧小平毅然宣布「堅持四項原則」，不但切斷了政治改革之路，而且也表明了在政治上即將收緊的意向。後來封閉「民主牆」、「反對精神污染」、「反對資產階級自由化」以至「六四」屠殺等等都已在此時埋下了伏筆。所以一九八九年

以來我一直斷定中共官方所謂「改革」必須理解為「經濟放鬆，政治加緊」八個大字。這才是「改革總工程師」的整體構想，體現了當時「黨」內當權派的集體意志：他們深信只有在這一新的最高綱領的指導之下，「黨天下」才能重新鞏固起來，二世、三世，傳之無窮。……我們必須緊緊抓住這八個字的綱領，然後才能看清近三十年來大陸局勢的推移。……一九七八年以鄧小平為首的當權派雖不得不藉「體制改革」以重建政權的合法性，卻自始便以維護「黨天下」為第一大事。[4]

鄧小平的改革，有實質性的部分就是經濟上放鬆，這種放鬆只是相對於毛時代鐵桶一般的黨國經濟、計畫經濟而言的，也是文革之後中國的國民經濟面臨崩潰狀態下不得已的修補之舉。它類似於俄國十月革命後不久列寧為了緩解經濟困境而實施的新經濟政策。劉少奇和鄧小平在毛澤東的大躍進造成大饑荒的慘劇後，在一線拯救經濟災難，也曾實施類似的措施，比如允許農民保有少許「自留地」、在工廠以獎金激勵工人的工作熱情等。而另一方面，鄧小平在政治上維持鐵板一塊，對自由、民主這些理念恨之入骨，整個八十年代，反自由化運動一波高過一波，最終釀成六四屠殺的慘劇。

一九八六年，中國的政治氣氛相對寬鬆，鄧小平再次提出政改：「現在看，不搞政治體制改革不能適應形勢。改革，應包括政治體制改革，而且政治體制改革應作為改革的一個標誌。」、「我們所有的改革最終能不能成功，還是決定於政治

體制改革⋯⋯政治體制改革同經濟體制改革互相依賴，相互配合。只搞經濟體制改革，不搞政治體制改革，經濟體制改革也搞不通。」話說得娓娓動聽，但實際上，除了「四項基本原則」之外，鄧小平還給政治改革加上兩個緊箍咒：政治體制上要加強共產黨的領導，經濟體制上要堅持公有制，改革最終的目的是「鞏固社會主義制度」。[5]所以，鄧的政治改革，還沒有開始就結束了。

　　當時，鄧小平讓擔任國務院總理的趙紫陽組織一個班子，設計政治體制改革方案。這本來應當是擔任總書記的胡耀邦的工作，但鄧小平偏偏繞開胡耀邦，說明鄧小平已經不再信任胡耀邦。而趙紫陽一向對意識形態問題不感興趣，是經濟方面的行家裡手，這也表明鄧小平只希望趙紫陽拿出對共產黨不傷筋動骨的改革方案來。趙紫陽奉命組建「中共中央政治體制改革研討小組」，由趙紫陽、胡啟立、田紀雲、薄一波、彭沖五人組成 —— 左派元老薄一波明明是反對任何改革的頑固派，卻能躋身其間，顯然就是鄧小平安排在小組中的「監軍」。

　　據參與五人研討小組的辦事機構「政改辦」工作的學者嚴家祺回憶，在一次「政改辦」向五人小組匯報工作的會議上，薄一波以元老身份頤指氣使，總書記趙紫陽和政治局常委胡啟立在其面前畢恭畢敬。在談到《深圳青年報》要鄧小平退休事件時，薄一波說：「我看這些人膽子不小。黨還沒有開代表大會，怎麼知道。國外還沒有要求小平同志下去，只講小平百年後的連續性。民主也是有界線的，那麼自由地提出問題是不行的。要服從共

產黨的領導。」薄一波已經要求趙紫陽嚴肅處理《深圳青年報》後，又建議「常委過問一下《深圳青年報》的事情」。嚴家祺感歎說：「薄一波假借他維護鄧小平，蠻不講理，就使講理的人怕他。在政治上，當一個人怕另一個人時，最後的結果是，狹路相逢勇者勝。」[6]可見，獨裁者是不願也不能退休的，討論獨裁者退休問題是大忌。

「四項基本原則」宣告改革已死

　　一九七九年初，「理論務虛會」上的理論界人士和若干劫後餘生的高級幹部批判毛澤東和揭露中共黨史上的黑幕，聲浪越來越高。王若水指出，文革的重要教訓是必須反對個人迷信；李洪林指出，應當永遠廢止領袖指定「接班人」的制度，只有皇帝才要預先立太子；嚴家祺指出，必須廢止領袖終身制，才能讓個人專權告終。經濟學家許滌新認為，毛根本不懂經濟。國際問題專家宦鄉直接批評中蘇論戰中的「九評」，指出「反修」從國外反到國內，促成了文革：「九評所提出的觀點，有的已經左得不能再左了」，並特別批評〈南斯拉夫是社會主義國家嗎？〉這篇文章「根本錯了，史達林說南斯拉夫不是社會主義國家而是修正主義的典型，赫魯雪夫把它平反了，並親自登門道歉，而我們卻出來維護史達林的無理判決，輕點說也是干涉別國內政。這篇文章的文風也特別壞，東拉西扯歪曲利用人家的片段材料，無線上綱」。宦鄉是第一個觸動中蘇論戰這一禁區的人，此後中共始

終沒有對這個問題進行清理，更顯出其發言說具有的膽識。[7]而「九評」正是鄧小平在毛的授命之下親自操刀的，且得到毛的高度肯定。白紙黑字的「九評」確鑿地表明，毛的若干罪惡，鄧都有份，若否定毛，鄧也無法置身事外。

鄧小平看到否定「九評」的言論，當然惱羞成怒。「左王」鄧力群後來回憶：「鄧小平那時比較閒，對會議的每份簡報都看，看著看著實在看不下去了⋯⋯這樣，就有一個堅持四項基本原則的問題。」會議原計劃由華國鋒、葉劍英和鄧小平三人做總結發言，結果鄧一人一錘定音。

一九七九年三月三十日，鄧小平發表〈關於堅持四項基本原則〉講話，該講話由胡喬木起草。聽講話的不僅只是理論工作務虛會的參加者，還有中央和北京市黨政軍領導幹部共一萬人。這種規格表明，鄧的講話實際上是面對全黨和全國的。鄧提出必須堅持社會主義道路、必須堅持無產階級專政、必須堅持共產黨的領導、必須堅持馬列主義，講話通篇的重點在批判右的思潮。他批判了「社會主義不如資本主義」的論調，還特別著重批判「削弱甚至取消黨的領導」的傾向，強調沒有黨的領導就會陷入無政府狀態，離開了中國共產黨，誰來組織社會主義的經濟、政治、軍事和文化？不能「踢開黨委鬧民主」。鄧小平是反右運動的操盤者，他用反右運動的經驗來阻止人們對共產黨的批判和反省：提出四項基本原則，重在反右。[8]

就個人權力的合法性而論，鄧小平並非毛澤東指定的接班人，他廢黜了毛指定的接班人華國鋒，卻並未實現像毛澤東那樣

的大權獨攬，他不得不與多名元老分權，尤其是陳雲對其經濟政策多有掣肘。後文革時代，中共的最高權力中樞，並非鄧、胡、趙體制，而是楊繼繩所說的「（鄧陳）雙峰機制」。直到一九八○年代後期，鄧小平逼退陳雲等元老，才得以朝綱獨斷。趙紫陽在回憶錄中說，一九八七年三月，鄧小平在跟他的一次談話中決定：「一個人全退，三個人半退，即彭真全退，鄧小平、陳雲、李先念半退。」也就是說，鄧退出政治局常委，仍留任軍委主席；陳雲改任顧問委員會主任；李先念改任政協主席。鄧一人保留實職，陳、李二人擔任虛職。鄧更宣稱：「今後常委只能有一個婆婆，不能有幾個婆婆。」這就是說，三位老人都退了，但陳、李是真退，鄧是假退，今後只有鄧可以起「常委的婆婆」的作用。趙紫陽感慨說：「這個說法很形象了，今後鄧的決策地位不變，是常委之上的婆婆，其他人不能這樣。」政治評論家高瑜敏銳地指出：「在毛澤東之後又出現第二個凌駕於黨國、黨軍之上的獨裁者。」當然，陳雲等元老退休後，仍保持相當影響力——六四之後，江澤民上位，就是陳雲向鄧小平強力推薦的結果。

　　毛生前說過，他的兩大遺產分別是：打敗國民黨建立中共政權，發動文革——可惜，後一個遺產在他死去後不久就被鄧小平否定了（從來都是翻雲覆雨的鄧小平，無須遵守他在給毛的信中做出的、並且被毛作為中央文件下達全黨的「永不翻案」的誓言）。而鄧小平的命根子就是「四項基本原則」，堅持「四項基本原則」的手段則是「專政」。鄧小平指出：「中國沒有共產

黨的領導、不搞社會主義是沒有前途的。這個道理已經得到證明,將來還會得到證明。如果我們達到人均國民生產總值四千美元,而且是共同富裕的,到那時就能夠更好地顯示社會主義制度優於資本主義制度,就為世界四分之三的人口指出了奮鬥方向,更加證明了馬克思主義的正確性。所以,我們要理直氣壯地堅持社會主義道路,堅持四項基本原則。沒有專政手段是不行的。對專政手段,不但要講,而且必要時要使用。」鄧小平所說的「專政」,其實就是「殺人」。他不是說說而已,而是隨時要做殺人的事情。

「四項基本原則」一出,政治體制改革就宣告死亡。改革開放不是到了胡、溫後期鎮壓「零八憲章」運動才死亡的,也不是在習近平廢除國家主席任期制、大搞「二次文革」才死亡的。改革開放從一開始起就是一場騙局 —— 當代中國從來就沒有改革開放,有的只有鄧小平開創的「新極權主義」和「權貴資本主義」道路。

鄧是毛之後又一位大家長和威權領袖,享有絕對權力,而政治改革的目標確是要限制權力,兩者顯然有矛盾。被鄧小平委以改革重任的趙紫陽認為,鄧小平所主張的政治改革跟一般人的理解,即國家現代化、民主化不同,主要是解決共產黨和國家機關的活力和效率問題,基本上是行政改革。所以,《趙紫陽傳》的作者盧躍剛指出:

> 趙認為中國社會面臨著兩個方面、四個轉型:政治和經濟兩

個方面，四個轉型則分別是計畫經濟向市場經濟轉型、革命黨向執政黨轉型、極權主義向威權主義轉型、威權主義（訓政）向現代民主政治（憲政）轉型。但是鄧不鬆這個口。鄧不是華盛頓，沒有完成對個人和執政黨壟斷權力的超越。[9]

鄧小平心目中的政治改革與趙紫陽心目中的政治改革大相逕庭，這也是鄧、趙後來決裂的根本原因。即便沒有六四，兩人也終將分道揚鑣。趙紫陽晚年在軟禁中掙脫馬列枷鎖，走向美國式的民主自由；而鄧對民主有中國特色的定義：「我們講民主，不能搬用資產階級的民主，不能搞三權鼎立那一套。我經常批評美國人，說他們有三個政府。當然，美國資產階級對外用這一手來對付其他國家，但對內自己也打架，造成了麻煩。這種辦法我們不能採用。我們執行對外開放政策，學習外國的技術，利用外資，這只是社會主義建設的一個補充，而不能離開社會主義道路。」[10]

正是在鄧小平的堅持下，毛時代的「黨天下」體系完整地延續下來，在這一點上，鄧當之無愧是鐵桿「毛派」。用美國學者馬利德的話來說，黨不僅控制政府，而且它本身就是政府，真正的政治都發生在黨內。中國維持許多正式體制的花樣，使它表面上看起來像是個多元社會，一樣有行政、立法和司法分立。然而，黨在後台無所不在，使得政府部會必須配合背後一般人看不到的權力中心。黨的勢力隨著國家觸角伸展，所及之處遠遠超出政府的權限。除了坐鎮國有企業和監管機構，黨也監督智庫、法

院、媒體、所有核准的宗教、大學和其他教育機構，還直接影響
非政府組織和一些私人公司。透過任命領導人和提供經費，黨也
直接控制八個所謂的「民主黨派」。[11]

　　澳洲資深記者羅旺・卡立克指出，中國是全球唯一一個擁有
廣袤領土卻不下放權力、採中央集權方式統治的國家。這個一致
化的體系，是由毛澤東所建立，在毛澤東之後愈趨穩定興盛。法
律機關、媒體（包括網路）、公司企業、教育系統、官僚機構，
當然還有維安部隊，都操控在共產黨手中。[12]

從「黨天下」到「黨台灣」

　　如果說鄧小平的「改革」是面對文革之後殘破的中國不得不
「絕地求生」的政策調整，那麼蔣氏父子在敗退台灣之後對國民
黨的多次「改造」更是為維持小朝廷及「家小島」（「天下」已
縮小為「小島」）的生存。

　　國民黨和共產黨都是列寧主義政黨，只是成色和純度有所差
異：中共政權是極權主義，青出於藍而勝於藍，比蘇共純度更
高，對社會控制更嚴密，故蘇共崩潰而中共猶存；國民黨政權是
威權主義，一如蔣介石「民主無量，獨裁無膽」的個性，其中還
包含少許儒家和法西斯的成分，故而寬嚴皆誤，以致丟掉中國，
在台灣民主化過程中，台灣社會的民主化大大領先於國民黨的民
主化，國民黨逐漸成為威權時代遺留的一塊「活化石」。

　　國共之間的這種差異，由兩黨的歷史淵源所決定。國民黨的

前身為同盟會，同盟會的性質正如其名字所顯示，是若干反清組織結盟而成，這些組織各有其綱領與特質，從而形成不同派系。總體而言，同盟會人員之構成主要有三種：留學生、新軍軍官和傳統的會黨。入民國後，宋教仁將由同盟會轉型而成的國民黨改造成現代議會政治下的選舉型政黨，本來這是國民黨的一條陽光之路，可惜宋教仁被孫文暗殺，國民黨未能完成這一蛻變。隨後，國民黨反袁失敗遭到取締，孫文將國民黨改名為中華革命黨，重新讓其會黨化。清末民初較為高級的上紳、立憲派都看不起草莽氣太重的國民黨，梁啟超、黎元洪、張謇、湯化龍等組建進步黨，與國民黨抗衡。後來，孫文在廣東建立割據政權，在蘇俄幫助下將國民黨改造成列寧式政黨，但這種改造只能完成一半——國民黨的歷史包袱太重，孫文又不敢將國民黨徹底打掉重建，只能用舊材料加新材料勉強修葺而成。這樣的半列寧主義的國民黨傳到蔣氏父子手上後，蔣氏父子用得不順手，卻也只能在「家國體制」和「黨國體制」之間左支右絀，「黨天下」的模式一直差強人意。

與之相比，共產黨從一開始就是按照列寧主義原則建立的，在嚴酷的鬥爭年代，列寧主義的純度日漸提升。當毛被確立為唯一的領袖之後，毛的中共堪比史達林的蘇共，黨的控制力從中南海一直深入到鄉村。在文革高峰期，黨一度處於癱瘓狀態，但毛很快意識到，沒有黨，他的權力難以穩固，很快放棄建立巴黎公社式的「人民公社」，轉而建立「革命委員會」。「革委會」實行「一元化領導」，取消中國共產黨和中華人民共和國政府的分

別，合為一體；「革委會」委員採取「三結合」方式，即由革命幹部、群眾組織代表和部隊軍管代表組成 —— 革命幹部還是原來那些黨政官僚。在此機構中，幹部由於熟悉業務，一般負責日常業務；工農兵代表掌管大政方針，群眾組織代表（造反派）維護本單位下層人員的利益。由於革委會運作不暢，毛又重建黨委，新黨委和原來的革命委員會多是兩塊牌子，一套人馬，各級黨委第一書記一般兼任同級革委會主任。工農兵代表和群眾組織代表很快被排擠出權力核心，「革委會」與此前的黨政機關相比，仍是換湯不換藥。鄧小平執政之後，很快撤銷「革委會」，恢復人民政府及凌駕於政府之上的黨委 —— 此種權力結構一直延續至今，是為真正的「黨天下」。

國民黨及蔣介石「獨裁無膽，民主無量」，比不上共產黨及毛澤東「和尚打傘，無法（髮）無天」。這是國民黨被共產黨擊敗的關鍵原因，但國民黨敗退台灣，亦成為國民黨重建的契機。在統治中國期間，國民黨未能實現的權力高度集中，在敗退台灣之後實現了。國民黨進行了一系列「改造」，但不是朝向民主，而是朝向獨裁。日本學者松田康博、若林正丈等研究指出，國民黨在台灣的自我「改造」打造出一套「黨國體制」。

蔣介石將行政系統交付給陳誠，將軍隊和特務系統交付給蔣經國，以取代陳腐不堪的CC系（所謂蔣家天下陳家黨）。陳誠和蔣經國只向蔣介石一人負責，用國民黨的詞彙來說，就是「鞏固領導中心」。藉由「改造」，一種從中央到末端、與行政等級相符的金字塔型組織被整頓完備。黨對於國家各部門的控制，也

是透過各個機構內的黨組織來進行。由孫文發明的、從中國移用而來的五院制華而不實，五院院長都非民選產生，都是黨魁和總統的奴僕。

在政權最頂端，國民黨政權採取以黨領政的明顯系統。蔣氏父子所主導的國民黨中央常務委員會，對於重要決策以及政府的人事案，都依照總裁（蔣介石）、接著是主席（蔣經國）的指示來決定，然後由行政院執行。蔣經國時代，中央常務委員會通常在星期三上午召開，次日，也就是在星期四召開的行政院院會（相當於內閣會議）中，經常是把前一天中常委所做的決定當作政府的決定。

經過黨的「改造」，國民黨對國家各部門的統制並非透過各個分別設置的黨組織之活動來進行，而是透過對領袖效忠的新派系領導人（蔣經國和陳誠）在全國貫徹對各部門的統制，藉此確立黨對國家的領導（「以黨領國」）體制。民主化之前，國民黨在說明黨與國家之一體性時冠冕堂皇地使用「黨國」一詞。[13]

蔣經國是蔣介石刻意安排的接班人（儘管沒有黨章規定或正式文件為證），他不需要像鄧小平那樣設局搞掉華國鋒並與其他元老爭權。如果說蔣經國的太子地位是一九四九年國民黨敗退台灣之際確立的，那麼他準備接班的時間長達十六年。在這段時間裡，他擔任過總統和黨魁之外所有重要職務 —— 國防部總政治部主任、國民黨中央改造委員、退輔會主委、國防部長、行政院副院長及院長等。

蔣經國接班之前，也曾一度面臨在黨內比之更資深的陳誠的

威脅。蔣介石信任和重用陳誠，所謂「中正不可一日無辭修」；陳誠絕對忠於蔣介石，但對蔣經國卻完全以長輩自居，在很多方面與之為難。陳誠反對蔣經國創立的救國團以及軍中政工制度，蔣經國在日記中予以痛罵：「昨日在中常委會聽陳誠講話，充滿虛偽傲慢做作並且囉嗦，實忍無可忍，幾乎想站起來即席離場，但是後來還是忍耐下去聽完他的講話。」（一九五七年五月七日）。兩人之明爭暗鬥，引來蔣介石親自調解，但無濟於事。

陳誠希望蔣介石連任兩屆總統之後，由自己接任，然後再讓位給蔣經國，他託黃少谷勸蔣經國說：「他幹一屆後，自然會把位子讓給你，由你來幹，你現在不必急。」此時，蔣介石打定主意要突破憲法規定、第三次連任，聽說此事，痛斥陳、黃，認為陳誠「不分敵我，已失黨性」、「說話不實而取巧，令人懷疑，對其有不誠之感」。陳誠的總統夢落空，請辭行政院長，抑鬱而終。[14] 由此，蔣經國上位再無任何攔阻，接班後亦無人掣肘，其權威不下於蔣介石在世時。

被動自保的改革

蔣經國主政之後的所有改革，都是在遇到國內國際重大變故時的被動回應，不是主動走向民主，而是為了維護「黨天下」的權力格局。就連較為正面肯定蔣經國的資深媒體人黃清龍，在閱讀了蔣經國的解密日記後也承認：「蔣經國生前最後幾年的改革，是不得已而為之的改變。蔣經國並不是個改革者，他的改革

是被迫的。」[15]比如，美國與中華民國斷交之後，國民黨在台灣統治的合法性流失大半，面臨遷台以後最重大的危機，蔣經國被迫以推動黨務和行政改革來「置之死地而後生」。

歷史學者林孝庭也認為，蔣經國一九七〇年代的日記「充滿痛苦」，哀歎中國國民黨政權從代表全中國的正統地位，逐步變成「側室」。正是在「正統變側室」的危機之下，蔣經國被迫轉向厚植內部實力、建設台灣。蔣經國若有選擇，絕不樂見「中華民國台灣」走向在地化、本土化，只是在時勢壓力下不得不然。[16]

一九七八年十二月十八日召開國民黨十一屆三中全會，通過了決議文，蔣經國明白宣示：「以非常之決心，採取非常的行動，來衝破今日難關，以創造新的局勢。」

兩天後的國民黨中常會上，蔣經國下令通過成立「工作組」推行改革──這又是他在蘇聯學到的政治手段，也是毛澤東慣用的在既有官僚體制之外、以非常設「工作組」奪權的伎倆。在工作組下，又設黨務、政治外交、社會、文化宣傳、財政經濟、軍事六個組。

次年二月七日，中常會通過中央工作組所提的總報告，包括各小組所提的意見。其中，黨務工作組所提意見為：提高黨性，鞏固組織；加強政策設計，發揮政黨政治功能；調整各級編制，提振組織活力等。這些意見大而無當，且毫不涉及將列寧式政黨改造為民主社會中議會型、選舉型政黨的措施。[17]

一九八六年四月，國民黨召開第十二屆三中全會，推出十二

人小組，小組後來又分成兩組討論六項改革議題（充實中央民意機構、地方自治法制化、國家安全法令、民間社團組織、社會風氣、黨的中心任務）。時任副總統和代理總召集人的李登輝認為：「雖然國民黨開三中全會聲稱要推動政治改革，並成立十二人小組，但都只是敷衍給蔣經國看，並不是真正進行改革。……會上大家都是講表面話，沒有真正的改革。」李登輝參加十二人小組之後得出的結論是：要改革就不能用這種方式。蔣經國過世以後，李登輝進行改革，就走不一樣的方向。李登輝的改革就是解決臨時條款、獨裁這種法統問題，一項項逐步解決問題。[18]

即便是一九八六年九月二十八日民進黨在圓山飯店宣布組黨，蔣經國的回應也是被動的。對外，美國的壓力越來越大，而蘇聯和中共各有改革行動，號稱「自由中國」和「民主燈塔」的國民黨政權，不可能無動於衷；對內，島內民主運動此起彼伏，警備總部抓不勝抓，人心已無法壓制，既有的統治機器已失靈乃至崩壞，如不改革就只能等著別人來革命了。

當副官跑到臥室向蔣經國報告民進黨組黨的消息時，蔣經國點點頭，沒有回應，過了半小時才交代副官通知幾位核心高官到官邸開會。眾人抵達後，蔣經國坐在輪椅上，開口就說：「時代在變，環境在變，潮流也在變。」他又批評國民黨過去「太驕傲，太自負」——可見他對此前幾輪的黨內改造工作並不滿意。警備總部呈上抓人名單，蔣經國卻說：「抓人解決不了問題。」他否決了抓人方案，因為抓人必將引起更大反彈；卻指示官方發表聲明，政府（國民黨）不承認有合法的反對黨的存在。這種回

應如同掩耳盜鈴。可見，蔣經國並非主動取消黨禁，而是被動應付民進黨組黨的挑戰，採取拖字訣。

　　然而，第一塊多米諾骨牌倒下，連帶效應就無法遏制。有大老向宋楚瑜抱怨：「經國太軟弱了。他應該像他爸爸，把反動分子丟到大海裡去！」其實，蔣經國比他們聰明，知道如今不可能像蔣介石當年那樣蠻幹了，甚至不可能像鎮壓美麗島事件那樣鎮壓民主黨組黨，那是揚湯止沸、抱薪救火之舉。國內民情沸騰，美國也不會容忍國民黨採取血腥手段鎮壓反對派——一九七二年，韓國朴正熙政權綁架反對派領袖金大中，企圖將其裝進麻袋扔到大海中，美國派出直升機到現場加以制止；一九八〇年，全斗煥軍政權判處金大中死刑，最終在美方的壓力之下改判無期徒刑。蔣經國當然知道這些前車之鑑。

　　民進黨組黨一個多星期以後的十月七日，蔣經國在總統府與《華盛頓郵報》發行人凱瑟琳・葛蘭姆（Katharine Graham）談話時，告知對方台灣即將解除戒嚴並且開放組黨。十月十二日，蔣經國公開表示：「我以促進民主為職志，希望盡早解除戒嚴令。認同憲法、不作分離運動，若條件符合，允組反共新黨。」次年七月一日，中華民國政府公布《動員戡亂時期國家安全法》，七月十五日上午零時，自一九四九年五月二十日開始實施的台灣地區戒嚴令，終於解除。蔣經國說：「解除戒嚴令，是為了促進這個地區的民主化。」蔣經國的這一說法是言不由衷的。他從來不是民主自由價值的信奉者，他只是以實用主義者的本能，順應時代潮流，即便這樣做不能讓國民黨永遠保有獨裁權力，但可以延

緩國民黨失去權力的時間表。在宣布解嚴前夕，蔣經國在接見副
總統李登輝時，還特別指示：「解嚴後，想要政治犯作復權的命
令，受益者不要太廣泛。」[19]果然，解嚴八天之後的八月三日，
台灣政治受難者聯誼會成立，蔡有全擔任主席，許曹德主張將
「台灣應該獨立」列入章程，兩人因而被判重刑。解嚴並未讓主
張台獨除罪化。

　　一些親國民黨論者認為，蔣經國的「睿智」是台灣民主化展
開的重要因素。擔任蔣經國秘書長達十六年之久的文膽張祖詒
在《總統與我》一書中強調蔣經國堅決反共的一面，蔣經國多次
警告自由世界「勿對共產集團存有幻想，免給世界更大遺害」。
曾擔任蔣經國英文秘書的台灣前總統馬英九亦認為：「經國先生
令人最感佩的，是他出身威權體制，卻毫無掛礙親手終結威權體
制，帶來人民期盼的民主改革。」[20]這些說法大都言過其實，或
為尊者諱。實際上，蔣經國開啟的是一場「被動革命」，台灣一
九八〇年代的危機構成對國民黨統治與霸權的重大挑戰，這才使
得國民黨必須重新結合台灣社會，並且擴大在全國層次的政治基
礎，以免遭人唾棄。[21]

黨棍本性

　　獨裁者有不同的存在形式與表現方式。比起毛澤東和蔣介石
來，鄧小平和蔣經國明顯低調、平易得多。他們缺乏卡里斯瑪式
的超凡領袖魅力，無法煽動其狂熱的個人崇拜，他們具有政工幹

部式的「惡之平庸」，或更直白地說，他們是黨棍式的獨裁者。

盧躍剛認為，鄧小平不是一位具有現代感的政治家和大國領袖，其中一個例證就是鄧對美國和西方民主國家制度的核心三權分立的本能式的反感乃至仇恨。這種褊狹使得他的地緣政治判斷出現重大偏差。一九八〇年代初蘇軍入侵阿富汗，鄧小平對趙紫陽說：「我看美國就搞不過蘇聯，蘇聯政治局開個會就能把這件事辦成，美國能辦到嗎？」[22]

鄧小平肯定蘇聯出兵阿富汗，跟他出兵越南出於同樣的理由 —— 誰的拳頭大，誰就說了算。由此可見，鄧是袍哥出身的綠林好漢，殺紅眼還不思收手的革命家，奉行「打江山，坐江山」的哲學，絕不放棄共產黨手裡的權力。[23]

鄧與毛的一個明顯差異是：毛喜歡讀古書（學者周有光參觀毛的書房後感歎，毛基本不讀西方的書），用中國古書中的厚黑學和權謀術治國；鄧很少讀書，不喜歡像毛那樣引經據典、附庸風雅。鄧一生中有較多時間讀書的階段，是文革被下放江西勞動，他從北京裝箱運了一批書到南昌，久久沒有收到，為此專門寫信給中辦主任汪東興，請求汪東興關照。汪東興安排人將他的藏書都運過去。鄧上午在工廠勞動，下午在院內的菜園子裡收拾，晚上聽廣播、讀書。據鄧小平的女兒毛毛透露，這些書有：二十四史、《資治通鑑》、《儒林外史》、《水滸傳》、《西遊記》、唐詩宋詞元曲，以及魯迅、托爾斯泰、海明威等作家的作品。[24]

鄧小平個子矮小，其貌不揚，「望之不似人君」，他也不是

周恩來那樣刻意在公眾面前裝扮出嚴於律己姿態的工作狂。鄧嗜好美食，喜歡打桌球和橋牌，是個享樂主義者。鄧不寫日記，少有自己撰寫的文章，更嚴密隱藏其個人生活。毛的個人生活的很多方面都為外界所知，比如毛的私人醫生李志綏在回憶錄中有大量的披露；但鄧的這一面世人知之甚少，其女兒毛毛寫過《我的父親鄧小平》，但基本是溢美之詞，價值不高。

反倒是在文革期間，鄧小平垮台後不少材料被公諸於眾。鄧的私人醫生站出來揭露說：「鄧小平本人十分講吃，到各處去什麼好吃吃什麼，奢侈的程度令人難以想像。有一個隨鄧外出的說這樣是不是太浪費了，鄧生氣地說，要是浪費你就別吃。……鄧對中央工作很不認真，經常打牌到深夜，第二天起得很晚，於是就叫秘書請假，說身體不好，不去中央工作。鄧小平一個星期有三次固定時間來打牌，因為打牌，好幾十份文件幾分鐘就簽完了，草草了事，根本不把國家大事放在心裡。但有時這位『總書記』就認真起來了，例如牌打輸了，就遵照諾言像小孩一樣從桌子底下鑽過去。」[25]更有紅衛兵揭露鄧小平的淫亂生活：鄧小平在他的「裴多菲俱樂部」打桌球時，摔斷了腿，住進了北京醫院。生活上享樂慣了，嫌醫院食堂吃得不好，把家中的廚師叫到醫院裡，專門給他燒小灶。在他住醫院時，看中了專門侍候他的女護士，強迫著與之發生不正當關係。鄧妻卓琳知道後，找到中辦主任楊尚昆大鬧一場，由楊把那位護士偷偷調走。[26]

總體而言，鄧小平粗魯無文，官氣十足，對知識階層不友善，對有獨立見解乃至反對意見的知識人不能寬容、充滿仇恨。

反右運動導致數百萬知識分子遭遇滅頂之災,除了執行毛的「上意」,這是鄧本人樂此不疲的事情:玩弄和折磨知識分子,讓教育程度有限的鄧從中獲得快感。

一九八六年,中國多個城市發生學生運動。十二月三十日上午,鄧小平召胡耀邦、趙紫陽、萬里、胡啟立、李鵬、何東昌等到他家中談話。鄧肝火大盛,對他們大加斥責:「學生鬧事,是一個很重大的事件,是幾年來反資產階級自由化思潮旗幟不鮮明,態度不堅決的結果,資產階級自由化的泛濫沒有得到遏制不是一兩年的事,而是好幾年的事了。」

接著,鄧小平點名批判方勵之、王若望、劉賓雁等知識分子領袖,咬牙切齒:「我看方勵之的講話,根本不像一個共產黨員的講話,這樣的人留在黨內幹什麼,他不是勸退的問題,而是開除。」、「王若望猖狂得很,我早就說過要開除出黨,為什麼沒有辦?『四個堅持』必須講,人們民主專政也必須講,絕不能讓顛倒黑白、混淆是非、造謠惑眾的人暢通無阻。」他以波蘭鎮壓團結工會的例子來訓導在場諸下屬:「波蘭領導人當時頭腦清醒,態度堅決,面對團結工會和教會勢力勾結、並得到西方世界支持的形勢,他們用軍事管制控制了局面,證明了沒有專政手段不行。專政手段不僅要講,必要時還得使用,但要慎重。……要下決心,我們如後退,以後麻煩更多。」鄧又說:「這些人之所以這麼狂狷,傳說是因為中央裡面有個保護層。」這是不點名地批評胡耀邦。

哪壺不開提哪壺,鄧小平主動將反資產階級自由化與反右運

動相提並論：「反對資產階級自由化，至少要搞二十年……自由化脫離了黨的領導，十億人民缺乏凝聚力，那樣的黨連群眾團體都不如。……五七年反右有過火的地方，應平反，但我們沒有全盤否定。」

一九八七年一月六日，鄧小平的講話以中央「第一號文件」的名義下達給各機關，胡耀邦忍辱辭職。該文件暴露鄧小平的世界觀和性格。

首先，鄧小平是一個崇尚暴力的專政主義者，用馮客的說法就是：「獨裁者必須仰賴軍隊、祕密警察、護衛、間諜、告密者、審問者和刑求者。」鄧與毛一脈相承，鄧就是毛主義者。

其次，鄧生活在僵化的馬列主義迷夢中，支撐其生命的是他青年時代在莫斯科中山大學課堂上學到的教條。他聽不進不同意見，聽不得真話，無視學生和民眾對現實不滿的原因是共產黨的腐敗，包括鄧小平家族的腐敗。

第三，鄧小平不以自己是反右運動等毛時代政治運動的打手為恥，反以為榮。他從未從歷史中汲取教訓──包括自己受毛澤東迫害的經歷。當他大權在握之後，就悍然用同樣的手段去迫害他人。[27]

趙紫陽晚年對鄧小平的評價畫皮畫骨：「鄧小平自從掌握了最高領導權之後，非常強調要保持政治局勢的穩定，穩定壓倒一切。他認為沒有穩定，亂糟糟什麼事也辦不成。為了維護穩定，主要手段就是專政這個武器。在我印象中，鄧是在老人中強調專政、對專政念念不忘最為突出的一位，至少是其中之一。他常常

提醒人們不要忘掉使用專政這個手段。每當他強調穩定的時候，必然強調專政。他不僅反對政治制度建立什麼分權制衡的制度，而且十分厭惡人們用遊行、請願、鬧事的方式表達意見。他主張用立法的方式，實際上達到禁止人們進行這樣的活動。一旦出現這樣的事情，他就主張快刀斬亂麻，用強硬的手段予以壓制。」[28]

鄧比毛平庸，小蔣也比老蔣平庸。一個有趣的對比是：蔣介石與毛澤東一樣酷愛讀書，他們讀的主要是中國的古書，從中尋找權謀術和厚黑學資源。蔣、毛的枕邊書有王陽明和曾國藩的著作。鄧小平和蔣經國都不喜歡讀書，雖然他們都曾經留學蘇聯，受過比毛澤東和蔣介石更多的正規教育，但文化素養甚至更低。

就人格形態而言，蔣經國比蔣介石更加乏味，更像一個中規中矩的黨務工作者。蔣經國和鄧小平都缺乏幽默感，言語無味，眼界有限。侍衛長翁元觀察到，蔣經國的休閑生活最為貧乏：「不做任何運動，回到官邸就是躺在床上看電視，也從來沒見他在官邸看過什麼書。」這種「無趣」大概跟蔣經國在蘇聯十年的工人生活有關 —— 那是史達林大清洗的時代，他掙扎在社會底層，勉強求生存，沒有條件讀到俄羅斯古典的、優秀的文學和學術著作。青年時代沒有培養起讀書習慣，成年後就很難了。台灣學者吳乃德指出：

　　和其他大多數的獨裁者一樣，蔣經國的知識水平和文化素養非常平庸。……一個人閱讀的書籍反映出他的文化和知識

水平。蔣經國似乎是一個從不讀書的人，至少從不閱讀嚴肅的
作品。蔣介石過世之後，他發表該年（一九七五）一整年的日
記《難忘的一年》。這本日記顯示，他在這一整年中沒讀過一本
書。……除了來台灣之前或許讀過古書王陽明之外，他似乎沒
有閱讀當代較嚴肅的作品，無論是人文還是社會科學的著作。他
的一些言論和著作顯示，他最喜歡、最精讀的書是他父親推薦的
傳教書籍《荒漠甘泉》。因此，雖然他的演講和文章喜歡引用別
人的話，可是卻幾乎從來沒有引用過嚴肅的作品。他最常引用的
還是《荒漠甘泉》以及他父親的著作和言論。[29]

　　蔣經國在日記中記載：「每天讀《荒漠甘泉》，對於修養有
益，目前處事應以『靜氣』為是，千萬不可動氣過火，就是要在
無法忍耐的時候忍耐下去，雖然不容易做到，但是必須做到，如
此方不會敗於中途。」[30]他將一本基督教靈修著作當作儒家修身
之書來讀，自然是南轅北轍，從中找不到真理。

　　與鄧小平一樣，蔣經國對異議知識分子痛恨至極，在日記、
書信中不加掩飾地百般辱罵 —— 蔣居然將溫和的改革派元老齊
世英視為最大的內奸：「外奸可惡而易防，內奸善於偽裝且不
易防，而其害則過於外奸者多矣。今日最大之內奸『齊世英』
也。」蔣視殷海光如寇讎：「有殷海光者，年紀最輕，但是把自
己裝成老資格，陰陽怪氣拒人於千里之外，初次相會一見即知此
為傲橫之徒。常讀殷某反政府之文字，並不只此為何許人，今得
見其真面目，乃證明『惡言出於惡人之口』是正確的說法。」蔣

經國在給調查局人員訓話時給殷海光定性為「他很明顯的提出來要打倒我們政府」，「我們就要來研究政治作戰的技巧，用什麼方法把殷海光這種反動的思想打下去」。[31]

蔣經國曾當面辱罵雷震，雷震在日記中記載，蔣經國約他去談話，說他起草的撤銷軍隊黨部的提案是「最反動的思想，你們這批人，本黨不知吃了多少虧，今日你們仍不覺悟，想來危害黨」，雷震歎息說：「其態度如此無禮，出言如此不擇詞句，令人非常難過。」多年後，雷震的妻子宋英對《自由中國》案另一位受刑人馬之驌說：「那年雷先生被蔣經國辱罵的事，雖然過了這麼多年了，但我還記得很清楚。他當時實在是非常難過。他在深夜和我講經過時，已經是淚盈滿眶！我記得他氣呼呼地說：『蔣經國這個小子真可惡，去年他還叫我雷伯伯的，今天他居然敢用這種態度對我，他看了我們的報告，說我是受共產黨的唆使，還說我要造反，你說氣人不氣人？』我當時安慰他說，算了吧！把他當成畜生好了。國家到了這個地步，他們還不覺悟，還在胡作非為，簡直不是人嘛。俗話說，秀才遇到兵，有理講不清，何況你今天遇到畜生呢？」[32]

雷案是蔣氏父子親自操刀炮製的。蔣經國指示調查局說：「對付一個《自由中國》，對付一個雷震都對不過他的話，那麼我們怎麼能夠反攻呢？」可見蔣經國相當在意雷案引發政治震盪，蒐集相關情報不遺餘力，如同十萬火急之軍情，不惜以舉國之力對付《自由中國》和雷震。

蔣經國表面上親民，實際上對身邊的人不苟言笑，相當嚴

肅，有人說他殺氣頗重。士林官邸的一名老長官曾：「你若是看到蔣經國脖子發紅，就要小心了，這表示他要『殺人』了！」黨外運動先驅康寧祥在回憶錄中記載了有一次差點激怒蔣經國的故事：一九七五年，蔣經國接班前一年，作為立法委員的康寧祥在立法院對政府的總預算提出質詢，當面以「信口而出」四個字指責蔣經國，非但國民黨立委拍桌叫罵、轟其下台，而且蔣經國也一度臉紅脖子粗。事後，立法院秘書長袁雍告訴康寧祥，當天他坐在主席台上，從背後看到蔣經國在聽到「蔣院長可能是信口而出，未經仔細考慮」這句話時，脖子一下子整個漲紅起來，讓他「不禁為康寧祥捏了一把冷汗，不知道會發生什麼事情，經過五、六分鐘之後，蔣經國漲紅的脖子總算慢慢退下來」，他才放下心。[33]

那一次蔣經國總算沉得住氣，不慍不火地做出回答。畢竟他需要裝出「宰相肚裡能撐船」的樣子。但蔣在四月六日的日記中寫道：「余在立法院提出總預算報告，康寧祥提出挑撥政府與人民、台籍與大陸籍同胞感情之質詢，用意惡毒，余以理直氣壯之態度答之，但由於激憤之情過盛，所以感到講話過於激動，有失一向保持的平和之道，事後頗為後悔，蓋小人之言，不必以如此態度處之。」[34]這一天是蔣介石病逝次日，蔣經國日記中有「兒痛不欲生」之語，卻念念不忘寫下對康寧祥之憤恨，可見他不懂得政府官員到議會接受民意代表之質詢是民主社會的常態。

與鄧小平一樣，蔣經國常常將民主掛在嘴邊，但在他看來，只要敵人一天不被消滅（他的敵人層出不窮：中共、台獨、美

帝,處處是敵人),台灣就一天不可能有民主。一九五五年,蔣經國告訴美國學者艾倫·懷丁(Allen Whiting):「在亞洲,一黨專政是唯一的統治辦法。政工、特務、青年救國團,共產黨攻擊得最厲害,美國的誤會也最深。……我們的原則是實施民主,但是中共存在一天,我們永遠無法實行我們的理想,那末則永遠沒有民主。」[35] 這句話的前半句與後半句自相矛盾,後半句是遮羞布,前半句才是他的心裡話。

第七章　鳥籠經濟

我們逐漸放棄了經濟事務中的自由，而沒有這種經濟自由，
就不會產生以往時期的個人自由和政治自由。
雖然十九世紀的一些最偉大政治思想家，
如托克維爾和阿克頓勛爵曾經對我們提出過警告，
說社會主義意味著奴隸制度，
但我們仍然堅定不移地向社會主義的方向前進。
而現在我們已經看見了一種新形式的奴隸制度在我們眼前興起，
我們竟已完全忘記了這個警告，
以致我們很少想到這兩件事情可能有聯繫。
—— 海耶克（Fredrich Hayek，政治哲學家）——

「如果鳥是搞活經濟的話，那麼籠子就是國家計畫。」這是陳雲唯一入選「中共黨史百句名言」的一句話，這句話概括了所謂的「陳雲經濟學」，即「鳥籠經濟」。陳雲的意思是說，中國的經濟應該像一隻鳥，可以飛，但不可無控制、無限度地自由飛翔，要把牠裝在一個籠子裡，計畫就是這個籠子。換言之，鳥是可以假裝飛一飛的，但飛不遠——不能飛到資本主義那邊去了。至於誰是做這個鳥籠的，鳥籠有多大，做得好不好，這個鳥籠的主人是誰，為什麼鳥在籠子裡比在藍天裡翱翔更好，語焉不詳，不言自明。

陳雲是中共排在第一位的「老一輩」經濟專家和經濟危機處理高手。陳雲是上海人，毛說他是「小店員出身」，目睹了民國時代資本主義的上海的繁榮和自由，卻篤信蘇聯計畫經濟加上政治暴力，可以解除一系列危機，加快現代化步伐。由陳雲制定的一系列經濟政策：統購統銷、「三大改造」（對農業、手工業、工商業的社會主義改造），實現對所有農民糧食和農產品強買強賣，消滅了市場經濟的同時，也消滅了鄉紳階級和近代以來形成的工商階層。陳雲的經濟思想就是一句話，即「有計畫按比例」綜合平衡發展，即「一要吃飯，二要建設」。[1]

鄧小平與陳雲既鬥爭又合作，不掌握軍權的陳雲在政治上鬥不過鄧小平，卻認為自己比鄧小平更懂經濟、在經濟問題上享有更大的發言權。鄧小平的經濟改革在一定程度上籠罩在陳雲「鳥籠經濟」的陰影下，一直沒有突破計畫經濟的束縛。在這一點上，蔣經國也是計畫經濟和國有經濟論者，倒是跟鄧小平殊途

同歸。

對於鄧小平和蔣經國在政治上的作為，人們的看法大相逕庭，蓋棺而不能論定。但長期以來，大部分評論基本肯定鄧和蔣的經濟政策，甚至將他們視為自由市場經濟的先行者 —— 台灣先成為亞洲「四小龍」之一，而中國隨後崛起為亞洲「巨龍」。

即便是一些傾向民主自由價值的知識人，也對鄧小平的經濟成就持正面看法。揭露毛時代大饑荒真相的巨著《墓碑》的作者、新華社高級記者楊繼繩寫道：「鄧小平領導的改革使中國從貧困中走了出來，經濟得到了空前發展，在他身後還會有更大的發展，這一點是不可置疑的。」[2]或許楊繼繩長期浸淫於記錄大饑荒這一浩大工程，揪心於中國人能否吃飽飯，所以對「讓中國人民吃飽飯」的鄧小平感激涕零。然而，他忘了兩個基本事實：第一，那場慘絕人寰的大饑荒，鄧小平也是兇手之一；第二，中國人民能吃飽飯，不是鄧小平的功勞，而是中國人民置之死地而後生地「自改革」的結果，鄧小平終其一生都反對資本主義和市場經濟（當然，讓他的家族等特權階層先富起來的「權貴資本主義」，他不反對）。

美國史丹佛大學胡佛研究院研究員、對近現代中國歷史檔案有相當研究的學者郭岱君讚揚蔣經國是一位很有智慧的領導人，帶領台灣順利度過兩次能源危機並實現經濟轉型。「台灣當局採用新觀點和新方法發展經濟，並且逐步建立新的制度。這些新制度，不論是正式的規章制度，還是非正式的思想習慣，都帶動了一連串的經濟改革，在短短的十年之內，計畫經濟轉型為市場經

濟,而且還是一個追求公平開放、富有創造力和高效的市場經
濟。」這個看法忽略了蔣經國對計畫經濟和「均富」烏托邦的癡
迷,以及對資本主義和工商業界本能的反感,蔣經國的經濟政策
更多是從儒家和社會主義中汲取靈感 —— 他從未研讀過在台灣
早已翻譯出版的海耶克論述自由市場經濟的著作(雖然他接見過
海耶克),他也不願向美國模式取經。台灣經濟的騰飛,主要不
是蔣經國的功勞,而是美國的幫助、財經專家和學者的引導、民
間社會和中小企業自發的努力。

農村經濟改革的「後知後覺」

文革中,毛澤東將鄧小平打成「走資派」,這確實是冤枉了
鄧小平。鄧小平從來都是反對資本主義和市場經濟的,他與劉少
奇的經濟政策只是稍稍給農民和工人鬆綁,而不是像毛那樣竭澤
而漁。他們並不是要走資本主義道路,他們的寬鬆政策連列寧的
「新經濟政策」都算不上。

鄧小平在主政西南各省時,推行暴力土改和工商業改造,造
成四川經濟崩潰,百業蕭條。中共川西區黨委第一書記李井泉在
一份報告中承認:「銀行解放前七十餘家,已倒六十餘家,奢侈
業不少呈請停業。再則銷路不旺者如卷煙只開十分之一,織布機
二萬多台,只開三千多台⋯⋯」[3]

此後,在大躍進期間,鄧小平積極推行毛澤東的極左經濟政
策,造成大饑荒慘劇。

　　文革結束後的中國，農村究竟是怎樣的狀況？一九七九年一月十一日中共中央下發的關於農業問題的決定草案中披露：「一九七八年全國平均每人全年的糧食大體上還只相當於一九五七年，全國農業人口平均每人全年收入只有七十多元，有近四分之一的生產隊員（兩億人）收入在五十元以下。」萬里在一九七七年上任安徽省委第一書記，他發現全省四千萬農村人口中竟有三千五百萬以上的人吃不飽肚子，不禁流淚感歎說：「搞了快三十年的社會主義，怎麼還這麼窮！」[4]

　　窮則思變，與其活活餓死，不如違反「共產」政策冒險一試──即便付出項上人頭亦在所不惜。一九七八年，安徽大旱，二十戶人家的小崗生產隊面臨生存危機。生產隊副隊長嚴宏昌向老農關庭珠請教，關說：「一九六一年的『救命田』（單幹）很中用，一幹就增產。」嚴說：「好，就那麼幹，乾脆一桿子包到戶。」關說：「行是行，就怕上面不准幹。」隊長嚴俊昌說：「只要社員都贊成，出了事，我們幾個人頂。」他在社員大會上宣布說：「咱們乾脆承包到戶，秋後打下糧食，交夠國家的，留足集體的，剩下都是自己的，再不用記工分了。」眾人一致叫好。嚴俊昌當場寫下一張字據：「我們分田到戶，每戶戶主簽字蓋章，如以後能幹，每戶保證完成每戶全年的上交公糧，不再向國家伸手要錢要糧。如不成，我們幹部坐牢殺頭也甘心。大家社員們保證把我們的小孩養活到十八歲。」到會的二十一位農民，三人蓋了私章，十八人按了血紅的手印。

　　農民的自發改革，得到某些經歷文革「大徹大悟」的封疆大

吏的支持，比如四川的趙紫陽和安徽的萬里。趙回憶說：「包產到戶，包產到組，是先在貧窮地區由群眾自發搞起來的，記得先搞起來的是安徽、四川兩省。」毛死後，中央失去「字字是真理」的卡里斯瑪式領袖，鄧小平與華國鋒爭奪權力，中樞弱化，情勢很像經過太平天國暴亂之後地方督撫坐大、以「同治」為年號的清帝國。趙紫陽、萬里對農民自發改革的支持，比鄧小平和中央更及時、更堅定，民間出現「要吃糧，找紫陽；要吃米，找萬里」的說法。

趙紫陽率先在四川廣漢向陽公社實行「廢社建鄉」試點。嚴格講，這種做法是違憲的──一九七五年《憲法》第七條規定：「農村人民公社是政社合一的組織。」趙取消人民公社，沒有向中央報告，只是由省委統一意見。兩年後，中央修改憲法，取消人民公社「政社合一」。一九八四年，人民公社制度在中國徹底終結。經過了二十六年時間，人民公社這個被萬里稱作「勞動營」的體制滅亡，其過程可謂「摧枯拉朽」。

鄧小平的反應是事後勉強予以「追認」。一九八〇年五月三十一日，鄧就農村政策問題發表談話：「農村政策放寬以後，一些適宜包產到戶的地方搞了包產到戶，效果很好，變化很快。……有些同志擔心，這樣搞會不會影響集體經濟。我看這種擔心是不必要的。我們的總方向是發展集體經濟。實行包產到戶的地方，經濟的主體現在也還是生產隊。……關鍵是發展生產力，要在這方面為集體化的進一步發展創造條件。」[5]鄧把包產到戶當作一種局部地區短期內的權宜之計，沒有想到包產到戶

將是農村普遍的長期實行的政策體制。在其心目中，集體化仍是未來農業發展的方向。在此後一系列改革中，每當出現「姓社，還是姓資」這一根本性疑問，鄧的回答必然是「當然是姓社」，但不妨以實用主義方式「打左燈，向右拐」。

　　農村經濟體制改革，鄧只能算「後知後覺」。中國的改革是從農村開始的。這並不是鄧小平等領導人的有意安排，而是農民的自發行動。農村改革，歸根到底，就是要破除政府強加的桎梏，其實質是政府對農民讓步。這是一場飢餓逼出來的自發改革。中國是一個文字之國，中共尤其擅長玩弄文字遊戲，為了避免與毛的金口玉言針鋒相對、離經叛道，中央在官方文件中使用「聯產承包責任制」這個猶抱琵琶半遮面的說法。儘管如此，這一政策不僅解放了生產力，也解放了農民自身。過去農民被集體緊緊地拴住，不能離開土地；農民的政治生活、經濟生活、家庭生活等各方面都受到農村黨支部書記嚴格控制。現在農民完成責任田上的作業後，多餘時間可以自由支配，可以在當地從事其他工作，也可以遠離家鄉去賺錢。新政策恢復了家庭這個經濟細胞，這個古老的事實被重新確認，而且它顯示了產權明晰對生產力的發展有多麼大的威力。[6]

　　在盧躍剛看來，中國改革是分權改革，也是歷史上規模最大、持續時間最長的中國農民維權運動。直至今日，這場農民維權運動仍未結束，農民尚未抵達其終極目標 —— 爭取到土地私有權：

　　吃飽肚子的道路如此漫長而曲折。從一九四七年土改到一九八二年「一號文件」政治肯定「包產到戶」，漫長的三十六年，土地制度經歷了私有制（所謂『土地還家』）、剛性公有制（合作化大集體公有制、人民公社國有制）、彈性公有制（土地承包），農民的角色也在轉換，地主（土地擁有者），農奴（無條件為國家工業化進行農業生產勞動和原始積累），到現在是佃戶（地主是國家），逐漸獲得了國家土地的「永佃權」。[7]

　　農村的改革取得一定成果之後，經濟改革便轉向計畫經濟的主體 —— 城市經濟。毛時代，中國按照馬克思主義兩大原則來制定經濟政策：消滅私有制和消滅商品生產、實行計畫經濟。所謂的「社會主義改造」完成之後，中國民眾以為共產主義天堂觸手可及，清華大學學生高聲朗誦蘇聯詩人馬雅可夫斯基的詩句「一切都是公有的 —— 除了牙刷」，全場掌聲雷動。然而，他們不知道，即將到來的不是天堂，而是地獄。

姓社姓資？當然是姓社

　　在第一個五年計畫期間，中國基本建立高度集中的計畫經濟體制 —— 五年計畫，是中國從蘇聯學來的經濟政策，即便後來中蘇交惡及更以後蘇聯崩潰，此模式仍在中國沿襲。工業企業生產什麼品種和生產多少數量，完全由國家下達指令來確定。數十年來，這套機制越來越失靈，迫使主政者開啟改革。剛開始，趙

紫陽不敢明目張膽地提出「市場經濟」，而以「商品經濟」替代之；雖然允許出現「私有經濟」，仍強調公有制為主。一九八四年十月的《中共中央關於經濟體制改革的決定》中，提出「在國家政策和計畫的指導下，實行國家、集體、個人一起上的方針，堅持發展多種經濟形式和多種經營方式」。鄧比中央文件還要滯後一步：一九八五年八月二十八日，鄧在會見外賓時指出：「要堅持公有制為主體的經濟。」與之對應，直到一九八八年，中共才承認員工人數超過七人的民營企業的合法性 —— 在此之前，中共一直維持所有非國家產值都是「家戶」生產的鬼話。

　　正是鄧小平對公有制的「主體」地位的堅持，使國有企業改革舉步維艱。一直到一九九〇年代初，國有企業改革並不是將國有企業引導向市場經濟主體，參加市場經濟競爭，而主要是在調整國家和企業的關係這個圈子裡打轉。這種改革，一言以蔽之，就是「放權讓利」，更形象地說，就是「鬆綁」。這種換湯不換藥的改革，成果自然有限，改了十五年，仍未從根本上解決國有企業的問題。楊繼繩認為，十五年之後，國有經濟一系列的難題不僅沒有解決，反而加深了。一是投入產出率低，經濟效益差。進入一九九〇年代，國家的固定資產投資和流動資金貸款的百分之七十以上投給國有企業，但國有企業的增長部分在整個經濟增長中只佔百分之二十。二是資產負債率高，而且不斷提高。一九九五年，國有企業資產負債率上升到百分之七十七，如果考慮資產損失和資金掛帳，資產負債率高達百分之八十五。三是在非國有經濟面競爭力差，國有經濟比例日益下降。[8]

在鄧小平時代，私營企業確實獲得一九四九年以來最快的發展。七〇年代末，因「投機倒把」而三次入獄的年廣九冒險創建了「傻子瓜子」品牌，開設了擁有上百名員工的工廠，成為中國首批百萬富翁。一九八四年，鄧小平發言為之背書：「傻子瓜子不會傷害社會主義。」年廣九感激涕零地說：「鄧小平是明智的，他完善了社會主義。」然而，黨從來沒有真正信任私營企業，黨的因應方式是：振興私人公司，藉以提高就業率，但當企業膨脹過大時，便嚴格管束；拉攏企業家入黨，同時恐嚇和監禁違逆黨意的商界領袖；支持不會造成問題的財產權，但刻意模糊有關公司、資產及土地私有權的規定。黨組織深入到大大小小的私營企業，完全是受列寧主義指導，不僅是為了監控，還是一種政治保險。[9]

二〇〇八年，中共挑選了三十五位企業家到中央黨校進修，這是江澤民的「三個代表」思想的實踐，其核心原則就是：資本家可以入黨。一名受訓的企業家表示：「我們加入後，就成為體制的有力捍衛者。就像孤兒，一旦你成為家庭的一員，你就會捍衛它。」然而，課程的最高潮是對企業家的當頭棒喝，提醒他們是家中重要的養子，而不是自己人。當黨校校長的接班人習近平對他們演講時，他們發現這個將來的領導人對他們並不友好，他更相信馬列原教旨主義的那些教條。習近平上台後，中國的私人企業果然面臨文革結束後最艱難的處境。

迄今為止，中國的國有企業憑藉對若干國民經濟命脈領域（軍工、電訊、銀行、能源等）的高度壟斷而發展成超級

托拉斯，但並未真正實現「高精尖」，仍是搖搖欲墜的「泥足巨人」。從胡錦濤時代的「國進民退」到習近平時代的「再毛化」，中共以打擊民營企業（包括一些作為太子黨「白手套」的偽民營企業，如安邦、「明天」系、華信能源、恆大、阿里巴巴等）來保護國有（黨有）企業，或實現財富與權勢在不同太子黨集團之間的轉移。用經濟學家李少民的話來說，中國是「舉國大公司」體制。

　　一九八六年四月四日，鄧小平在會見南斯拉夫社會主義聯邦共和國主席團主席拉多萬・費拉伊科維奇時，將鄧氏改革的本質全盤托出：「我們的改革，我們的對外開放、對內經濟搞活，是為堅持社會主義道路服務的。我們的任務是發展社會生產力，在實踐中真正體現社會主義的優越性。……社會主義是共產主義的第一階段，我們的最終目的是要搞共產主義。我們從黨的十一屆三中全會以後搞改革，對外開放，對內經濟搞活，當時國際輿論特別是西方世界，以為我們是搞資本主義，或者以為我們這樣搞，最終要走到資本主義。經過我們這幾年的改革，現在他們慢慢懂得了，我們是堅持社會主義的。堅持社會主義，是中國一個很重要的問題。……我們自己判斷我們路走得對不對，標準就是是不是堅持社會主義，是不是堅持和平。」[10] 也就是說，無論怎樣改革，社會主義是不能動的奠基石和神主牌。

鄧小平不是「總設計師」

冷戰結束之後，蘇聯東歐的社會主義模式一敗塗地，只剩下一種被全球大多數國家認可的發展模式，那就是「華盛頓共識」。「華盛頓共識」認為，在經濟上，市場及貿易自由化相當重要，而且低度開發地區唯有政治制度改革才能達成經濟成長。然而，以天安門屠殺獲取三十年「穩定」的中國，卻迎來自以為可「取美代之」的大國崛起，「北京共識」似乎能超越「華盛頓共識」。所謂「北京共識」，就是鄧小平理論的歡心部分 —— 威權或極權的政治制度也能實現經濟增長，甚至是比西方民主自由制度下的市場經濟更成功的經濟增長。這個說法在非民主國家中很受歡迎，卻沒有一個國家複製成功。

經濟成長並沒有給中國帶來政治多元性。長期主導西方學界的一種支持威權式成長的理論受到了中國的挑戰：這種理論可以追溯到李普塞（Seymour Lipset）的現代化理論 —— 所有社會在成長過程中都會走向更現代、更開發與更文明，特別是會朝民主發展。美國左派經濟學家、《紐約時報》專欄作家弗里曼甚至說，一個國家一旦有了足夠多的麥當勞，民主政治和制度就會應運而生。這就是老布希為六四血案之後繼續與中國往來所作的辯解：「與中國自由貿易，時間對我們有利。」然而，時至今日，老布希的判斷已被證明大錯特錯：晚近三十年，中國的政治民主不斷退步，江、胡時代的韌性威權退化成了習近平時代的剛性極權。

如何評價鄧小平，首先就要回答何為鄧小平式的改革開放。如戴倫・艾塞默魯和詹姆斯・羅賓森所論：中國榨取式的政治制度保持不變，經濟體系的廣納度極為不足，最基本的財產權極不完備。除非榨取式政治制度向廣納性制度讓步，否則這種成長可能會維持一陣子，但終將無以為繼，特別是中國達到中等收入國家的生活水平時。只要政治制度維持榨取式，成長就有其本身的限制，所有這類個案無一例外。

鄧小平並非前無古人的「總設計師」，繁榮富強不是設計出來的，民主自由更不是。就前者而言，想要改變貧困、製造繁榮，卻不去面對問題的癥結 —— 榨取式制度以及保護其存在的政治狀況 —— 一切都是只能徒然。鄧小平做的只是中國歷史上的統治者們在鐘擺效應之下的被動調整。

鄧小平所帶來的成長，仍然是在國家機器的監督下、看著國家機器眼色的專制式成長。中國政府處理北京秀水市場的例子即可說明毛澤東、鄧小平和共產黨對民間企業的態度跟商鞅沒有什麼不同 —— 當局將商人和實業家當作小人來看待，隨意剝奪其財產和權利。北京市關閉了這個每年有數千萬美金的交易、就連美國總統訪華時其家人也去購物的市場，將其遷移到另外一處，並由一位和政治關係良好的企業家掌控，再由其將每個攤位以數十萬美元的高價販賣出去。這種做法跟明朝皇帝對待鹽商的方式沒有兩樣，政府剝奪了老攤商的財產權，然後轉移給完全不同的別人。

在專制體制下，政治必然妨礙經濟活動。不受約束的力量

總是可能遭到濫用，以便謀取私人的利益，摧毀經濟成長的潛力——周永康及大大小小的官僚們都是如此，他們當中極少數被關押在秦城監獄，不是因為貪腐或戕害自由市場經濟，而是因為在政治鬥爭中失敗。更多官僚依然在耀武揚威地做著損害私人企業和自由市場的事情。

鄧小平的畸形經濟改革沒有多少值得歌頌的地方。鄧在國有經濟、計畫經濟的大框架下，允許某種扭曲的市場經濟運行，或者說讓「權貴資本主義」在不威脅到中共政權的前提下肆意生長。此一經濟模式的後遺症極其巨大：當代中國的人心敗壞到歷史最低點，數億農民工成為奴隸勞工，資源耗盡、環境毀滅，如蘇曉康所言：「權力尋租、社會黑化、邊陲離異，更甚者，經濟起飛對於中國自身，是摧毀性的，它在價值和生態兩個層面，使『中華民族到了最危險的時候』，坊間直說『斷子絕孫』的發展模式。」[11]在此意義上，鄧小平給中國帶來的災難一點也不亞於毛澤東。

蔣經國為何迷戀公營企業和計畫經濟？

一如中國經濟改革的成就被錯誤地歸功於鄧小平，台灣經濟改革的成就也被錯誤地歸功於蔣經國。實際上，如果說鄧小平和蔣經國真的做過什麼好事，唯一的好事就是多少克制了做更多壞事的衝動，讓市場經濟和自發秩序發揮一定作用。蔣經國比鄧小平更克制，或更準確地說，威權制度下的蔣經國，權力遠不如極

權制度下的鄧小平那麼大，其作惡亦相對小一些。

　　蔣經國對國有企業和計畫經濟的肯定，首先是因為他長期在蘇俄生活，對蘇俄的經濟模式頗為欣賞。他在給蔣介石的信中說：「蘇俄政府成立以來，已有二十年歷史，此中政治變化、經濟改造，不為不大。」史達林從農業中榨取資源發展重工業和軍事工業，使得蘇聯從落後的農業國搖身一變成為強大的工業國，在二戰中擊敗納粹德國，躍升為跟美國並肩的超級大國，讓整個歐洲都為之膽寒，蔣經國希望在中國複製蘇聯模式。其次是因為孫文的三民主義也是主張經濟公有制和計畫經濟的，這也符合中國儒家抑商重農、主張公有制的傳統。蔣介石曾告知：「你以後看書應多注意中國固有道德，建國精神與其哲學。《孫文學說》一書，實為中國哲學之基礎；而《三民主義》則為中國哲學具體之表現。」蔣經國對這一切照單全收，他的接班才有合法性。

　　一九三七年，蔣經國回國後第一次受蔣介石接見。蔣介石問他今後的打算；蔣經國說，他的第一志願是從事「工業」工作，他所指的不是自己辦工廠、自由競爭、成為企業家，而是按照蘇聯模式搞計畫經濟，「管理」國家工業發展。然而，中日戰爭很快開打，蔣經國的「工業救國夢」無疾而終。

　　蔣經國本人曾在日記裡多次承認不懂經濟，他在中國時不曾主導全國性和全局性的經濟政策，只是在贛南推廣新政和在上海「打老虎」期間短暫對工商界「亮劍」，結果都是慘澹收場。

　　國民黨敗退台灣後，於一九五〇年九月一日正式頒布新的政治綱領，彷彿要洗心革面、重整旗鼓，最終卻雷聲大、雨點小：

在保障公民政治權利上幾乎隻字不提；在經濟領域，新綱領反映出在國民黨老一代和蔣經國這一世代之中，經濟思想依然具有強烈的社會主義色彩 —— 至少在國家集中制上是如此。

日治時代，台灣實行的是國家資本主義，日本帝國在本國及滿洲國、台灣的經濟政策都是如此。這是日本近代化過程中的一大歧途，國家資本主義可以帶來短期高速增長（如同納粹德國和史達林的蘇聯），最終卻將日本引向軍國主義歧途。

一九四五年，日本戰敗、台灣「光復」之後，國民黨把許多接收自日本殖民政府和日本人的主要工業，如鋼鐵、工礦、石油、電力、造船、糖、肥料等，由省政府移轉給中央政府。省政府保留對於菸酒和林業的所有權及經營權。[12] 這是另一種鳥籠經濟，只是台灣雖是小島，台灣的鳥籠卻比對岸中國的大得多 —— 然而，再大也是鳥籠，不是自由的天空。在日治時代，因為日本擁有明治維新以來形成的一支高效廉潔的公務員和管理者隊伍，這些公營企業的運作相對良好，即便無法與英美自由市場經濟下的私人企業相媲美，在亞洲和東方已是一枝獨秀；而國民黨缺乏此類人才，其官僚系統腐敗入骨，導致這些企業的運營很快出現問題，這也是觸發台灣民眾發起二二八抗爭的原因之一。

國民政府遷台後，很快制定發展經濟的「四年計畫」—— 這是中日戰爭前夕德國顧問建議實施卻因為戰爭爆發而未能完成的「三年計畫」的延續。「四年計畫」在數字上與希特勒的「四年計畫」契合。與此同時，中共在中國展開規模更為龐大的、照搬

蘇聯的「五年計畫」。直至今日，這兩種「計畫」在兩岸都還在
實施，雖力度大不如前。

國民黨接收大量日本留下的公營企業，管理這批企業的人
士，多半是一九三〇年代中國與德國親密合作期間的活躍人士或
從德國留學歸來的技術專家 —— 日本的國家資本主義模式，正
是從德國學來的。在台灣最初幾年，政府所擁有的十六個工業企
業中，有九個是這樣背景的人士管理，它們包括：煤礦開發公
司、台灣機械製造公司、台灣電力公司、台灣鋁業公司、台灣造
船公司、台灣糖業公司、台灣肥料公司、裕隆汽車公司和人造纖
維公司。同時，留德人員還擔任台灣省工業研究院和台灣菸酒專
賣局的負責人，台灣經濟部的三任部長皆是留德的，台灣各公立
和私立大學的工程、化學、地質等院系，以及研究所內，有一大
批留德博士在那裡任職。[13]

稱頌蔣經國的人最常舉出的一個例子就是「十大建設」。
「十大建設」真的是蔣經國的功勞嗎？「十大建設」真的有那麼
了不起嗎？

一九七三年十一月十二日，蔣經國在擔任行政院長一年多
後，宣布在第六期經濟建設計畫以外，在五年內完成九大建設專
案，其後又加上核電站建設工程，變成「十項建設」—— 中山高
速公路、西線鐵路電氣化、北迴鐵路、台中港、蘇澳港、桃園國
際機場、鋼鐵廠、高雄造船廠、石油化工工業、核電站。「十大
建設」完成之後，蔣經國又推動十二項建設和十四項建設等大型
基本建設工程。

　　蔣經國本人常常以「十大建設」為其首屈一指的政績。他在答覆德國慕尼黑國際政治研究所主任金德曼（Gottfried-Karl Kindermann）教授的提問「自從閣下出掌行政院以來的一段時間中，貴國政府最大成就為何？」時，如此回答：「三年多來，我們積極倡導政治革新，推行十大建設，提高人民生活水準，縮減貧富間差距。因此，民眾與政府間團結一致，意志集中，民心振奮，士氣高昂，均為較具體之成就。」[14]

　　長期以來，「十大建設」被國民黨吹噓為蔣經國的重要德政，很多人深信不疑。但實際上，除核能發電廠之外，這些項目都是日本人早就規劃好、要在台灣實施的，若非中日戰爭爆發，早在一九四〇年代就能完成。國民黨一直沒做，不斷拖延，在實施過程中規劃粗糙，導致預算不斷膨脹、各項建設的進度又落後，而且效能不彰。

　　有研究者指出，台灣經濟與建設，蔣經國所做的貢獻並不大，包括過去被過度誇獎的技術專家孫運璿、費驊、李國鼎、尹仲容等人，其實都是美援體制下的螺絲釘。台灣經濟騰飛的驅動引擎，是美國政府，執行人是狄寶賽（V. S. de Beausset）。美援、懷特工程顧問公司（J.G. White Corporation）與狄寶賽是國民黨不肯講的台灣經濟發展的關鍵。美援不僅穩定台灣社會經濟，也重建與擴建台灣基礎建設例如電力、通訊、運輸、港口、水利灌溉等。懷特公司是美國派駐台灣指導台灣經濟建設的關鍵成員，狄寶賽是懷特公司的主要顧問工程師。狄寶賽透過美援化解國民黨的困境，並改變國民黨的行政作風、經營理念，協助台

灣經濟計畫，提升電力、肥料、重化工業、金屬工業、農業、港口等等設備和生產，奠下台灣工業化發展的基礎。

　　以東西橫貫公路（中橫）為例，國民黨長期以來宣傳為自己的「政績」；然而，中橫的路線基礎是日本人規劃完成的，在一九四一年動工，因為戰敗停工，中橫西部僅完成埔里到霧社，東部僅完成銅門到玉里。一九五四年，狄寶賽重新探勘與規劃中橫路線，中橫也是美國的「一九五五年軍援軍用道路計畫」一部分。中橫從一九五五年開始興建，營造經費、關鍵技術人員及主要機具鋼材都來自美國軍援，主要勞力來源是退除役官兵和陸軍步兵（如台灣充員兵）、囚犯、職訓總隊、失業青年、學生青年工程隊等。國民黨卻不告訴台灣人這些歷史真相。以中橫為例，國民黨的宣傳說是蔣經國與榮民的功勞，完全沒有美國與狄寶賽的角色。[15]

　　政治受難者和白色恐怖歷史的研究者陳婉真指出，一九五七年，蔣經國擔任行政院國軍退除役官兵輔導委員會主任委員，退輔會變得無比龐大，除了整修闢建東西橫貫公路之外，目前成為熱門旅遊景點的武陵農場、福壽山農場、清境農場等，甚至花東的大片土地都成為退輔會的「版圖」，退輔會成為台灣最大的地主。後來戰士授田證所換取的土地，在退輔會而言根本是九牛一毛，但今日清境農場附近大片聳立山頭的民宿，很多就是取得土地之後，轉賣給民間業者蓋渡假旅館的榮民的戰士授田證換來的。此外，退輔會和轄下的榮福會更是包山包海，從開百貨公司（欣欣百貨）、台北市公車（欣欣客運），到包工程（榮工處）、

獨攬全台的瓦斯分裝業，甚至各政府機關的清潔打掃業務也由他們一手包辦，利潤之豐厚外人難窺其堂奧。

陳婉真認為，蔣經國建設台灣的成就遠不如後藤新平。蔣經國成立的榮工處，包山包海包工程，才是最大的黑道。十大建設開始推動後，相關各情治系統就下達指令：有關十大建設的新聞只能寫好的，不能有負面新聞見報。而承包十大建設的工程公司，幾乎清一色是榮工處或中華工程公司；前者是退輔會眾多事業單位之一，後者表面上是經濟部所屬國營企業，在黨庫通國庫的年代，兩者扮演什麼角色就不言而喻了。榮工處更讓各機關困擾的是，每次議完價後，總以物價上漲等等理由要求辦理追加預算，以鐵路電氣化為例，最先的預算數是五十多億元，經過五次的追加預算，最後的總工程費是兩百三十多億元。更扯的是北迴鐵路施工時，承建的榮工處向美國買了兩台已停產的庫存品「大約翰」（Big John）墜道開挖機，它原本是用於都市開挖地下鐵的一貫作業工具，碰到北迴鐵路因地質構造複雜，導致機具埋在工地變成廢鐵，省府不得不變更設計，平白浪費公帑，榮工處則荷包賺飽飽，畢竟它是蔣經國一手創立並扶植的事業體。[16]

中國的計畫經濟委員會堪稱「小國務院」，長期執掌經濟大權；蔣經國居然也希望通過設立類似的機構來推動台灣經濟發展：「為了經濟之繼續發展，應注意經濟設計，引進技術，開發資源，運用人力。以上四者有其相連之關係，故擬將經設會改為國家計畫設委會，並由自任（兼）主任委員。」[17]

蔣經國迷信國有經濟和國有企業，使台灣的公營企業未能實

現企業化和市場化，用行政機關的辦法管理企業，導致效益極差。一九八三年，台灣經濟部所屬十五家國營企業的產值和盈利比不上台塑一家企業。當局被迫採取「整頓」政策，但未能從根本上解決問題。

如何解釋台灣的經濟奇蹟？

從一九五二年底到一九五四年春，台灣上下就什麼樣的經濟體制最能有效地創造財富問題展開一場論戰。大致有三種意見：第一種意見認為，公營企業是經濟發展的生力軍，當局應當規範資本主義企業，甚至限制它們的發展，以利公營企業的發展；第二種意見呼籲當局放手，全面實施市場經濟；第三種意見主張維持計畫經濟，但要求通過保護私營企業產權，同時運用國家權力，幫助私人參與市場經濟的競爭和創新。最後，比較中庸、但略偏向民營的第三種主張在辯論中勝出。

鼓吹第三種主張的，是後來被譽為台灣「財經教父」的尹仲容。尹仲容與李國鼎、嚴家淦、孫運璿等人為掌管台灣金融與外貿的主要官員之一，他曾服務於上海私人企業，深知市場經濟的優點。另一方面，他也知道國民黨政權的意識形態是偏左的，所以他只能左右逢源、走鋼索。

一九四九年五月，尹仲容接任生產事業管理委員會（生管會）副主任委員，改革公營企業，進行縮編、增加效率、擴大生產；同時使用統制經濟的手段扶植策略產業。他竭力為孫文所說

的「節制私人資本」解套，他不敢將其推翻，只能加以「再詮釋」，認為「節制」不是「限制」，而是「調節、管制」。

一九五四年，尹仲容出任經濟部長，主張放寬政府管制、發展民營企業、推動外匯貿易改革，大力呼籲各項經濟改革，力促台灣經濟迅速與世界市場接軌，成為國民政府「民營化、自由化」的代言人。他主張開放國營企業轉為民營，發展民營工業來帶動工業現代化，他推動國營企業台泥、台紙、農林、工礦民營化，也利用美援拓展對日貿易，中小企業應運而生，促成民間經濟蓬勃發展。他不主張台灣經濟自給自足，他曾說過：「我們有好的蓬萊米可以外銷，為什麼不外銷？我們也可以進口泰國米。」

尹仲容的基本的經濟思想在其自述中有一段清楚的說明：「我一向把政策看作是解決問題的一個途徑，一套方法，而問題則是從實際環境中產生的。所以政策絕不能脫離實際環境而自承一套，換句話說，必須要針對環境、針對問題，來擬定政策。」囿於當時的輿論環境和黨國體制，他無法直接提出自由市場經濟的說法，而是婉轉地主張「計畫型的自由經濟」，以免受到頑固派攻擊，就如同一九八〇年代趙紫陽使用「以公有制為主體的商品經濟」和「雙軌制」等說法一樣，都是「舊瓶裝新酒」。但即便如此，當局與黨內既得利益者很快反撲，借「揚子木材案」將尹仲容拉下馬，台灣民營化的腳步因此受挫。

另一位重要的財經官員李國鼎認為，台灣經濟發展，既不是完全的資本主義路線，也不完全是民生主義路線。他在回憶錄中

用「指示性經濟計畫」一詞取代「計畫性的自由經濟」，顯然更偏向「計畫」。他往回縮，是因為發現蔣經國對「計畫式自由經濟」並不贊同。李國鼎指出，一九五〇年代台灣讓匯率一次大幅貶值到四十新台幣兌一美元，讓台灣經濟發展由進口替代轉向出口擴張，台灣經濟快速成長，但在進口方面仍有高關稅和政府政策的限制，出口方面則有退稅、外銷貸款與優惠利息的補貼，所以只能稱之為「局部自由化」。蔣經國對物價平穩的執著，遠超過對市場價格的信任。蔣經國為了照顧大眾福利，常常一方面愛做大型公共投資計畫，一方面又堅持「不增加稅目，不調整稅率」，而忽略台灣經濟發展的金科玉律 —— 預算平衡。蔣經國經濟思想上的這一特色，反映了留蘇十二年，聯共（布）的教育以及蘇聯早期工業化成就給他打上的烙印是十分牢固的。[18]

　　一九六九年，蔣經國承擔起全面管理政府的正式領導角色。他出任行政院副院長，兼任國際經濟合作委員會主任委員，及財經會報召集人。據李登輝後來觀察，「雖然蔣經國也關心經濟事務，但是他比較政治性，他擔任總統期間，並沒有成立經濟小組，身邊沒有經濟的參謀；財經方面，他比較聽俞國華的建議」、「蔣經國晚年開始實施的經濟自由化、國際化，其實是受到外國壓力的影響，特別是美國的壓力。他對經濟自由化沒有一套完整的方案，都是一步步在解決問題，隨時看狀況調整」。[19]

　　從一九六〇年代開始，台灣利用亞太地區加工出口的機遇，一躍成為亞洲「四小龍」之一，完成初步現代化。蔣經國慢慢接受「計畫性自由經濟」的概念。一九七二年六月十三日，他在立

法院做施政報告時說：「今後必須貫徹自由的經濟制度，但是，在貫徹經濟制度之時，必須要有計畫，否則，不只對國家無益，對人民亦無益。」一九七五年三月二十日，他在全國經濟會議上指出：「所謂計畫性的自由經濟，自由，在保障每一個人的私有財產及其應得的利益。計畫，則在使國民更富、更強，兩者非但沒有衝突，並且可能把不協調的、有浪費的人力與財力，做更適當的運用。」

曾任台灣財政部關務署長的周德偉，是海耶克的親傳弟子，在財政部時致力於外匯貿易改革方案；此方案於一九五八年尹仲容任外匯貿易改革委員會主任委員、他擔任副主任委員時完成，對日後台灣以出口外向型經濟成為亞洲「四小龍」功不可沒。他曾在〈財政經濟直言〉一文中指出，當時台灣經濟情形嚴重病態表現之一即為「公營事業比重太大」，造成「人民缺乏創造力及活力，為國家及社會莫可補救之損失」。他指出，「經濟學理只主張稀少自然資源之國有及國營，以免造成獨佔，為害社會。其他輕重工業均主張人民合法經營，以鼓勵其生產及創造能力」，「國家社會之經濟力量，依據於全體人民孜孜不斷之努力，非依據於少數官吏，且官吏辦理經濟事業，無私人利益牽涉在內，必致流於形式化及官僚化，貶損效力」。[20]

同樣持自由市場經濟理念的經濟學家蔣碩傑也多次向蔣經國建言，希望政府解除管制，以建立市場機能，政府只需要以建立制度的做法鼓勵企業界的發展。他在〈如何維持台灣經濟快速成長的問題〉、〈經濟計畫與資源之有效利用〉等文章中指出，政

府不應介入貨幣政策以及補貼物價、管制物價。政府若強加干
預，則如治絲益棼，欲益反損。他認為，自由經濟真正的理念，
是民間企業在自由環境中可以發揮更大的作用，自由經濟的本
質，其實是企業家的不斷創新和自由競爭的發展過程。經濟要
發展，必須改善國內投資環境，招募私人企業來參加，讓他們
完全競爭、發展，「台灣出口成長之所以能夠如此輝煌，完全是
由於台灣的企業家能不斷的發展新出口商品和不斷的開發新市
場」。[21]

　　可惜，迷信計畫經濟、國有經濟和凱恩斯主義的蔣經國，聽
不進去逆耳之言。蔣經國先後接見過多位主張自由市場經濟的西
方經濟學泰斗——美國經濟學家海耶克博士和傅利曼（Milton
Friedman）博士夫婦。海耶克榮獲諾貝爾經濟學獎次年，在學者
蕭錚的建議下，外交部等部門邀請其第三次來台訪問。在中華民
國外交部的「一九七四年諾貝爾獎得主Friedrich A. Hayek（海耶
克）邀訪案」中，特別強調海耶克反共的一面。海耶克訪問台灣
時盛讚台灣的經濟奇蹟，《中國時報》專題報導的標題是〈民主
開放社會，減少外力干預，發展自由經濟，必獲豐碩成果，海耶
克指我經濟建設成就適足以印證其理論，力主以憲法規範政府權
力弘揚公眾意願〉。[22]從中可看出，海耶克雖肯定台灣的經濟成
就，但仍建議政府進一步自我限權。蔣經國在接見海耶克時，曾
向其請教經濟理論與經濟政策問題，但未必認同其觀念。

　　一九八四年，財經部門於提出「三化」方針——自由化、
國際化、制度化。「三化」方針，是對企業進一步鬆綁，也是逐

步減少並取消行政當局對企業的干涉，創造更自由的投資與經營環境，在繼續擴張出口的同時，開放進口，調動投資者自主投資、經營的積極性。但是，蔣經國對於有助於民營企業和自由經濟發展的民營化與「三化」方針採取消極態度。與積極推動私有化、治癒「英國病」的柴契爾夫人相比，蔣經國在解決公營企業嚴重弊端方面，包括推動公營企業民營化方面，都沒有採取有力措施。一九八四年十一月六日，蔣經國在主持財經會談時表示：「希望行政院妥慎擬訂未來經濟計畫，於自由化、國際化、制度化方向之外，更要繼續把握住穩定與成長兼顧並重的政策原則。」這一裁決說明，蔣對「三化」方針有保留意見，實際上將「三化」方針的實施無限期推遲下去。[23]

實際上，蔣經國對私人經濟與公有經濟之差異有所認識，他在一則日記中寫道：「二日路過『路竹』到久聞其名的力大電屠場（私人經營）參觀，設備甚新，管理良好，經營有方，那一天雖然是假日，且時近黃昏，可是董事長和總經理都在廠，我去參觀乃是臨時決定，並未事前通知，如是公營事業單位，則恐早已放假下班矣，此亦即公營與私營有別之處也，如何使公營之主官能以切身之心關心機關之利益，是為至要。」[24]蔣經國期望公營事業管理者能像私人企業經營者一樣兢兢業業，顯然是望梅畫餅。

蔣經國模式（國有經濟和計畫經濟）的缺陷，至今仍是台灣經濟乃至社會的重大瓶頸──台灣諸多重要產業仍是低效率的公營模式，實行壟斷經營。這些公營企業是政黨政治的分贓寶

庫，也是社會災難的來源，比如台鐵屢屢發生重大人員傷亡事故，每次慘烈事故發生，私營化呼聲就會升高，但時過境遷，卻又依然如故。

很多人以為，國民黨在台灣實行的就是市場經濟，其實國民黨經濟政策緣於民生主義之「節制私人資本、發達國家資本」，台灣在一九四九年仍是典型的計畫經濟體系。

蔣經國在多次講話中都強調「均富」概念。然而，「均富」只能是蔣經國的一種刻意在公眾面前呈現的道德立場。在台灣的計畫式自由經濟體制下，不可能實現均富，只能採取某種政策縮小貧富差距。如果用政治力量強制達到均富，其結果只能是破壞社會生產力。[25]換言之，均富的結果只能是均貧。

長期以來，台灣當局確立「以農業培養工業，以工業發展農業」的方針，但在五〇、六〇年代，實際上是以農業培養工業，以工業發展農業根本無從談起。有學者稱之為「發展的榨取」，一直到一九六五年第三期四年計畫完成後，農業的困難逐漸顯露，當局才開始亡羊補牢。另一方面，國民黨政權對獨立資本家和資產階級從不友善。過去，左翼學者認為南京政府建立在一個新的社會基礎 —— 上海銀行家和城市的實業、商業資產階級以及農村的地主 —— 之上。但這個說法是站不住腳的。事實上，南京政府無窮無盡的財政要索，以及對黑社會組織的利用（驅使黑幫綁架資本家及其家人，索取高額贖金），弱化了資本家的政治和經濟地位。南京政府主要依賴它的軍事力量。國民黨政府是一種專制政權，這個政權對城市社會團體是力圖孤立和控制它

們，而不是收買它們。[26]所以，一旦國民黨的軍事力量崩潰，它在城市就再也沒有任何支持者。

國民黨到台灣之後，經過初期的血腥鎮壓而站穩腳跟，依靠美國援助初步讓社會脫貧，然後就迎來一九六〇至一九八〇年代的經濟騰飛。台灣的「經濟奇蹟」被視為第三世界發展的成功典範。其實，「台灣奇蹟」並沒有太多稀奇的地方，蔣經國時代的台灣基本符合發展型國家的特點：首先，國家享有相對的自主性，也就是政府官僚的決定，不太會受到民間的挑戰和干擾，這與這些國家在戰後都是威權體制的特性有關。其次，國家的工業發展政策是選擇性，而非全面性的與私人資本合作。通常是透過挑選勝利者而處罰失敗者的做法，來引導經濟發展的方向。再者，政府以租稅政策幫助策略性產業等方式，來指揮私人資本的種種活動與行為，讓民間資本從事規模擴張和出口，而刺激政體經濟的發展。[27]

具有諷刺性的是，口口聲聲「均富」的蔣經國，卻一手打造出一個龐大的「恩庇侍從機制」。少數國有企業與民營大型企業在「贏家欽定」（非市場決定）的國家政策，以及侍從主義的政治經濟利益交換過程中，享有寡佔的市場位置，學者陳師孟稱之為「黨國資本主義」，與趙紫陽在軟禁中提出的「權貴資本主義」概念頗為相似。

直至今日，台灣的富豪排行榜上，除了近年來加入「紅色供應鏈」而暴富的郭台銘、張聰淵等人，以及若干高科技（半導體業）企業的創辦人或控股人之外，佔多數名額的仍是與恩庇侍從

體制有千絲萬縷關係的企業與企業主，如國泰金控的蔡家兄弟、富邦金控的蔡家兄弟、石化業巨頭長春集團創辦人林書鴻、鄭信義等。

在蔣經國時代，發展型國家與威權體制共構，形成專斷的政治領導、財經官僚行政，以及透過軍人維持秩序的三位一體制。這使得包括商業資本在內的社會團體被壓抑，難以影響產業決策 —— 這跟南京政府時代頗為相似。此一體制導致在戰後台灣的發展過程中，經濟快速成長，市民社會卻非常虛弱。不過，台灣的國家機器具有「鑲嵌式的自主性」，卻又在相當程度上保持市場經濟的活力，並未像中國政府那樣淪為赤裸裸的攫奪性政權、啃噬經濟發展的絕大多數成果，台灣民眾多少享用到經濟成長的果實。但直到市場轉型與政治體制開放之後，才出現社會經濟及分配正義的結果。[28]

第八章　愛憎美國

中國在文革結束後，於一九七九年元旦日與美國建交，

一月底鄧小平以副總理身份訪美。

當時隨行的李慎之問鄧小平：

「我們為什麼要這麼重視同美國的關係？」

鄧小平回答說：「回頭看看這幾十年來，

凡是和美國搞好關係的國家，都富起來了。」

從美國回來後，

中國社科院就在一九八〇年設立了美國研究所，

而第一任所長就是李慎之。

—— 摘自《李慎之與美國所》——

　　對美國，國民黨與共產黨的態度都是愛憎交織。

　　被國民黨奉為國父、被共產黨奉為「革命先行者」的孫文（有人稱之為「一國國賊、兩黨黨父」），其實是美國公民，而且其美國公民身份是靠欺騙獲得的。

　　蔣介石早年反美（北伐期間，殺害美國、英國等外籍人士的南京事件，即「寧案」，蔣是直接責任人），後來轉而親美，因為其政權靠美國支持才能維持，中日戰爭爆發之後更是如此。在國共內戰中，蔣介石政權失去美國支持，是其迅速潰敗的外因。

　　蔣政權敗退台灣之後，美方一度將其當作棄子。隨著韓戰爆發，美方才重新將台灣納入保護圈。縮小版的中華民國成為美國帝國體系中一個「協力者」政權。無論是蔣介石還是蔣經國，都必須接受此一現實。蔣經國繼位後，還不得不承受國際形勢丕變，美國與之斷交、其政權的國際地位大幅下降的衝擊。

　　一九七九年一月一日，美國正式與中共建交，蔣經國「為之苦痛悲傷，更有失職之恥」，此後數日，他哀歎「美國將以置我於死地為快，事已到了如此地步，美國還要不斷的欺侮我們。帝國主義之真面目日益暴露清楚，吾人務必作最壞之打算」。情急之下，他青年時代在蘇俄接受的那套共產黨術語不禁脫口而出 —— 他的內心深處是反美的，將美國視為帝國主義。但他又承認，與美國的關係是台灣最重要的外交關係，必須得到美國的支持，台灣才能生存下去。

　　對於中共而言，毛澤東早年曾憧憬將中國建設成「亞洲的美國」，後來向蘇俄一邊倒，與蘇俄決裂後又轉向「聯美抗俄」。

鄧小平繼位後加速親美政策，以打擊越南來取悅美國，尋求美國的資金、技術和軍事上的保護（害怕受蘇俄攻擊）。但即便在與美國外交的「蜜月期」，鄧小平內心深處仍對美國充滿嫉恨與排斥，與其說他反美，不如說他反對美國的民主自由制度和價值。在這一點上，鄧小平與蔣經國高度一致。

在文革前夕，鄧小平曾在一次外事活動中發表抵制美國的「和平演變」的講話：「美國人為什麼說我們的第三代和第四代有希望呢？他們說為什麼中國現在講革命呢？因為他們窮，生活不好，等到他們的經濟發展了，物質生活水平提高了，人們思想意識就會變了。他們希望，到那個時候總是現在的青年掌握我們國家的領導，再過三四十年，總是現在的兒童掌握我們國家的領導。到那個時候，我們的經濟情況肯定同現在就不同了。他們就會說我們也要變了。我們看，他們說的有一部分道理，不是絕對的。……問題還在於領導，舵向哪個方向擺，舵如果是馬列主義的，青年一代和兒童一代可以永遠是革命派。既然永遠是革命派。就可以保證永遠不變質，一直走向共產主義。我們現在就是在做這個工作。」[1]可見，鄧小平很早就意識到隨著中國經濟發展起來，美式資本主義會「復辟」的問題。在堅持馬列主義意識形態上，鄧是頑固派，不願看到中國走向「美國化」。

鄧小平拒絕接受美式的民主自由和人權等觀念。他在一次談話中氣勢洶洶地宣稱：「講什麼『人權』，為什麼不反駁？……帝國主義有什麼人權？你在中國看了多少人？講人權你沒資格。我們民主牆有人給卡特寫信，要維護人權，為什麼不反駁？用活

生生事實教訓它。有人跑到越南大使館。這人還不逮捕？反對中越自衛反擊戰，這還不追究行嗎？還有個傅月華，據我了解，捕得完全正確，有人要求釋放，國際人權機構要打電報要求釋放，我看要公開審判，國際記者參加。我們還是無產階級專政，要民主總還要守法。」[2] 這段話揭示了鄧小平對美國及美國信奉的人權觀念的敵視，以及視民眾的基本人權如草芥的暴君本性。

鄧小平所提及的傅月華是北京宣武區基建隊的工人，不幸被基建隊的黨委書記強暴，傅月華提出控訴，但基建隊將她開除，更誣蔑她是一個亂搞男女關係的女人。從一九七八年十一月開始，滿腔冤屈的傅月華不斷到處申訴，還經常到中南海前跪著請願，即使多次被公安拘禁，仍不放棄。一九七九年一月八日，傅月華與數千名上訪群眾，到天安門示威遊行，手持白色床單做成的橫幅，高叫「反飢餓、反迫害、要民主、要人權」等口號。一月九日，傅月華被逮捕。傅月華宛如當代竇娥，卻沒有地方告御狀 —— 鄧小平比歷史上所有的暴君都更暴虐無情。

蔣經國五次訪美「趕考」

國民黨政權一開始是蘇聯扶持起來的，孫文和蔣介石的意識形態，一半是馬列主義一半是民族主義。一九二七年，蔣介石清共後，與蘇聯翻臉，倒向英美。但在英美眼中，南京政府始終是「小粉紅」，難以完全信賴。只是由於日本在東亞過度擴張威脅歐美維持的世界秩序，美國才勉強支持獨裁的蔣政權對抗日本。

若非美國的大力支援，蔣政權根本不可能熬過太平洋戰爭。

　　戰後，腐化的蔣政權難以抵禦有共產主義意識形態武裝、新發於硎的中共，在內戰中節節敗退，就如同阿富汗世俗的親西方政府難以抵禦捲土重來的塔利班一樣。美國不願將資源投入到這個無底洞之中，更不願自己的子弟兵在這片陌生土地上埋骨，抽身而出，眼睜睜地看著中國赤化。直到韓戰爆發，美國重新制定亞洲政策，蔣政權再度死裡逃生。

　　日本學者若林正丈指出，二戰之後，美國形成「非正式的帝國」：它擁有自由主義的價值體系，內部有以主權平等為核心的主權國家體系以及資本主義經濟體系並存。這是一種志不在擁有殖民地之「無殖民地的帝國」，它的非正式帝國體系是通過帝國在其他主權國家內所租借的土地上建構的軍事基地網絡，以及在東南亞地區典型可見的軸心─放射狀之安保同盟的圈圈來維持的，或可稱之為「基地帝國」。[3]

　　一九五〇年代的台灣，在美國帝國體系中佔有明確的地位。作為美國的同盟國之一，台灣在帝國體系的軸心─放射狀體系之中被賦予正式的地位（《中美共同防禦條約》與聯合國的中國代表權），軍隊獲得大量軍事援助與美軍顧問介入，得以重建、重組；經濟在巨額經濟援助下逐步復興，更在美國要求被援助國經濟自立的壓力下，讓經濟成功步上出口導向型的工業化軌道。國民黨政權將這些當作外部正統性的資源，確立並維持政權的運作。由此，蔣氏父子成功地在台灣建立了一個對美國而言的「協力者政權」（對台灣人而言則是「遷佔者政權」）。

　　蔣介石刻意培養蔣經國為接班人。蔣經國有留蘇十二年背景，又有「上海打虎」、粗暴侵犯市場經濟和私有產權的實踐，美國人對他不會絕對信任。美國政府對蔣經國進行考察，這項工作交給了中央情報局台北辦事處主任克萊恩。克萊恩回憶說：「我在台北任職的目標之一，即是蒐集蔣經國的消息，但不公諸於眾，而是私底下送交美國政府，以便判斷蔣經國對蘇俄制度的真正感想。這在一九五〇年代末相當重要，因為當時中華民國許多舉足輕重的人士仍認為蔣經國是蘇聯的代理人，或至少是蘇聯的同情者，他們以蔣經國長期留蘇的事實作為此項判斷的依據。提供事實的真相供決策者參考是我當時的目標。」蔣經國也知道克萊恩的使命所在，將其批判蘇聯的著作送給克萊恩，還多次公開發表反蘇講話，以此獲取後者之信任。兩人建立起長期的友誼。

　　克萊恩離開台灣二十五年之後，以對雷根政府頗有影響力的學者身份來台訪問，受到蔣經國的熱情接見。克萊恩肯定台灣的成功，並認為鄧小平無法成功仿效台灣經驗：「你們的努力得到許多很好的成效與經驗。共產黨在大陸的實驗，證明共產主義是行不通的。中國大陸也想改變，向你們學習，這就是一個很好的例證。誠如您以前講述的，共產黨的任何改變都是不會成功的。鄧小平學中華民國的經驗，模仿貴國的經濟及社會制度，但是他們不會成功的。因為鄧小平畢竟是個共產黨員，他無法擺脫共產主義的窠臼。」蔣經國回應說：「世界是會改變的，但我們反共的政策是絕不改變的。」[4]

　　儘管派駐台灣的美方高級官員對蔣經國逐漸有了更多正面的看待，但遠觀不夠，還需當面考察。從一九五三年至一九七〇年，美國政府先後五次邀請蔣經國訪美，等於是對他進行五次「考試」。蔣經國每次訪美都有不一樣的身份和使命，先後見到艾森豪、甘迺迪、詹森和尼克森等四位總統，順利通過美國的考核——若得不到美國支持，任何人都不可能順利接班。台灣不是美國的第五十一個州，但從某種意義上說，蔣經國是得到美國「摸頭」的「台灣總督」。

　　一九五三年，美國國務院和國防部邀請蔣經國以國防部總政治部主任的身份（美軍中沒有這個對口單位和職位，美國方面對此一單位和職位頗為反感），首次訪問美國。蔣經國於九月十一日至十月二十日訪美，一向輕車簡從的他，這次只帶一名隨員——翻譯官兼秘書沈琦。在舊金山、洛杉磯、沙加緬度、芝加哥、底特律、水牛城和紐約市的華僑，無不以盛大酒會歡迎他。他在酒會結束後經常到後廚與廚師聊天，還要求參觀公立學校、工廠、農莊、軍營，竭力營造親民形象。在訪問紐約時，他甚至下榻簡陋的汽車旅館。[5]但美國人沒有那麼容易被糊弄，國務卿杜勒斯對蔣經國印象不佳，這次訪問兩年後，提及蔣經國，還稱他是「反美派可能的領袖」。

　　蔣經國赴白宮受到艾森豪總統接見。艾森豪提及中華民國從緬甸撤軍問題；當時緬甸的「孤軍」已淪為毒梟，在聯合國成為一個棘手難題。蔣經國告知，台北方面正在安排撤軍。[6]

　　美國政府和社會高度關切蔣經國第一次訪美之後的言論。十

月十七日，蔣經國在離開美國時發表講話說：「我曾利用這個優厚的機會，盡可能的考察和記取美國的生活方式和偉大的美國民主政府的工作情形。」十一月十二日，他接受《美國之音》採訪說：「除了軍事範圍以外，美國給我最深刻的印象，是政治上的民主作風、社會上的守法精神，以及人民生活上的自由和快樂。」[7] 蔣經國對美國民主制度的理解遠不如一百年前的托克維爾準確，存有若干偏差，但總體而言，他對美國的民主自由、繁榮富足充滿肯定和豔羨，當然也有他刻意講給美國人聽的因素。

一九六三年九月六日至十九日，蔣經國第二次訪問美國，距其上次訪美已有十年之久。他僅有政務委員身份，卻已內定為蔣介石的接班人，因此此次出行有行政院新聞局局長沈劍虹及國家安全局副局長黃德美中將同行。他的身份本不夠格見到美國總統，他是以蔣介石代表的身份受到甘迺迪總統接見，會晤長達七十五分鐘。

甘迺迪問：「蔣介石所建議的增強對大陸突襲，成功的前景如何？為什麼中華民國相信空投或從海上登陸數百人會成功？」蔣經國先迴避答覆該問題，在追問下只有從實招來，承認作為軍事作戰，這些突襲並不算成功，過去一年來，突襲進行了二十八次，傷亡率達百分之八十五。但他仍宣稱，未來在時機成熟時，計劃佔領江南一省或更多的省，在大陸上建立據點。這次會談顯示，蔣氏父子企圖將美國拖入新一輪中國內戰，而甘迺迪不願輕易上鉤。

在拜會麥克阿瑟將軍時，這位最支持台灣和最反共的將領告

誠說：「希望你們要好好準備；忍辱待時，千萬不可輕舉妄動，因為你們的反共，是只許成功不許稍有失敗的；差之毫釐，謬以千里，其影響於未來中國和世界的前途，關係實在太大了！」[8]麥帥在韓戰戰場上知道共軍之強悍，也知道國軍打不過共軍，勸告蔣經國少安勿躁、以保守台灣為第一要務。

在會見了美國國防部長、參謀長聯席會議主席、國務卿、中央情報局局長等重要官員之後，蔣經國仍然在記者會上宣稱：「消滅中共政權現為最佳時機。」[9]蔣氏父子的盲動心態，是自取滅亡。

一九六五年九月，蔣經國出任國防部長後不久，應美國國防部長麥克納馬拉之邀第三次訪美，並傳遞願意派兵參加越戰的訊息——其實不是參加越戰，而是攻擊中共。蔣經國此行的重點是遊說美國協助國民黨軍隊奪取廣東、廣西、雲南、貴州、四川等五省，「切斷中國援助越南的補給線」。但蔣經國在五角大廈與麥克納馬拉會談時，麥氏不客氣地批評反攻大西南的建議是空中樓閣。會後雙方發表聲明，無一語提及台北希望的國軍在中國或越南的軍事介入。

九月二十三日，蔣經國在白宮受到詹森總統接見，但詹森告知，美國正在越南撤軍，他一句也未提台灣的反攻大陸計畫，或台灣協助美國打越戰等問題。[10]

蔣經國的第四次訪美相對單純：一九六九年三月三十日，他以蔣介石特使的身份，赴美參加艾森豪的葬禮。他與美國國務卿羅傑斯會談了兩次。當時，尼克森政府已確立「聯中抗俄」的大

三角戰略，台灣的國際地位岌岌可危。

一九七〇年四月十八日，蔣經國第五次訪美，也是最後一次出訪，此後他再沒有出過國。蔣經國在行前就明白，這是「一次不會有結果的形式訪問，余將以忍辱負重與勿妄勿求的態度與立場，完成此一外交工作」、「此次訪美環境複雜，任務艱難⋯⋯美國不惜出賣我中華民國之利益，製造一個中共、一個台灣之政策已日見明顯」。

四月二十一日，蔣經國在華府與美國國務卿羅吉斯會談。羅吉斯直率地否定了蔣氏父子反攻大陸的妄言：「貴國想純以武力收復大陸乃是不切實際者。」蔣經國不敢反駁，只能勉強解釋說：「吾人將永不放棄收復大陸、毀滅匪偽政權之決策。但在戰略上目前則以保持台灣之安全為重。」[11]

隨後，尼克森在招待蔣經國的晚宴上致辭，稱讚「在接受美援國家中表現最優異的莫過於中華民國」，並且高度評價蔣氏父子，尼克森最後說：「美國不會拋棄她的盟國和友邦。」但國際政治靠實力說話，尼克森口是心非，蔣經國亦只能聽聽而已。

蔣經國沿途訪問之地，都有台獨聯盟發起示威活動。四月二十五日，蔣經國飛抵拉瓜迪亞機場後搭車至廣場飯店。他的轎車在正午過後開到第五大道的飯店入口處時，大約有三十位台灣獨立聯盟成員在馬路對面抗議，他們手持標語，寫著「我們代表被噤聲的多數」和「台灣既沒有自由，也不是中國」。在飯店門口，蔣經國遭受台灣獨立聯盟成員、康乃爾大學社會學博士生黃文雄等人的未遂刺殺。黃文雄在開槍的瞬間，被安全人員扣住

手腕，子彈偏離目標，射在旋轉門的玻璃上。[12]《紐約時報》報導，黃文雄被戴上手銬拖至馬路對面的巡邏車時高呼：「福爾摩沙萬歲，台灣萬歲，打倒蔣介石。」

此事對蔣經國衝擊極大。他故作鎮靜並寬宏大量地聲稱「如果那個年輕人請求見我，我會接見他的」。他又問身邊的人說：「台灣人為什麼要殺我？」這個大哉問，或許就是他推動人事「本土化」的肇端。

台獨、美帝和中共，蔣經國的「三合一」敵人

蔣介石有一句名言：「凡對中華民國有利者，亦必對美國有利。反之亦然。」但實際上，蔣氏父子只是想利用美國來保住政權，心中並不信任美國。尤其是蔣經國，美國對蔣經國的擔心沒有錯，他骨子裡是反美的 ── 蔣經國在其日記中透露了真實想法：「美國如同其他國家一樣的奸惡，但是要比別人愚蠢而又笨，今天的美國人已經不是理想中尊重正義的美國人了，不知誰能挽此重大變局。」、「美國自以為強，玩弄手法，欺善怕惡，化友為敵，無一友國，危者此國，余既恨之，而又不得不應付之。」、「美大使邀余晚餐，並觀美國電影，本想謝絕，因以此類應酬為苦，但是以國家的利益計，接受了此一邀請。當晚足足花了三個多小時，在精神上是近月來最感痛苦的一段時間。心裡在反，面上在笑。」[13]

蔣經國需要美援，需要美國的軍售和軍事保障。美援在台灣

經濟尚未起飛的時代，對國民黨政權性命攸關。從贛南時期就在
蔣經國身邊工作的文膽漆高儒在《蔣經國評傳》一書中寫道：當
時國民政府著手整軍，整軍就連帶發生安置退除役官兵的經費問
題，因為政府實在很窮，國民所得只有五十美元，對外貿易不足
三億美元，十足是個低度開發國家，對現役官兵所需經費，已是
捉襟見肘，哪裡還有錢來發給退除役官兵；好在美國那時對台灣
頗有好感，同意一次性贈與四千多萬美元，簡直是雪中送炭。蔣
經國對這筆錢的用途，做了兩筆事業的支應。第一項是興建中部
的東西橫貫公路，僱用數萬退除役官兵當工人。第二項是辦了一
個規模宏大的榮民總醫院。[14]這兩項「蔣經國的德政」，花的都
是美援，但國民黨在宣傳中淡化、掩蓋這一事實，蔣經國對美援
缺乏基本的感恩之心。

　　但美國與國民黨政權的戰略目標並不完全重合，存有相當大
的分歧。多年以來，美國政府只是支持中華民國對抗中共的低度
軍事活動，拒絕不斷要求同意採行的大規模反共行動。這是蔣經
國幾次訪美商談的主題，但都無功而返 —— 美國沒有忘記國民
黨在中國慘敗的歷史，而今日之國軍並不具備擊敗共軍的能力。
美國國務卿杜勒斯訪問台北，隨後與國府發表聯合公報。在聯合
公報中，國府以放棄武力反共大陸為代價，換取美國承認中國沿
岸島嶼與台灣防衛有「密切之關聯」。[15]

　　軍事戰略不僅僅是引起台灣與華府關係緊張的唯一領域，美
國顧問和駐軍享有的「治外法權」觸動了國民黨人和民眾的民族
主義情緒，此一情緒在「劉自然案」中被引爆。

一九五七年三月二十日，少校學員劉自然在陽明山駐台美軍宿舍附近遭美軍軍官羅伯特·雷諾（Robert G. Reynolds）開槍擊斃。美軍法庭於五月二十三日經陪審團投票表決，以「殺人罪嫌證據不足」為由，宣告雷諾無罪釋放，當天將其遣送回美國。蔣經國在日記中評論說：「為美軍法庭判殺人犯無罪之事，余憤慨到了極點，甚至想到拒絕美方之邀請取消訪美之計畫，此情感之衝動也。」次日，民眾在美國使館外示威抗議，警察袖手旁觀。失控群眾衝入大使館，搗毀內部設施，燒掉汽車並毆打使館人員，事件演變成「五二四」暴動。在清場過程中，三人死亡，三十八人受傷，一百一十一人遭逮捕。

美方認為這起抗爭充滿疑點，考慮到當時白色恐怖的政治氣氛，很難相信人民可以走上街頭，用激烈手段表達不滿。若沒有來自高層的默許和操弄，要在首都台北發起這樣數千人的暴動，實在匪夷所思。中央情報局局長表示：「我傾向於懷疑某一國民黨高官指控的正確性，即：蔣的兒子發動這場動亂。」

其中部分參與抗議的學生，如陳映真、陳中統等人均來自成功高中，該校又是蔣經國長子與次子曾就讀的學校。那時是中學生的許曹德在回憶錄中寫道，事發當日遇到一位在成功中學的在校友人，友人告知要換上便服，在教官帶領下，前往美國大使館抗議：「我們知道那時控制學校的是救國團，教官就是救國團的學校警察，而救國團主任就是當時台灣的特務頭子蔣經國。」蔣介石的秘書周宏濤在日後的回憶中認為蔣經國和事件脫不了關係，是小蔣利用安全局在背後操作。[16]

蔣介石召見蔣經國並告知，美國大使館向外交部及他本人表示，此次搗亂美大使館之暴行為救國團所指揮，「拖延驅散暴民之時間乃學習俄國方法，乘此機會偷開保險箱，雖非明說而事實上則明示蔣經國為此事件之幕後人」。此事引發了蔣經國在蔣介石那裡的信任危機。

蔣經國不承認該事件是其操縱的。因為一旦承認，他的政治生命就畫上了句號 —— 美國不會容忍一個反美人士成為台灣的領導人。

蔣介石親自向美國駐台大使藍欽道歉，並將衛戍司令黃珍吾、憲兵司令劉煒、警務處長樂幹等免職。六月一日在國父紀念月會，蔣介石發表「告全國同胞書」，將劉自然事件比擬為義和團暴動，視為恥辱。蔣經國亦被調任為國軍退除役官兵就業輔導委員會主委，暫離權力核心。這些處置，尤其將蔣經國調職，可以視為蔣介石個人情緒的反應或判斷，同時也有來自美方壓力。[17]

一九七〇年代，國際局勢驟變，美國在越戰中受挫，國際聲望和實力相對下降，決策者中缺乏麥克阿瑟那樣的英才，對戰勝蘇俄、贏得冷戰缺乏信心。在季辛吉策劃下，制定聯合中國對付蘇俄的新戰略。這是二十世紀下半葉美國外交戰略最大的錯誤。美國決策階層沒有看到，蘇俄極權體制已出現鬆動，從赫魯雪夫開始即提倡與西方和平相處，蘇聯自身的經濟遇到大問題，蘇聯並沒有想像中那麼強大。反之，中共堅守僵化、好戰的史達林主義和毛主義，認定社會主義與資本主義不能並存，叫囂打第三次

世界大戰、打核戰爭，在共產國家中最具原教旨主義色彩，其危險性已然超過蘇聯。美國正確的戰略不是聯中抗蘇，而是聯蘇抗中，若美國採取後一種戰略，今天的國際格局將大為不同，美國不會迎來建國以來最可怕的敵人 —— 野蠻崛起的中國。

當時，美國仍給台灣留下相當餘地：當美國無法阻止中國加入聯合國、取代中華民國在安理會的常任理事國席位之際，美方先提出「雙重代表權」方案，若按此方案發展，未來就是「兩個中國」或「一中一台」。但蔣介石為守住其虛構的「中國唯一的正統政府」的名分，以「漢賊不兩立」為名斷然拒絕美方的建議，等於自尋死路。最後，聯合國大會通過「招請中國，驅逐國府」的阿爾巴尼亞提案。從此，台灣被國際社會孤立、隔離。多年後，台灣希望重返聯合國，卻難於上青天。[18]

中華民國政府退出聯合國是失去國際合法地位的第一步，美國與中華民國政府斷交是更致命的第二步。十二月十五日午夜，美國駐台灣大使安志克緊急求見蔣經國，告知卡特總統幾個小時後將宣布與中華人民共和國建交。被從睡夢中叫醒的蔣經國強作鎮靜，向其提出「最嚴重之抗議」，卻也深知無濟於事。

十二月二十七日，由美國副國務卿克里斯多福率領的美國政府代表團於夜間抵台北，與台灣政府商議兩國斷交後如何維持「準官方關係」。結果，大量民眾到機場抗議示威，克里斯多福的座車受到攻擊，安志克描述說：「機場都是暴民、拿著竹竿、眼睛充滿血絲，我們生命受到威脅……」蔣經國像慈禧太后那樣認為「民氣可用」，試圖重演劉自然事件中的「三二四」暴

動，卻讓事態更加惡化。他在日記中輕描淡寫地說，「群眾難以控制，深以為憾」——白色恐怖時代，他控制群眾收放自如、滴水不漏，這一次當然是故意放水。

但蔣經國與美國人談話仍彬彬有禮，他的政權離不開美國的軍事保護。學者汪浩概括說，萬變不離其宗，「經國路線」的核心是「反共，親美，保台」。[19] 然而，蔣經國內心並不親美，他的思想哲學生活方式與美國並不相同，但基於現實主義考量，要「反共」和「保台」，不得不採取親美政策。

進入一九八〇年代中期，兩國的緊張關係轉移到人權和經濟兩個領域。雷根政府基於冷戰局勢出現緩和，不願支持若干雖反共卻獨裁的政權，坐視菲律賓馬可仕政權垮台。一九八二年在美國洛杉磯成立的「台灣人公共事務協會」旨在「宣揚台灣人民追求民主與自由的決心，造成有利於台灣人民自決及自主獨立的國際環境」，在美國展開廣泛的遊說活動，促使美國國會通過《支持台灣民主決議案》等多項議案，對蔣經國政權造成巨大壓力。「畢竟國民黨政權本身即是殘存於冷戰時期東西緊張氣氛下的怪物，因此對於這種世局變動較之任何人都有著更深的感觸。國府不但不能再逆上世界潮流，而且也必須遵守『法律與正義』、『自由與秩序』、『和平與平等』等法則。」[20]

江南案將美國對台灣人權狀況的批評推到最高點 —— 國民黨情治人員和黑幫在美國暗殺美國公民，美國為之震怒，蔣經國及國民黨政權的國際名聲猛跌。美國國會通過《支持台灣民主決議案》，敦促台灣當局朝向完全民主化的方向邁進：「承認在野

黨，廢除新聞檢查制度，實行完全的代議制政體」，「如果國民黨在推動民主的腳步上有所怠惰，美國將不惜以更激烈的方式要求台灣改變」。美方的壓力是台灣走向民主化重要推動力。

蔣經國晚年在內心深處將台獨、美帝和中共視為「三合一」的敵人。他對美國的怨恨，除了兩國在政治和經濟等方面的分歧及民族主義因素之外，最根本的原因在於他對自由的恐懼——在他看來，自由是一種可傳染、無法抗拒的病毒，美國是其源頭。所有來自美國的東西，都包含有自由這種病毒。即便是從美國留學回來的知識分子，也是病毒攜帶者（諷刺的是，他將自己的孩子送到美國留學，不惜破壞此前不准官員送唸中學的孩子留美的規定，專門為蔣孝文規劃一場瞞天過海的留學人才選拔「考試」）——而這種病毒必然危及其對權力的壟斷。果不其然，蔣經國挑選的接班人李登輝是一位留美歸來的博士，李登輝成為台灣民主化的推手和「民主先生」。

戴上牛仔帽的鄧小平，就是美國牛仔嗎？

鄧小平訪美的次數比蔣經國少，對美國的了解也比蔣經國少。鄧小平一生中只有兩次訪美，或更準確地說，一次是出訪紐約聯合國總部，一次是正式訪美，加起來時間只有二十天左右。

一九七四年三月，毛澤東指定鄧小平作為中國代表出席聯合國大會第六屆特別會議。這是莫大的榮耀，自從一九七一年聯合國接受中國入會起，未曾有中國高層代表在其講壇上向世界發表

演講。有學者認為，參加此次大會將提升鄧小平作為周恩來接班人的國內外威望，表明「鄧小平的時代即將來臨」。[21] 但實際上，毛安排鄧小平在聯合國大會發表演講，是對鄧的一次考驗，周恩來的身體狀況已無法遠行，毛讓鄧制約周。

鄧並非外交家，也缺乏周恩來的翩翩風度。鄧知道，此行對贏得毛的信任至關重要。從三月二十七日起，他就減少國內工作，全心準備出訪，主要是起草發言稿。發言稿的核心部分是向全世界介紹毛的「三個世界」的新論斷，都是反美和反蘇的陳詞濫調。鄧在結尾處加了一段自己的想法：

> 中國現在不是，將來也不做超級大國。如果中國有朝一日變了顏色，變成一個超級大國，也在世界上稱王稱霸，到處欺負人家，侵略人家，剝削人家，那麼，世界人民就應當給中國戴上一頂社會帝國主義的帽子，就應當揭露它，反對它，並且同中國人民一道，打倒它。[22]

鄧吩咐起草發言稿的凌青說：「你就這樣寫，不必改。」鄧的講話稿得到了毛的首肯。

在習近平張牙舞爪、戰狼外交的今日，重讀鄧小平的這段話，真是莫大的諷刺。進入二十一世紀，中共領導層意識到年輕一代對馬列主義毫無興趣，決定用侵略性的民族主義來取代，這是一種非常有效的動員與社會凝聚因素，也符合高層的內在情感。中共的目標不再是建立社會主義，而是建立帝國強權。[23]

　　四月四日上午，毛召集政治局委員談話。毛對鄧說，你準備
開跑啊？鄧說：「這次去是聾子辦外交。」毛說：「聾子放炮仗
啊，自己聽不見，只看到炮仗散了。」這種幽默夠低俗的了。鄧
小平出發時，毛之外的領導層幾乎全部前往機場送行，他受到的
隆重待遇彷彿當年赴莫斯科與蘇聯論戰凱旋歸來一樣。

　　鄧小平在紐約停留九天，大部分時間都在聯合國總部或其下
榻的華爾道夫酒店出席各種會議和會談。其間，季辛吉專程到酒
店來與之會晤，兩人從晚上八點一直交談到十一點。兩人一起暢
飲茅台酒，鄧說：「我跟你們一起在北方修理這頭熊（蘇聯）。」
這是投其所好，當時美國最擔憂的就是蘇聯的擴張。季辛吉回憶
說，剛剛從流放地歸來的鄧不熟悉歷史性問題和外交事務，其
個人風格直接而尖刻，「這個帶著憂鬱眼神、個性強悍的小個子
在面對非比尋常的沉浮時還能堅持自己的志業」，這讓他相當佩
服。[24]

　　四月十四日是週末，鄧小平這才有空逛逛紐約，但他從未透
露對這座象徵資本主義成就的都市有什麼印象，是羨慕，還是厭
惡？他很喜歡伍爾沃斯百貨公司內的兒童玩具，包括一個會哭、
能餵奶，甚至還會尿尿的洋娃娃。時任聯合國副秘書長的中國外
交官唐明照買了洋娃娃送給鄧的孫女。

　　鄧小平的這次聯合國之行，基本只是行禮如儀，沒有什麼實
質性的外交成果。毛澤東還活著，中國的極左政策巋然不動，中
美關係也不可能有重大突破。

　　一九七六年九月九日，毛死去，隨後「四人幫」被清洗，文

革宣告結束，中國的內政和外交都面臨一場劇變。一九七八年五月，第三次復出的鄧小平，官方職位只是國務院副總理，但其聲威已凌駕於毛指定的接班人華國鋒之上。鄧小平需要在對美外交上取得突破，以此鞏固其黨內地位。他主動向來訪的卡特的國家安全顧問布里辛斯基提出想到美國看看，後者立即回應邀請其到他位於華府郊區的家中一坐。十二月，美國總統的正式邀請送達北京。

鄧小平訪美的意義在於，爭取美國的允許，加入美國在戰後創建的國際秩序，尤其是全球貿易秩序，這是中國脫貧和中共脫困的唯一救命祕方。中國遲到了三十年，這是毛澤東向蘇聯一邊倒、出兵韓戰與美國為敵的惡果。

鄧小平出訪的日子是一九七九年大年初一，此行被譽為「破冰之旅」。鄧小平說，這是向世界上最發達的國家學習。按照中國人的習慣，農曆的大年初一一般不出遠門，一家老少在家團聚過年。鄧小平把出訪選擇在中國的良辰吉日，表明他十分看重這一次出訪，「一年於始，萬象更新」，其取意是「這是一個新的開始」。這次訪問成為鄧小平第一次和最後一次正式訪美，此後他再也沒有出過國門。

鄧小平兩度在白宮與卡特會談，雙方簽署了科技合作協定和文化合作協定。鄧強調，這不是結束，而僅僅是開始。卡特在日記中寫道：「鄧小平的來訪是我在總統任內最愉快的經歷之一。對我而言一切都很順利，中國領導人似乎也同樣愉快。……我對他有絕佳的印象，他個子矮小，看起來堅毅、聰明、勇敢、坦

白、有自信、友善，和他談判是件樂事。」卡特這個頭腦簡單的農場主缺乏基本的處理國際關係問題的能力，他誤讀了中共，也誤讀了鄧小平。他經常批評蘇聯的人權狀況，卻對中國更加惡劣的人權狀況熟視無睹。

鄧小平告知卡特，他將向越南發起一場小規模的懲戒戰爭──這是他送給美國的一份「投名狀」。後來，鄧小平談及這場戰爭與美國的關聯時說：「我訪美時一路上講要教訓越南，美國不贊成。我採取較大的行動，怕引起蘇聯的大的反應。但同時我們也摸到了一點氣候，美國一邊反對我們懲罰，另一方面通報我們一點情報，說蘇聯的軍隊根本沒動……這樣的情況，就可以具體分析了。」鄧小平又說：「在美國，我說你為什麼對古巴在非洲橫衝直撞，為什麼不教訓一下？他不敢吭氣。我們在行動上就使他們看到老虎屁股是可以摸的，他們不敢摸。」[25]

美國人不吝於給予鄧小平種種崇高的榮譽。比如，位於費城的天普大學向鄧小平頒發了榮譽法學博士學位，而鄧小平是一個連中學教育都沒有完成的半文盲和法盲。

鄧小平在典禮上發表演講說：「天普大學以堅持學術自由聞名，我認為這是貴校成功的一個重要因素。貴校為我這個信仰馬列主義和毛澤東思想的人授予榮譽博士學位，就充分說明了這一點。……美國人民是偉大的人民，在短短的兩百年時間裡發展出巨大的生產力和豐富的物質財富，為人類文明做出了傑出貢獻。」[26]

鄧小平巧妙地利用民主制度的缺口，讓馬列主義和共產主義

信仰者成為西方「多元」中的一元，卻不允許中國出現「資產階級自由化」苗頭。他承認美國在「發展生產力」方面的貢獻和經驗，卻隻字不提美國的民主自由憲政制度，將後者拒之門外。鄧小平在中共十二屆二中全會上講話時特別提及：「我一九七九年訪問美國之前，有一批美國議員來北京，對我說，美方在會談時要同我討論人權、人道主義問題。我說我不同他討論這個問題，要討論，我的話多得很。我的意思很明白：美國帝國主義侵略中國，幫蔣介石打內戰，搞『中美合作所』，殘殺了那麼多中國人，還配講什麼人權，人道主義？資本主義有什麼人道主義？更不要說帝國主義了。後來美方沒有提這個問題。」[27]

鄧小平訪美期間，中美簽署了教育和文化方面的交流合作協議，推動中國大規模派遣留學生到美國學習先進的科學文化。遺憾的是，此後數十年、百萬計中國留學生赴美深造，卻未將中國往民主自由方向牽引一絲一毫，他們中不少人躋身黨國領導人行列（如習近平的財經智囊、政治局委員和副總理劉鶴），反而鞏固了中共的獨裁統治。許多中國留學生偷竊美國的技術、專利和智慧產權，給美國造成巨大損失，同時幫助中國野蠻崛起。

鄧小平出席了國會為他舉行的歡迎會，雙方討論最惠國待遇問題時，因為國會有法案規定，要求共產黨國家允許希望移民的人自由離開，然後國會才能批准這些國家享有正常貿易關係。當有國會議員逼問該問題時，鄧回答說：「哦，這事好辦！你們想要多少人？一千萬？一千五百萬？」這種痞子無賴式的回答，讓美國人啞口無言。中國人得到豁免，得到了最惠國待遇。

　　鄧小平在美國的行程中有許多感歎、歡笑，甚至激動的淚水──他的演技雖不如周恩來，卻讓蘇聯人望塵莫及。鄧小平跟政治人物、企業家與運動員握手，親吻為他唱〈我愛北京天安門〉的中文歌的美國孩童們，包括卡特的女兒艾美·卡特──那是國宴之後在甘迺迪藝術中心的演出，演出向全國電視觀眾做直播，一位美國官員說它「大概是整個卡特當政期間最風光的一個晚上」。據孟岱爾副總統說，大廳裡人人眼中閃爍著淚光。[28]美國用這種卑賤的方式討好這個中國小個子（天真無邪的孩童不應當被如此操弄），彷彿他不是來自共產黨國家的獨裁者，蘇聯領導人布里茲涅夫享受不到這樣的待遇──因為美國高調接待鄧小平，蘇聯取消了原定布里茲涅夫訪美的計畫，剛有點起色的美蘇關係再一次跌入谷底。

　　密切關注著老同學訪美之行的蔣經國，忐忑不安、心急如焚。對於鄧小平的這趟訪美，台灣是蘇聯之後的第二個大輸家。其實，真正的最大輸家不是蘇聯，而是美國，美國對鄧小平寄予的所有希望，後來都被鄧小平親手打碎。十年後，〈我愛北京天安門〉這首紅色歌曲將被鄧小平賦予鮮血的顏色──天安門成為血腥屠殺的象徵，在那裡，學生們塑造的、向紐約自由女神像致敬的民主女神塑像被坦克粗暴地輾碎。

　　鄧小平參訪了美國的多個城市，特別是那些象徵著美國無與倫比的生產力的場所──包括福特與波音的工廠，休士頓太空中心。美國人大大方方地將最先進的工廠和科學中心展示在其面前，希望這個看似開放、開明的共產黨領袖認同美國的成就，與

美國展開廣泛的經濟貿易合作。美國樂於充當中國走向現代化之路的老師。這是美國人性格中的一大優點，也是一大缺點——太好為人師了。鄧小平看到這些工廠和科學中心時，當然歎為觀止，期盼中國早日擁有類似的現代化項目，但他心中早已打定主意：中國只需要美國的資金和技術，不需要美國的民主自由的政治觀念和政治制度，他可不願意像美國總統那樣接受四年一度的選舉、接受國會和最高法院的制約、接受媒體的批評。中國的人民代表大會和政治協商會議只是橡皮圖章，沒有任何一個成員敢於像美國國會議員那樣公開反對國家元首。

美國的外交官們過於樂觀地得出結論：他們成功地將鄧小平轉化為朋友了。鄧小平訪美比蔣經國訪美更成功——蔣經國代表的是小小的台灣，鄧小平代表的是龐大的中國。鄧小平向美國公眾和媒體展現出比蔣經國更多的笑容。當年，美國人對毛澤東的喜愛超過了蔣介石，如今他們又在犯同樣的錯誤。美國國務卿萬斯評論說：「鄧小平的造訪有如一場盛會。」二月二日晚上，「鄧旋風」吹到休士頓以西三十五英里的西蒙頓馬術競技場。鄧小平接過十七歲女孩凱莉贈送的白色牛仔帽，並戴在頭上，那真誠可愛的樣子，引起全場的歡呼和掌聲。鄧小平頭戴牛仔帽和揮動牛仔帽向觀眾致意的場景，成為其訪美的經典畫面，傳遍千家萬戶。

美國普通民眾對國際事務知之甚少，冷戰時代媒體塑造的共產國家的領袖，全都是氣勢洶洶、聲色俱厲的惡魔，比如赫魯雪夫在聯合國講台上脫下皮鞋敲擊桌面的場景。此刻的鄧小平似乎

完全融入美國文化，成為一名開朗自由的西部牛仔。媒體評論說：「鄧小平用這個簡單的動作，不僅結束了中美兩國三十年的怨恨，也給了他的人民某種許可，讓他們和他一起接納美國的生活和文化，……消除中國對西方根深蒂固的抵制。」這張照片成功地將某種虛假信息傳遞給美國公眾：鄧小平不但很幽默，而且不太像「那些共產黨」，而更像「我們」。《休士頓郵報》頭條標題是：「鄧小平不問政治，成為德州人。」[29]

美國人過於天真和單純了。戴上牛仔帽的鄧小平，並未成為美國牛仔，依然是毛澤東所說的「開鋼鐵公司」的共產黨人。儘管鄧小平缺乏毛澤東那種卡里斯瑪式的領袖魅力，也對大規模的個人崇拜興趣缺缺，但他比西方政客和明星更深諳宣傳術，他像路易十四那樣善於「製造」其公共形象，熟練地蠱惑和操縱人心。將鄧小平視為好人、朋友乃至「自己人」，是美國人在冷戰後期犯下的最為嚴重錯誤。鄧小平的中國對美國的威脅，很快就超過戈巴契夫的蘇聯。

鄧小平戴牛仔帽的照片也傳回中國，這個舉動極大鼓舞了剛從文革噩夢中解脫出來、開始追求時尚的中國年輕人，牛仔裝迅速風行全國。當時，求購一條牛仔褲可不是件容易的事，以致有人找來工裝布，自己製作「山寨版」牛仔褲。在幾年後的「清除精神污染」運動中，牛仔褲成為西方「精神污染」的一個案例，但官方已然無法查禁。

鄧小平訪美大獲成功，但鄧小平在美國呈現的溫柔的一面並不是其真實面貌。鄧小平在台灣問題上堅若磐石，不願讓步。他

尖銳地指出：「在中美關係上始終存在一片烏雲，這就是美國單
方面制定的、嚴重違背中美建交原則的《台灣關係法》，希望美
國能正視這個問題。」他甚至說：「《台灣關係法》還是杜勒斯
主義的產物。美國人可能感到這不是一件什麼了不起的事情，但
是中國人的看法就不同了。在中國人看來，這不是在干涉中國的
內政嗎？美國的議會通過一個什麼法來強加給中國人民，這是什
麼主義？」

　　後來，鄧小平對來訪的西哈努克親王明確表示，已就美國向
台灣出售武器這個問題「做好了降低外交關係的準備，在這一問
題上我們沒有迴旋餘地，實在不行，關係就倒退吧！那有什麼了
不起，我看中華民族還是存在的」。然而這些細節，美國媒體很
少報導。

反資產階級自由化就是反美

　　鄧小平的親美是權宜之計，用他的話來說，是「韜光養
晦」：中國現在比較弱，打不過美國，要把鋒芒隱藏起來，把目
的隱藏起來，發展自己。要利用美國的資金和技術讓中國富強起
來。等到中國足夠強大，再挑戰美國、取而代之。「韜光養晦」
不是和平共處，它本身就是一種戰爭術語，是不讓敵人意識到
其壯大，最終打敗敵人的戰略。「韜光養晦」的最終目的，是決
戰，是消滅敵人。

　　鄧小平對毛時代的一句名言深信不疑 ——「美帝亡我之心不

死」。他知道，一旦改革開放，美國的資金和技術進來，美國的民主自由的政治文化也會進來，所以事先要做好預防措施，給中國人普遍施打阻隔民主自由病毒的疫苗，這就是所謂的「反對資產階級自由化」。美國是資產階級和資本主義大本營，也是世界上最「自由化」的國家，「反對資產階級自由化」，就是反美。

早在一九八〇年十二月的中央工作會議上，鄧小平在二十五日作題為〈貫徹調整方針，保證安定團結〉的總結講話，扭轉了大會推動政治改革的勢頭。鄧小平說：「不要社會主義法制的民主，不要黨的領導的民主，不要紀律和秩序的民主，決不是社會主義民主。相反，這只能使我們的國家再一次陷入無政府主義狀態。」他批評前一階段的宣傳工作「沒有積極主動、理直氣壯而又有說服力地宣傳四項基本原則」，造成了思想混亂。他強調，宣傳工作的重點要轉向「批判和反對崇拜資本主義、主張資產階級自由化的傾向」，正式提出了「資產階級自由化」的概念。

鄧小平在此次講話中強調「必須加強人民民主專政的國家機器」，堅決打擊和分化瓦解各種破壞安定團結的勢力。重點針對兩種現象：一是禁止非法組織的活動和非法刊物的刊行；二是通過法律法令限制工人罷工遊行示威，禁止串聯。鄧小平提出，一些地方鬧事嚴重的，必要時可以宣布戒嚴，調動部隊維持秩序。[30]

法國資深記者雷米‧考菲爾將鄧小平形容為「小舵手」，這個「小舵手」一點不比毛澤東心慈手軟。一九八九年，鄧小平調動野戰軍進京「平暴」，不是心血來潮，而是淵源有自。軍隊永

遠是鄧小平維持權力的選項，儘管是其底牌。鄧小平的軍委主席一職是其最後辭去的職位。他辭去軍委主席一職後，仍緊緊掌握軍隊指揮權——當楊尚昆、楊白冰兄弟在軍中拉幫結派、擬訂軍委成員名單之時，他接到江澤民的告密後立即發威，將楊氏兄弟罷黜、打入冷宮。鄧比毛「略輸文采」，亦不善言辭，卻跟毛一樣熱衷於「彎弓射大鵰」，慣於使用槍桿子對付筆桿子。他不是秀才，是兵，兵凌駕在秀才之上。

鄧小平說過：「反對資產階級自由化，我講得最多，而且我最堅持。」這是其由衷之言。最能體現鄧小平思想的文獻是《鄧小平文選》和《鄧小平年譜（一九七五－一九九七）》，統計涉及四項基本原則和反對資產階級自由化的講話和文章在其全部講話與文章中的比例，可清楚地反映出這個思想在鄧小平理論中的分量和重要性。《鄧小平文選》第二卷收錄鄧小平一九七五年到一九八二年九月的講話和文章，從他提出四項基本原則算起共有三十二篇，在這段時間，資產階級自由化還處於發展初期，此類講話和文章有八篇，佔四分之一。《鄧小平文選》第三卷收錄鄧小平從一九八二年九月到一九九二年二月的講話和文章，共有一百一十九篇。在這段時間，資產階級自由化「迅猛發展」，此類講話和文章比例很大，有五十二篇，佔百分之四十三點七，幾乎一半。《鄧小平年譜（一九七五－一九九七）》中查詢「四項基本原則」有四十四條紀錄，查詢「資產階級自由化」有三十條紀錄，查詢「自由化」有三十六條紀錄。這樣的比例和頻率在其他中央領導人的《文選》和《年譜》中是沒有的，「我講得最多」

這個結論是完全站得住的。[31]

　　一九八六年九月，中共召開十二屆六中全會，胡耀邦主持起草《精神文明建設指導方針決議》。決議稿中沒有「反對資產階級自由化」的字樣，倒是強調高度民主的重要性。在政治局擴大會議上討論時，王震、彭真、薄一波、胡喬木等人猛烈反對，堅持必須加入「反對資產階級自由化」的內容。但陸定一反對在決議中加入「反自由化」，他擔心給人以文革回潮的印象。這場爭論在九月二十八日六中全會閉幕時達到高潮。結果鄧小平明確表態：「反對資產階級自由化，我講得最多，而且我最堅持。」、「搞自由化就是要把我們引導到資本主義道路上去，所以我們用反對資產階級自由化這個提法。」、「反對自由化，不僅這次要講，還要講十年二十年。」鄧的強硬表態壓倒了反對意見。

　　胡耀邦不得不在文件中加了一句：「搞資產階級自由化，即否定社會主義制度，主張資本主義制度，是根本違背人民利益和歷史潮流，為廣大人民所堅決反對的。」但胡耀邦在會後布置大家不必將會上的爭論向下傳達。鄧力群和胡喬木到鄧小平面前挑撥說，胡耀邦想隱瞞鄧小平的講話，不讓大家向下傳達。鄧小平大怒，說：「我在六中全會反自由化要反二十年，有人不愛聽，現在再加五十年，一共七十年，反到下世紀中葉。」[32]

　　一九八六年底，針對學潮事件，鄧小平同中央幾位領導談話，厲聲指出：學生鬧事「凡是鬧得起來的地方，都是因為那裡的領導旗幟不鮮明，態度不堅決。這也不是一個兩個地方的問題，也不是一年兩年的問題，是幾年來反對資產階級自由化思潮

旗幟不鮮明，態度不堅決的結果。要旗幟鮮明地堅持四項基本
原則，否則就是放任了資產階級自由化，問題就出在這裡」。他
還指出，對於那些明顯反對社會主義、反對共產黨的，要堅決處
理。

　　一九八七年，胡耀邦因反資產階級自由化不力而下台。鄧小
平在與外賓談話中指出：「這幾年，一直存在著資產階級自由化
思潮，但反對不力。儘管我多次強調要注意這個問題，可是在實
際工作中我們黨的領導不力。這是胡耀邦同志的重大失誤。所以
黨中央接受了他提出的辭去總書記職務的請求。」隨後，他又在
與外賓談話中提出：「在實現四個現代化的整個過程中，至少在
本世紀剩下的十幾年，再加上下個世紀的頭五十年，都存在反對
資產階級自由化的問題。過去講十年二十年，或者是至少二十
年，現在明確講還要進行七十年，要把反對資產階級自由化的鬥
爭貫穿在實現四個現代化的整個過程中。」鄧小平對中國未來的
意識形態的規劃，比他指定的江澤民和胡錦濤兩代接班人統治的
時間還要長，甚至長過習近平時代。

　　一九八七年三月三日，鄧小平在會見美國國務卿喬治・舒
茲時說：「中國必須走社會主義道路，必須保持安定團結的政治
局面。……所謂資產階級自由化，就是要中國全盤西化，走資
本主義道路。……我們說的社會主義是具有中國特色的社會主
義，而要建設社會主義，沒有共產黨的領導是不可能的。……
四個現代化，我們要搞五十至七十年，在整個四個現代化的過程
中都存在一個反對資產階級自由化的問題。……中國不存在完

全反對改革的一派。國外有些人過去把我看作是改革派，把別人看作是保守派。我是改革派，不錯；如果要說堅持四項基本原則是保守派，我又是保守派。所以，比較正確地說，我是實事求是派。」這段話，一是警告美國和西方，不要對中國抱有不切實際的幻想，中國不會西化、美國化或民主化，中國走社會主義道路和反對資產階級自由化的決心是堅定不移的。二是鄧小平給自己做出定位，他的改革絕不涉及改變中國的社會制度和共產黨的絕對領導地位，在意識形態上，他是「保守派」，或更準確地說是「獨裁派」。

鄧小平與大聲「反對自由主義」的毛澤東一樣，對自由充滿恐懼，將自由這個詞語和價值妖魔化。他在中央委員會的一次講話中說，從一九八五年以來他一直採取這一立場：對中國政治團結與社會安定的最大威脅，現在是來自右的「資產階級自由化」，而不是來自左的教條主義和派系主義。第一，因為現在在群眾間，尤其是在年輕人之間，普遍流傳一種思潮，那就是自由思想；第二，因為這種思想已經得到外面的支持，例如在香港和台灣，有些人反對中共所有的大原則，並說，大陸應該全面引進資本主義制度，彷彿那才是真正的現代化。鄧小平斬釘截鐵地說：「我們絕對不能模仿西方，而且不應該進行自由化。」[33]

從這段談話中可以看出三點：首先，鄧認為對共產黨最大的威脅不是左，而是右，這是他一生反右思想的必然呈現。其次，鄧認為香港和台灣是自由化思想的重要來源（當然，源頭是美國，香港和台灣是「二傳手」），也是「顛覆基地」。所以，鄧

及其接班人對香港和台灣的蠶食鯨吞，不單單是大一統的企圖心，更是捍衛其意識形態安全的防線 —— 香港和台灣的存在，本身就是對中國模式的對照、挑釁和顛覆，這是香港和台灣的「原罪」。中國回收香港以後，迅速將香港「新疆化」，讓香港窒息而亡。下一步，中共的黑手將伸向台灣。第三，鄧堅稱，中國的現代化決不是「西化」（「美國化」），但那時「中國模式」尚未成型，他未能對「有中國特色的社會主義」做出詳細闡釋。

　　一九八九年的天安門民主運動，鄧小平認為美國是幕後操縱者。他在接見首都戒嚴部隊軍以上幹部的講話中指出，「這場風波遲早要來。這是國際的大氣候和中國自己的小氣候所決定了的，是一定要來的」。他所說的「國際的大氣候」主要是指美國為首的資本主義國家推行的「和平演變」政策。鄧小平指出：「美國，還有西方其他一些國家，對社會主義國家搞和平演變。美國現在有一種提法：打一場無硝煙的世界大戰。我們要警惕。資本主義是想最終戰勝社會主義，過去拿武器，用原子彈、氫彈，遭到世界人民的反對，現在搞和平演變。」

　　當時，布希政府不希望美中關係因六四屠殺而破裂，派國家安全顧問斯考克羅夫特和副國務卿勞倫斯作為其特使祕密飛往北京拜見鄧小平。在會見兩人之前，鄧小平對總理李鵬和外長錢其琛說，中國領導人既不怕美國人，也不怕制裁。在正式會談時，鄧小平表示他將布希「當作朋友」，但六四事件「是一次地震，十分不幸的是，美國人也涉足太深。……美國對外政策的各個方面實際上是把中國逼入牆角」。[34] 這顯然是賊喊捉賊，殺人犯

反倒成了無辜受害者。

　　鄧小平不排斥西方的物質財富，尤其是美食 —— 他青年時代在法國勤工儉學，愛上了法國的可頌麵包和紅酒，中國駐法國使館的一個重要任務是定期空運法國頂級餐廳的美食到鄧小平家。但是，鄧小平極度仇恨西方的民主自由價值。這是鄧小平的改革與趙紫陽的改革的根本差異，也是鄧小平的願景與劉曉波的願景的根本差異。一九八九年五月，鄧小平決定開槍殺人時，自己承認了這一點：「某些人所謂的改革，應該換個名字，叫做自由化，即資本主義化。他們『改革』的中心是資本主義化。我們講的改革與他們不同，這個問題還要繼續爭論的。」鄧小平不是用言語和文章來爭論，而是用坦克的機槍來終止爭論。

第九章　接班人與遺產

人們原本以為，獨裁者跟他們的雕像一樣無可撼動。

他們攫取了子民的靈魂，重塑了他們的思想。

他們對人民施了法，但這個法並不是咒語，而是恐懼。

當恐懼蒸發的時候，整個大廈就崩塌了。

—— 馮客（當代中國史學家）——

蔣經國和鄧小平的權力都比君主立憲制下的君王大得多。蔣
經國的台灣是威權體制，鄧小平的中國是極權體制。

學者從弗里德里屈和布里辛斯基概括出鄧時代的中共政權符
合極權政體的六大特徵：第一，馬列毛思想是最高指導思想，
將之明確寫入憲法中；第二，中共基本上仍在一個最高領導
者——鄧小平——的領導下運作；第三，警察體系無所不在，
恐怖統治是不爭的事實；第四，傳播媒體從中央到地方，都受到
黨全面監控；第五，所有的武裝力量完全被黨獨佔，黨軍完全結
合；第六，經濟活動由國家控制，國營企業掌握經濟命脈。[1]

不同於鄧小平的中國，蔣經國的台灣是威權政體。在這種政
體中，軍隊的分量格外吃重，大眾參與通常很低，公民權利尤其
是政治權利並不存在，通常欠缺用以動員的政治意識形態，其統
治形態偏向世襲制統治，上下之間是一種主僕關係。[2]蔣經國的
統治模式完全符合這些特徵。

在皇權專制時代，最高權力的交接，除了改朝換代和宮廷政
變之外，一般都是世襲，禪讓則大都是對宮廷政變的遮掩。蔣經
國的台灣和鄧小平的中國儘管存在威權與極權之差異，但有一點
相似之處：接班人問題沒有制度上的保障。這是其難以自我克服
的「阿基里斯之踵」。

在國民黨的台灣，小蔣順利從老蔣那裡接班，但他試圖將權
力傳遞到蔣家第三代時，卻遇到無法克服的障礙：在家族內部，
他的兒子全都不成器，聲名狼藉，無法接班；在島內，國民黨派
系鬥爭激化，黨外和民間則民主意識高漲；在島外，美國施加壓

力要求民主化，反對權力世襲。在錯綜複雜的情境之下，蔣經國的猝死，使得李登輝脫穎而出，將台灣帶往民主化和本土化的方向。李登輝是否繼承了蔣經國的遺志、捍衛了蔣經國的政治遺產？或者李登輝將台灣帶向完全不同於蔣經國設想的另一種願景？

在共產黨的中國，毛時代的接班人問題因毛本人的權力狂本性而越發風雲詭譎。學者宋永毅在論及林彪和中共接班人悲劇時，以「變異的皇太子」政治來形容之。鄧時代亦如此，毛罷黜了劉少奇和林彪兩個接班人，鄧小平也罷黜了胡耀邦和趙紫陽兩個接班人。毛澤東選擇接班人的重要標準是接班人必須守護其政治遺產，所以他在文革後期起用鄧小平的時候要求鄧承諾對文革「永不翻案」（儘管鄧小平只是當時除了毛之外排名第四的人物）。但毛選擇的第三個接班人華國鋒在毛屍骨未寒之際就抓捕江青等人，取代華國鋒的鄧小平更是立即「翻案」。毛害怕身邊出現批判史達林的赫魯雪夫，劉、鄧在文革中都被形容為赫魯雪夫。而鄧在挑選接班人的時候，也存有同樣的恐懼，正是出於這種恐懼，鄧罷黜了不願跟他一樣反對資產階級自由化和堅持四項基本原則的胡耀邦和趙紫陽。然而，後來真正接班的江澤民、胡錦濤和習近平，是否仍然走在鄧小平的路線上？尤其是習近平，究竟是親鄧，還是反鄧？

為什麼他們的兒子沒有成為接班人？

　　獨裁者若無法確立接班人，或其確立的接班人不能順利接班，則其政治遺產無法傳承。獨裁者最希望傳位給兒子或家人，此種血緣關係最能保障其歷史地位不被顛覆、翻轉。北韓金氏政權已傳位三代，是現代世界的一個奇蹟；敘利亞阿薩德父子掌權大半個世紀，卻帶來慘烈內戰；古巴卡斯楚傳位給弟弟勞爾，勞爾退休後，卡斯楚王朝六十年的統治落幕。

　　鄧小平用隱形政變推翻毛指定的接班人華國鋒，進而否定文革，部分推翻毛的遺產。但鄧如毛一樣，也失去了傳位給兒子的現實條件：其長子鄧樸方在文革中不堪紅衛兵凌辱，跳樓逃生，摔成重度癱瘓；次子鄧質方為留美博士，熱衷於經商（四方集團創辦人），沒有從政。而在中國的傳統中，從未有過獨裁者傳位給女兒的先例，鄧小平也不可能傳位給女兒。

　　鄧小平沒有刻意培養子女從政，卻讓子女享受特權，且不說他掌權之後，諸多子女參與「官倒」，富可敵國，在毛時代時，他就相當溺愛。

　　鄧家第三代中，鄧卓棣是兒子鄧質方與妻子劉小元的獨生子，也是鄧小平唯一的孫子。二〇一三年，鄧卓棣被任命為廣西壯族自治區百色市平果縣副縣長──此地正是鄧小平發動百色起義的地方，這一職位是鄧家人的刻意安排。二〇一四年，雲南媒體報導，鄧卓棣擔任中共廣西平果縣新安鎮黨委書記，同時兼任平果縣副縣長。此後鄧卓棣又擔任平果縣縣委副書記。但兩年

之後，有香港媒體報導鄧卓棣不再擔任縣委副書記，似乎悄然離開政壇，從此極少見到公開報導。鄧家在政壇呼風喚雨的時代已然終結。

與鄧小平相比，蔣經國有將大位傳給兒子的規畫──他本人就是以此方式獲得權力的。但是，蔣經國的三個兒子一個比一個不爭氣、不成才，他無奈之下放棄此一念頭。他在日記中多次表達對子女恨鐵不成鋼的感歎：「兒輩之不爭氣，影響家譽和事業，余身為人父而未盡父職，此心必將一生不安。」、「三兄弟個性不同志趣不一，到今天為止無一有大抱負者，可謂余教子無方矣。」、「自從孝武婚變發生以來，數週難眠，飲食失常，尤其昨天孝武以暴力強迫要求送其兒女丈母和妻子出國一事，思之寒心痛心。思之，子不教父之過，今日余既不能齊家，將何以治國？」

長子蔣孝文臥病後，蔣經國將希望寄託在二子蔣孝武身上。特務頭子沈之岳投其所好，兩次面薦蔣孝武為調查局長，蔣經國不以為然：「沈之岳竟兩次面薦孝武為調查局局長，聞之一驚，沈某竟幼稚到如此地步，否則別有用心，或者對我之為人與人格毫無認識，不論如何，此事不能責沈，而余應自反自省者多矣。」[3]此時，蔣經國已知道，讓蔣家子弟從事特務工作，無論台灣社會還是國際上，都影響觀瞻。但他還是安排蔣孝武祕密參與特務工作，雖無實際頭銜和官職，但若干情報部門的首長都需要向蔣孝武匯報工作。

此後，江南案在美國發生、遇害者為美國公民，引起美國政

府震怒。聯邦調查局很快查證，兇手是受台灣軍情系統僱用的黑幫分子，蔣經國的兒子蔣孝武可能涉案。

在美國被捕的竹聯幫中堅分子、外號「白狼」的張安樂一口咬定，刺殺江南是蔣孝武下令。下手槍殺江南的董桂森於被捕後，在美國受審時，也斬釘截鐵地指出，是蔣孝武下了誅殺令。

蔣孝武釀成大禍，蔣經國又氣又惱——國防部情報局在他兒子煽動下，僱用黑道到全世界最攸關台灣安危的國家，去執行冷血謀殺案，將他置於非常尷尬的境地。

原本追隨蔣經國多年、已上了年紀的自由派人士也大為震驚和羞愧，一個黨和政府要靠黑道及情治機構來威嚇敵人，其統治合法性和道德權威蕩然無存。此案也徹底摧毀了蔣經國長期以來對情治機制及祕密行動的信念，他對這個自己創造出來的怪物充滿無力感，稱之為「負數」。[4]

江南案發生之後，蔣經國承認了「殺人不能解決問題」這個民主社會最簡單不過的常識，放棄蔣家第三代接班的安排，以此承諾換取美方停止追究蔣孝武的罪行。一九八五年八月十六日與十二月二十五日，蔣經國兩度公開表示：「從來沒有考慮蔣家成員接班」，「蔣家不能也不會參選下任總統」。為堵眾人悠悠之口，蔣經國將蔣孝武調離台北，出國擔任「駐新加坡副代表」。蔣孝武再沒有與蔣經國見面，直到蔣經國猝死，他才回台灣奔喪。

蔣孝武被外放後，蔣經國又重用三子蔣孝勇，安排其進入國安會。蔣孝勇一時之間聲勢日隆，在外界有「地下總統」稱號，

但其表現並不好，蔣經國無法再賦予其更大的權力。

蔣經國終於絕望，在日記中寫道「望我子孫再不要有人從事於政治了」，並公開宣布「蔣家人不能也不會有人從政」。[5]

目前，違背蔣經國遺願、繼續從政的蔣家人，是在台北當選立法委員的蔣萬安──不過，蔣萬安是章孝嚴的兒子，究竟是不是真正的蔣家人，坊間有不同說法。

王昇出局不是共產黨的陰謀

專制制度之下，獨裁者不是靠選舉產生，其接班人的位置同樣如此。誰能成為接班人，端看獨裁者一人之好惡。覬覦接班人位置之人，往往竭盡所能討好獨裁者。但獨裁者天威難測、喜怒無常、變化多端，很多接班人明明已穩如磐石，卻在一夜之間身敗名裂（如毛澤東的接班人林彪，被欽定為「副統帥」，其接班人地位寫入黨章，仍遭毛的清洗，神祕死於飛機失事）。歷史多次證明，太早有接班勢頭的人物，大都不能真正接班。

蔣經國晚年，從贛南時期即已追隨蔣經國的王昇奉命主持「劉少康辦公室」，掌握以「反統戰」為名的尚方寶劍，幾乎無事不可過問、無事不可干預，勢力伸入警總、國安局、調查局，且以經營多年的政戰系統建立其派系、掌握軍方。王昇「接班」之說不脛而走。

王昇權勢熏天，飛揚跋扈，當時一般盛傳，後蔣經國時代，若蔣彥士擔任行政院長，則王昇會出任國民黨中央黨部秘書長，

蔣彥士溫和，王昇強悍，後者掌握實權。王昇的官階是三星二級
上將，軍中許多拍馬屁的將領，均稱呼其為「上將軍」，四星一
級上將的總參謀長、國防部長，看到「王上將軍」，也都必先立
正敬禮，深怕得罪他，有礙前途發展。王昇不僅控制相當的軍
權，還插手文藝和新聞領域，作家朱西甯在《聯合報》連載長文
〈將軍令〉，肉麻地歌頌王昇「神采氣度，愈似老元首」、「將軍
將軍，執劍的風金剛，天地君親師，新文藝之父」，連蔣孝勇也
形容王昇控制的「劉少康辦公室」有如「地下中央黨部」，「而
且有挾天子以令諸侯的味道，所有事情都說是上面交代的，至於
上面是誰，也沒有人問」。

　　王昇試圖將軍中的政戰模式推廣到國營事業及各大學，引發
政府體系和教育界劇烈反彈。國民黨秘書長蔣彥士和行政院長孫
運璿都竭力抵制王昇的擴權。沒有人願意看到獨斷專行的特務頭
子掌權，包括張群和沈昌煥等中常委和資政都採取不同尋常的動
作，私下求見蔣經國，說出他們的關切。他們認為，王昇有心當
國王。[6]

　　這時，美國也出手參與「倒王」。曾任中情局局長的駐台代
表李潔明向蔣經國建議，邀請王昇到美國訪問。理由和三十年前
邀請蔣經國訪美如出一轍 —— 美方希望擴大這位情治沙皇對民
主政治的理解。王昇向蔣經國匯報此事，蔣經國問：「美國人為
什麼會這麼做？」蔣經國疑心這是美方對其潛在接班人的「考
核」。王昇回答說，他也不曉得，他請示，是否應該婉拒？蔣表
示不用婉拒。李潔明認為，是他與蔣經國聯手，為了台灣的利

益，安排王昇訪美。王昇訪美十日，見到諸多美國重量級官員和學者，言談比當年等待接班的蔣經國高調張揚，《時代》和《新聞週刊》都以顯著標題和篇幅，刊登王昇將會是蔣經國接班人的報導。[7]此消息被台灣媒體爭相轉載，成為壓倒王昇的最後一根稻草。「王昇是台灣民主化過程中的一顆大石頭，已成為蔣經國的負擔」，必須去掉這個強大的「僭主」，「台灣才能在真正民主，尊重人權的路上往前跨一大步」。[8]

隨即，蔣經國下令解散「劉少康辦公室」。王昇氣焰囂張，當面頂撞說：「拿掉政工的人事權，你殺了我都不幹！你不聽我的意見，我寧可辭官不幹！」蔣經國怒氣沖沖地對國防部長高魁元說：「你傳話給王昇，我蔣經國連共產黨都不怕了，還會怕他嗎？他要辭官不幹，就不幹好了，算啦！」蔣並非此刻才知道情治部門的暴虐，只是他開始考慮如何推卸責任了。他曾說，一般人對其印象分為三個階段，第一是畏懼，第二是敬畏，第三是仁慈，現在他要來塑造仁象，就必須跟作為特務頭子的王昇劃清界線。其實，蔣經國對王昇早已心生不滿，在日記中記載：「舊幹部不但固執守舊，而且『把持地盤』、『爭小權以圖擴充一己之利』，如此作法，危害事業者大矣。李煥和王昇培植多年，後來令人失望，知人用人，可謂難矣，他們小氣自私。」[9]自古以來，特務頭子都沒有好下場，都會被主子拋棄，明朝的錦衣衛頭子，蘇俄的格別烏頭子，以及王昇，無不如此（中共的特務頭子康生，是死後才被剝奪黨籍、榮譽和遭到批判的）。

蔣經國進而將王昇調離其經營多年的政戰系統，調到國防部

聯合作戰訓練部當主任。王昇不思收斂，在其創辦的政治作戰學校的歡送會上，脫口而出：「他們今天可以殺掉一個王昇，可是還有千千萬萬個王昇，他們是殺不掉的。」對王昇早就不滿的參謀總長郝柏村將這段講演錄音送給蔣經國聽，引起蔣經國的震怒。

三個月後，王昇被外放為巴拉圭大使 —— 恐怕是台灣能派去的最遙遠地方了。王昇出發前，蔣經國最後一次召見他，說這是「為了你的安全」。王昇說：「你應該了解我的……不要用自己的手打自己的頭！」蔣經國沒有理會他的粗魯無禮，說了一句頗有玄機的話：「一個人不下游泳池，就永遠不會游泳。」兩人四十年的情誼畫上句號，直到蔣經國去世，王昇才被准許回到台灣。作家江南曾在〈王昇浮沉錄〉一文中分析王昇被放逐的原因有五：「操之過急，欠沉著穩健；弄權跋扈，四面樹敵；高估自己的能力，低估對手的才智；恃寵而驕，過分自信和經國的關係；不該拉章氏昆、仲，壓孝武、孝勇兄弟。」

同情王昇的研究者吳建國盛讚「『劉少康辦公室』時代的輝煌，台灣社會團結和諧、民心士氣高昂的榮景」，進而認為，王昇不僅落入中情局的陷阱，更是被中國的「擒王小組」搞掉的。「擒王小組」由習近平的父親、當時任中共政治局委員、中央書記處書記的習仲勛負責。王昇本人也認為，中共對他恨之入骨，因為他富有對中共鬥爭經驗，又堅決反共。[10]這是過度闡釋和自我貼金 —— 中共在王昇垮台一事上並無著力點，王昇出局是其權力膨脹、破壞國民黨內原有的權力平衡而刺激國民黨大老以自

身權力邏輯加以調整的結果。至於王昇的反共，也未能善始善終：他於一九九六年訪問上海，見到海協會會長汪道涵；二〇〇五年，他又應邀前往中國參加慶祝抗日戰爭勝利六十年活動，完全違背了蔣經國生前定下的對付中共的「三不政策」。

王昇出局，傳遞訊息 —— 台灣下一位領導人將是心胸、見識更加寬廣的人士。那麼，哪些人可能成為蔣經國的接班人？黨務系統的李煥，在中壢事件中引咎辭職，失去了問鼎大位的機會；技術官僚的代表、行政院長孫運璿年紀較大、健康狀況不佳，也難以更上層樓。

李登輝何以戰勝林洋港？

此時，人們將目光對準林洋港 —— 林洋港是國民黨內炙手可熱的年輕一代台籍政治菁英，每個重要職位都走在李登輝前面，包括台北市長、台灣省主席，都是林走李接，政壇上有「望洋興歎」之說。

但是，一九八四年第七屆總統、副總統選舉時，蔣經國提名省主席李登輝為副總統，而非時任內政部長的林洋港，林洋港被李登輝趕超。

蔣經國為何選李棄林？同樣曾是接班人人選之一的李煥分析說有四大原因：第一，林任省主席期間，將農田水利會總幹事由官派改為民選，此一改變影響基層農民勢力的關鍵位置從此不受政府制約，蔣經國大表不悅。

　　第二，林任省主席期間，未充分溝通就把新竹市與嘉義市升格為省轄市，改變很多財政分配，造成官場紛擾不和。閣揆孫運璿要求收回此決定，卻被林以辭職威脅，給蔣留下難以駕馭且做事缺乏政通人和的印象。

　　第三，林任內政部部長期間，未能謹言慎行，在立委面前承諾三月內改善治安使鐵窗消失，結果卻並未達到，在市井小民心中造成威信受損，更給蔣留下此人辦事說話不穩重的判斷。

　　第四，林出身南投世家，家族成員龐大複雜，多人在官場有勢力且愛用近親，蔣經國極不願看到其上大位後全家族雞犬升天。[11]

　　李煥在蔣經國身邊工作多年，十分理解蔣對人的好惡。蔣經國早就對林有若干負面評價。一九七八年六月二十七日，林洋港剛任省主席不久，蔣就在日記中寫道：「林洋港之為人，逐漸可以發現其好名善變，不可不防。」七月二十九日，蔣又記：「林洋港初任省主席。由其言行可以發現，此人沽名釣譽，好大喜功，不但難成大事，恐將害事，密切加以注意。」坊間傳聞林訪日時受高規格接待，許信良甚至以「帝相暴露」形容。八月十二日，蔣在日記載：「林洋港有才能，但是在品德方面不夠正直，在緊要關頭恐怕把握不住，應深加注意，時加考核。」可見，此時蔣已對林洋港定了性，林有才能卻品德不佳，林的政治之路已難攀升。

　　與林洋港相比，李登輝優勢明顯：第一，在任台北市長和省主席期間，政績突出，少有惡評；第二，李是農學專家，在發展

農業方面有成就，而蔣經國頗為關心農民之疾苦；第三，李有留美背景，思想開明，亦頗得美方青睞；第四，李登輝的家族十分單純，唯一的兒子李憲文在李登輝擔任省主席時，已因病早逝，唯一的哥哥，更早已在二戰期間，死於太平洋戰場，李登輝不可能打造一個「李登輝王朝」。

一九八四年二月十五日，國民黨在陽明山中山樓召開二中全會，主要任務是提名總統和副總統人選。當李登輝提前半小時來到現場時，行政院長孫運璿來到他身旁，低聲說：「登輝兄，恭喜您！總統等一下就要提名您當副總統，您通過是沒有問題的。」

李登輝大為意外，因為此前蔣經國對他隻字未提此一安排。他坐下後，發現現任副總統謝東閔被蔣經國的侍衛長找去，謝到後台不到五六分鐘後，就走下來，坐在自己的位置上沉默不語，臉色不太好看。李登輝心想：有事發生了。顯然，謝希望能跟蔣經國一樣連任，卻被蔣經國告知這一次副手人選不是他而是李登輝，故而相當沮喪。

不久，侍衛長又來召喚李登輝。李登輝發現蔣經國並不在後面的辦公室，而是躺在後台的一張床上，他後來如此回憶這一關鍵的瞬間：蔣說：「登輝兄，這次要提名你當副總統。」李趕緊推辭說：「這怎麼行？我不行的。不論在資格、能力各方面都還有些問題。」蔣說：「我看沒有問題，你一定會做好。」蔣都已經把話說成這樣了，李就向其致謝，沒有談幾句就走下來。

就在李登輝一上一下之間，這件事就確定了。會議進行中，

蔣經國宣布提名李登輝為副總統候選人，會場響起很熱烈的掌聲，李登輝起身向所有的與會者答謝致意，內心充滿千萬種的情緒，但隱約清楚的是：這一片充耳的掌聲是不能完全當真的。[12]

蔣經國已考察李登輝多年。一九七二年五月三十一日，蔣經國提拔李登輝為政務委員，在日記中寫道：「接見新政務委員（李登輝），談得很投機，為一優秀人才。」一九八七年，蔣經國試圖提拔李登輝為省主席未果，改為台北市長，在日記中寫道：「李市長有工作熱情，又有新的科學觀念，可以培植的一位人才。」

李登輝上任市長後，每一個禮拜平均有三四天，蔣經國會在中午或傍晚，從總統府到市長官邸等李登輝下班，蔣經國自己總是到客廳安靜等候，經常連忙著在廚房做菜的曾文惠都未察覺。蔣經國見著李登輝，不外對台北市政問東問西，一直持續兩三個月後，蔣才告訴李：「下次我不來了，你做得不錯嘛！我很放心。」[13]

蔣經國將李登輝作為第二個任期的副手，隱然有將其作為接班人之意。但副總統未必就能成為總統及接班人，比如謝東閔只做了一屆副總統，是無實權的花瓶式陪襯。在李登輝原本的生涯規劃中，一九八四年他從黨內群雄脫穎而出，獲蔣經國提名為副總統，已經是人生頂峰。他一直認為，在一九九〇年完成任期，是結束宦途的理想終點。從一九八七年開始，他逐步把幾個從省政府帶進府內的幹部，一一安排到其他單位另謀發展，正是為個人的退休預做準備。但是，蔣經國在一九八八年一月十三日晚突

然去世，李登輝所有規劃的行事曆全被打亂。

選擇李登輝是蔣經國對台灣最大的貢獻

　　蔣經國的去世相當突然，李登輝的接班也相當突然。日本學者若林正丈分析說，民主化的開始與繼承問題的走向，會對戰後台灣國家的「遷佔者優位體制」帶來極大衝擊。其中，有關過去居於從屬地位的本省菁英及外省菁英的關係將如何定位？如果李登輝的觀察正確，可以推測蔣經國原本打算在下任總統選舉中（一九九〇年）親自做安排。蔣經國挑選李登輝為副總統，「儘管下屆總統由本省人出任的可能性提高了，但那會是李登輝嗎？這位本省籍總統實際上會有多少權力？例如，他會不會就國民黨主席一職？會不會獲得實權？或是採取集體領導制？種種問題已然曖昧」。[14]李登輝本人日後與司馬遼太郎的對談中也表示：「蔣經國就算罹患了那樣的重病，也沒想到自己會就此結束生命。所以，臨終的父親並沒有對兒子留下任何像是遺言的訊息。」

　　國民黨元老和實權派，或否定李登輝的接班人身份，或認為蔣經國選錯了人。站在李登輝對立面的國民黨元老陳立夫回憶說，蔣經國由於健康狀況的惡化，對台灣獨立運動的應對優柔寡斷，無法清查其不法行動。軍方強人郝柏村認為，「蔣經國似乎沒有選擇接班人的意思」。他在日記中寫道：「如果蔣經國一如十年前健康，今天不會有脫法失序的政治及社會現象。」

在蔣經國心目中，李登輝的地位大致上是「過渡人物」，就如同嚴家淦之於蔣介石。蔣介石死後，作為副總統的嚴家淦依照憲法的規定接班，任總統三年之久，但大權始終掌握在行政院院長和國民黨主席蔣經國手中，嚴家淦對蔣經國言聽計從、亦步亦趨。蔣經國最初大概就是想讓李登輝扮演「第二個嚴家淦」的角色。若非突然發生江南案，蔣經國被迫外放蔣孝武並承諾蔣家第三代不會接班，那麼，李登輝即便在蔣經國死後接任總統，完成蔣經國未完成的任期後，也得像嚴家淦那樣將權力轉交到蔣孝武的手中。可惜，人算不如天算，加上時代背景的變遷，蔣經國未能像蔣介石那樣讓兒子接班，也未能讓李登輝成為曇花一現的「代理總統」。

儘管蔣經國沒有想到自己會突然去世，連遺囑都沒有留下，也沒有公開確立李登輝的接班人身份，但他確實悉心培養李登輝。一九八四年至一九八八年，李登輝在副總統任內，蔣經國與之有一百五十六次個別談話，他比喻自己像是畢業於「六年制的蔣經國學校」。蔣經國毫不避諱地對李登輝品評當朝人物，哪些人可以用，哪些人不可信，都詳細地告訴李。「其中儘管有些個人主觀的成分，但是當一個領導者，總有他觀察為人的角度，絕對具有參考的價值。」[15]

李登輝在筆記中記載，一九八七年一月十六日，蔣經國召見五院院長、副院長談話，本來副總統是沒有講話的餘地，但蔣經國特別安排李登輝講話。李登輝的體會是「他讓我在五院院長面前講話，可能是要顯現我的地位」。

多年後，李登輝提及蔣經國，言談中，情誼與恩義濃厚，未隨時間的流逝而淡忘。「不論在私人感情上，或在長官部屬的關係上，我對蔣經國有一份特殊的知遇之情，對於他的家族成員，我也從未出過一句怨言。」不論他人如何看待蔣經國，李登輝說：「歷史歸歷史，我不願在回顧歷史的時候採取批判的態度。」

蔣經國晚年曾告訴美國駐台代表李潔明，未來的政策將是加快民主化和本土化。李登輝認為：

在蔣經國生命的最後一段時間，他在很多地方展現出要在台灣生存，到中國大陸去是沒有助益的，因此要真正施行本土化和民主化。他晚年愈來愈表現出對台灣的關心，這是一個歷史的事實。特別是一九八六這一年，剛開始並沒有明顯的轉變，之後卻成為國民黨歷史關鍵性的臨界點。[16]

但究竟什麼是民主化和本土化，蔣經國的理解與李登輝並不完全一致。蔣經國有意改變國民黨一黨獨裁的局面，默許民進黨成立，但他當然要努力維持國民黨的一黨獨大，不願意看到國民黨分裂、敗選進而淪為在野黨。蔣經國最終沒有辣手鎮壓台獨勢頭，不是因為他變得仁慈了，而是他發現鎮壓已經無用 —— 美麗島受刑人的家屬參加選舉，紛紛以高票當選，民心所向，明明可見。

蔣經國不是改革者，他只是在內憂外患之中做出「最不壞」

的選擇。學者吳乃德認為，蔣經國深知，他如果選擇繼續壓制，必然直接挑戰民意，甚至失去政權，所以選擇讓步妥協，這一舉動顯示蔣經國是「理性的獨裁者」。而光譜偏向國民黨的、從美國歸來的學者吳建國也指出，在蔣經國的第一個任期，他曾以自由主義知識分子的身份向其建言，卻不被採納，直到其第二個任期，江南命案和十信案發生，蔣經國的態度才發生轉變，是被迫轉變，不得已而為之。而身在美國、立場相對中立的學者林孝庭則認為，蔣經國雖然在一九七〇年代開始「本土化」工程，但對黨外運動抱敵視態度，缺乏對民主價值的基本認識；蔣經國的理想體制是由國民黨領導的開明專制。直到他生命的最後幾年，因為美國的壓力邊增，對岸中國改革開放的競爭，中華民國若不進行改革將坐以待斃，這兩大因素促使蔣經國決心走出威權氛圍，推動一九八〇年代的政治改革與民主化工程。[17] 蔣經國捨棄王昇等頑固派，選擇李登輝這位當時看似技術官僚類型的本省人士作為接班人，正是在此一大背景下的抉擇。

　　學者汪浩認為，蔣經國在一九七九年台美斷交之初就提倡用「台灣政府」名稱，他的主張與當今台灣的主流民意是一致的，即「中華民國認同」與「台灣認同」應相互接納，所以稱之為現代台灣國父之一並不過分。[18] 但蔣經國是否同意國民黨實現台灣本土化，甚至將中國國民黨改名為台灣國民黨，則看不出任何端倪。正是蔣經國生前在此一議題上迴避與游移，使國民黨在其去世之後三十多年仍不能邁出這關鍵一步。不邁出這關鍵一步，國民黨永遠只能代表人數越來越少的「遷佔者集團」之利益，而無

法擴大其民意基礎。這也正是李登輝後來與國民黨決裂的根本原因所在。

　　蔣經國生前的種種改革措施並未觸動根深蒂固的黨國體制，他的若干被稱頌的政績（諸如「十大建設」）未必經得起歷史考驗。他對歷史的最大貢獻，偏偏是選擇李登輝為副總統，讓李登輝在憲法上擁有唯一的接任總統之職的身份。最初被黨內大老和實權派看不起的李登輝，依憲法由副總統成為總統後，短短數年間，即由「平衡者」變成「小強人」，如李登輝自己所說：

　　蔣經國過世時，台灣究竟會變成怎樣，當時根本完全看不出來。大家抱持著各種的期待，有太多不確定的因素。那時沒有人期待我會當上總統；就算我當上總統，可能也不會推動民主化。因為我只是一個人而已，既沒有班底、沒有情報關係、也沒有軍隊的支持，可以說什麼都沒有。在黨內也一樣，完全不是我在掌權。我等於是典型的傀儡，既然是傀儡，就只能扮好傀儡的樣子。沒想到我後來推動了民主化，因此現在國民黨內部有人說：「大家都被李登輝騙了！」歷史實在是很有趣，還沒有發生的事情，究竟會變成什麼樣，從來不會有人知道。[19]

　　李登輝也是蔣經國之後唯一真正堅持蔣經國的反共立場的國民黨主席。一九七八年，美國《讀者文摘》編輯大衛・瑞德（David Reed）訪問蔣經國，提問說：「中華民國政府在可以預見的將來會不會跟中共政權舉行談判，以緩和緊張局面，或尋求一

種和平解決的方案？」蔣經國的回答是：

> 這是絕不可能的。與共黨談判無異自殺。可以看看歷來自由
> 世界和共產國家談判，有哪一次是成功的？談判是共產國家用來
> 打敗敵人的一種手段。我們不會忘記過去上當的經驗，因為在大
> 陸時我們也曾同中共談判過，結果多談一次便多失敗一次。因
> 此，即使在最困難的情況下，我們也不會和中共談判。這是中華
> 民國最基本的國策。[20]

李登輝之後的每一個國民黨主席都背叛了蔣經國的這一路
線 —— 包括自稱蔣經國孫子的立法委員蔣萬安。

胡耀邦和趙紫陽：光緒悲歌

中國的政治，外行（外國人）看熱鬧，內行看門道。很多西
方所謂的中國通，其實一點都不通（費正清就是一個典型的「不
通」）。哈佛大學教授傅高義號稱中國和日本研究大家，其撰寫
的磚頭一樣厚的鄧小平傳記卻只是一堆散亂素材的集錦，根本沒
有把握住鄧的本質與核心。傅高義說：「在世界政治史上，很難
找到這樣一個例子：一個人變成了一個大國的領導人，卻沒有
任何公開、正式的權力交接儀式。」他是說，鄧小平的掌權和退
休，都沒有一個明確的時間點和標誌性事件。

傅只看到了表象。盧躍剛認為，鄧當然完成了儀式，只不過

不是常規的儀式（比如美國總統就職典禮，在國會大廈門前的台階上，由最高法院首席大法官主持，當選總統對著聖經宣誓）。一九七九年一月鄧小平訪美，美國人給只是副總理的鄧以國家元首禮遇，緊接著的對越戰爭，大國政治承認加上號令三軍、令行禁止，都是儀式。十三屆三中全會是正式授權儀式，一九八四年建國三十五週年國慶，遊行隊伍中打出「小平你好」是非正式授權儀式（民意的肯定，類比西方的選舉）。[21]

《鄧小平時代》的作者楊繼繩認為，鄧小平時代從來不是鄧小平一個人說了算，是鄧小平與陳雲的「雙峰政治」，若再加上其他六名元老，是「八老治國」。但實際上，陳雲只是在經濟政策上有一定發言權，其實力並不足以跟鄧平分天下。在中共十三大上，老人們都退出常委會，鄧讓薄　波給陳雲傳話，「這個黨只能有一個婆婆」（也就是他自己），趙紫陽也在全會上宣布鄧的「掌舵」地位。

中國太大，鄧小平無法事必躬親，他重用兩個忠心耿耿的老部下：胡耀邦和趙紫陽。胡幫助鄧小平奪取華國鋒的權力，逼退作為華的保護者的葉劍英，擊潰汪東興等毛晚期重用的人馬，為鄧執掌中樞立下汗馬功勞。趙則在四川的經濟改革中一馬當先，以亮麗的成績得到鄧的青睞。胡、趙一個出任黨魁，一個出任政府首腦，不僅支持鄧小平的經濟改革，對政治和社會問題也抱持比較開放和容忍的心態。他們是鄧小平的門生，以接班人之姿態受訓練，常被鄧小平譽為左右手。[22]一九八〇年代前半期，「鄧、胡、趙」大致融洽，推動了若干改革政策。

　　一九八一年，胡耀邦接替華國鋒，成為中央委員會主席——在毛時代，這是最高職務，毛至死都沒有放棄這個職務，但在後毛時代，這個職務僅具象徵意義。一九八二年，十二大結束後，中央決定廢除黨主席一職，代表與毛時代切割。同時，重新設置總書記一職，並由胡耀邦擔任總書記——這個職務是鄧在五〇年代曾經出任過的，鄧重新設置這個職務有其深意在：總書記不是黨主席，只是「秘書長」，換言之，胡耀邦不是最高決策者，只是為鄧跑腿辦事的，如同鄧當年為毛跑腿辦事。

　　鄧小平與胡耀邦的蜜月期只維持了短短七年左右（一九七八至一九八五年）。胡耀邦思想開明，善待知識分子，遏制了鄧小平發起的「清除精神污染」等幾次思想文化領域的批判運動，讓鄧相當不滿。兩人關係破裂的根本原因在於：一九八六年五月，鄧告訴胡，他打算在一九八七年的十三大上辭去政治局常委和軍委主席的職務。胡客氣地回覆說，他也會辭職，把位子留給年輕人。鄧言不由衷地說，你這樣年輕，還不到全面退休的時候，可以安排比較不繁重的工作。他建議胡「半退」，也就是辭去總書記一職，擔任軍委主席或國家主席。胡表示同意。[23]胡天真地相信鄧要退休的表示，沒有力勸鄧不要退休，反倒回應說自己願意跟鄧一起退休（儘管他比鄧年輕十一歲）。其實，這是鄧的試探和考驗，鄧從胡的態度上得出結論：胡已不再對他個人效忠。從此時此刻起，鄧就對胡喪失了信任，決定對其新帳舊帳一起算。鄧原本計劃在幾個月後的十三大上安排胡光榮退休，現在他連幾個月都等不及，要立即逼胡辭職，還要公開批判和羞辱之。鄧翻

臉不認人，儼然是第二個毛。

在公開批評胡耀邦之前，鄧小平在一九八七年一月組織「黨內生活會」（實際上是關門鬥爭會）對胡發起致命一擊。這個方法是毛生前常用的，鄧本人大大吃過其苦頭，如今他又學來對付胡。利用「生活會」批判胡耀邦，違反了黨內解除總書記職務的正常程序，因為將總書記解除職務，首先要得到政治局批准，然後要有中央全會批准，最後還要經過黨代會批准。鄧小平在把胡耀邦的問題提交政治局擴大會議之前，就用「生活會」定了案。以鄧小平的權力而言，他本可輕易讓政治局、中央全會和黨代會都成為對其俯首帖耳的一言堂，胡耀邦在任何一個層面都不可能有抵抗與還手之力。但鄧連尊重程序、遵守遊戲規則的樣子都不願意做。這就是獨裁者無法無天的本性，這就是獨裁制度無法約束獨裁者的致命缺陷。

一月十日至十五日，在由薄一波主持，根據鄧小平的要求召開的「黨內生活會」上，有二三十名高層幹部對胡耀邦進行暴風驟雨式的批判。鄧小平和陳雲兩人地位太高，沒有到場出席。胡耀邦首先做了自我檢討，承認未能按鄧小平的指示阻止學潮。但他對隨後受到的猛烈批判完全沒有思想準備，因為鄧小平此前安慰他說，方式會很「溫和」。胡後來說，如果他知道「黨內生活會」是那個樣子，他不會交辭職信，也不會做這種全面的檢討。會上，就連趙紫陽都說了重話：「耀邦同志不遵守紀律。如果條件有了變化，小平同志和陳雲同志不在了，我是無法繼續與他共事的，那時我就要辭職了。他不管你常委會怎麼定的，黨

代會怎麼定的，或過去怎麼定的，他想怎樣就怎樣。」趙不得不
如此，因為他知道鄧密切注視著他的一言一行，這是鄧對他的考
核。就如同一九七三年年底，毛起用鄧，讓其參與對周恩來的批
判一樣。鄧是其中出言最惡毒的：「你現在的位置離主席只有一
步之遙，別人都可望而不可即，而你卻是可望而可即，希望你自
己能夠十分警惕這一點。」不在會議現場的毛聽到匯報後高興地
說：「我知道他會發言的，不用交代也會發言的。」中共這台絞
肉機，就是要讓其中的每一個人都放棄良心和道德，只能留下黨
性 —— 其實就是對領袖個人的愚忠。儘管六四後被軟禁的趙紫
陽在回憶錄中否認自己對胡耀邦「落井下石」，但胡耀邦的朋友
認為這確實是「落井下石」。[24] 趙紫陽是胡耀邦下台的最大受益
者，由總理升任總書記，卻沒有想到兩年多之後，自己的結局比
胡耀邦更悲慘。

十五日上午的「黨內生活會」結束前，胡耀邦在最後發言中
表示，要為自己的全部錯誤負責，但他也要求組織繼續調查自己
是否真有野心，是否搞派系。講到最後，胡情緒激動，聲淚俱
下。生活會結束後，胡啟立看到胡耀邦在會議廳的台階上失聲痛
哭，後來他跟秘書說，耀邦一個老革命，看見他坐在台階上嚎啕
大哭，說你們不能這樣對我呀，落得如此下場，我從頭涼到腳
心。兩年多以後，支持趙紫陽的胡啟立也遭免職和批判。

一月十九日，中央印發三號文件，列舉了解除胡耀邦職務的
原因：第一，抵制常委反對精神污染和資產階級自由化而做出的
努力，縱容全盤西化的要求，導致學潮發生；第二，沒有充分堅

持四項基本原則，只批左，不批右；第三，在經濟工作中鼓勵經濟過快成長和消費，造成經濟失控；第四，在政治工作中經常違反程序；第五，在外交活動中說了一些不該說的話，例如在毫無準備的情況下就邀請三千名日本青年訪中；第六，經常不遵守黨的決議，未經中央授權就講話。

三號文件中還說，鄧小平、陳雲和李先念這些老幹部只要身體健康，今後仍會繼續為其他幹部提供指導。

未來兩年，胡耀邦雖保留政治局常委身份，卻已喪失所有權力，極少公開露面。一九八七年二月，春節期間，胡耀邦和妻子去鄧小平家拜年。鄧小平問胡耀邦對自己的問題是不是想通了，胡耀邦沒有回答。在胡生命的最後兩年，一直鬱鬱寡歡，身體很快垮掉了。他卻沒有想到，他的猝死激發了一場中共建政以來最大規模的、自發的民主運動。在一九八九年四月胡耀邦的追悼會上，鄧小平伸出手去，想跟胡耀邦的遺孀李昭握手，但李昭拒絕了，她說：「都是因為你們這些人。」鄧小平因為非法罷黜胡耀邦，大失民心，付出了超過他想像的代價，獨裁者以為自己全知全能，現實卻並非如此。

趙紫陽接替胡耀邦出任總書記，如履薄冰。他後來回憶說：「陳雲要我開會，小平說不開會。陳雲要開會是要個說話的地方；小平不開會，是他可以直接找我們。我沒有開會，陳雲問我：『為什麼不開會？』我說：『我是大秘書長一個。要開會，你和鄧商量好了再開。』陳雲聽後重複我的話說：『大秘書長一個。』兩個老人意見不一致，總書記很難當的。李先念還說，趙

只聽鄧的，不聽他們的。兩個人難辦了，三個人更難辦了。」盧躍剛認為，這種體制類似於「僭主體制」。[25]即便沒有發生六四事件，趙紫陽八面玲瓏亦很難討好每一個元老，而趙與鄧的分歧也隨之浮出水面。

很快，趙紫陽就犯了跟胡耀邦一樣的錯誤：趙一心搞經濟改革，這是其長項，他不願主持意識形態領域的鬥爭。他草草結束了「反資產階級自由化」運動，通過黨內選舉和機構調整，解除了鄧力群等極左派在文宣領域的關鍵職務。這些人常常到鄧那裡打小報告，鄧對趙有了猜忌。

一九八九年春，胡耀邦去世觸發學運。這與當年周恩來去世時，久為文革暴政所苦的民眾藉機表達其怨憤情緒如出一轍 —— 民眾打著悼念周恩來或胡耀邦的旗號，至少可以在一定程度上免於受到鎮壓，這是一種中國式的智慧，在並無公開集會、結社、遊行、示威的基本人權的景況下，民眾只能如此而行。只不過，對於鄧小平來說，他在兩次歷史事件中處於截然相反的位置：在前一次事件中，他被民眾視為周恩來一派（儘管鄧不是周派），得到民眾的擁護和愛戴；在後一次事件中，他被民眾視為將胡耀邦迫害致死的兇手，遭到民眾的厭惡和唾棄。學生佔領廣場後，尤其是鄧授意發表《四二六社論》後，學生和市民們對鄧再無感念，肆無忌憚地點名批評和辱罵鄧。鄧從來不是胸襟開闊之人，不像西方政治人物那樣對民眾的批評習以為常，他是「老虎的屁股摸不得」，因此很早就對那些對其大不敬的學生動了殺機。

　　趙紫陽不願對學生採取強硬手段，竭力說服鄧「在民主與法治的軌道」上解決問題。五月十三日上午，趙紫陽和楊尚昆求見鄧，到鄧家中向其匯報情況。趙認為，應當與學生對話，通過人大常委會討論，增加透明度來解決學潮問題。鄧卻說，不要被人家利用了，非法的學生組織不能承認。沒有談多久，鄧就不耐煩了，對趙說：「我現在感到疲勞，腦子不夠用，耳朵鳴得厲害，你講話我也聽不清楚。」鄧開始對趙裝聾作啞，下逐客令了。

　　壓倒趙紫陽的最後一根稻草是：五月十七日，趙與來訪的戈巴契夫會談時，趙說了一番話：鄧儘管退休了，但我們黨的所有同志都知道，沒有他的領導、智慧和經驗是不行的。在十三大選出的中央委員會的第一次會議上，正式通過了一項非常重要的決議：凡是重大的問題，我們都必須向他請示。

　　這段話公布之後，反應幾乎都是負面的：各方都認為，趙在推卸責任出賣鄧。美國駐華大使李潔明認為，這番言論「敲響了趙的喪鐘」。儘管事後趙及為其起草講話稿的鮑彤對此百般解釋，但此事確實是一個政治生命自殺式的講話。這個錯誤，對於一個成熟的政治家來說是不可理喻的。[26]從此，趙再也見不到鄧，被免去所有職務，甚至被冠以美國中情局特務之名受到調查，軟禁至死，死後多年，其骨灰才被家人安葬於家族私人墓地。

　　中國的歷史悲劇總是不斷重複，胡耀邦和趙紫陽重演了清末試圖以維新變法來拯救王朝的光緒皇帝的悲劇。他們其實無意背叛社會主義道路：胡是搞意識形態出身的，跟胡打過交道的美國

總統雷根曾說，非常厭惡胡滿口的馬列教條。胡有一定的良心，卻直到去世也沒有在思想探索上走太遠。趙早年也很左，當總理和總書記期間多專注於經濟改革，直到其幽居的晚年，才徹底拋棄馬列教條、走向美國式的共和憲政，可惜他已無權將這樣的想法轉化為政策了。胡、趙在政治上的羸弱也類似於光緒，而鄧小平的獨斷專行、冷酷殘暴不知超過慈禧太后多少倍。

悶聲發財的江、胡時代

鄧小平鎮壓了民主運動，趙紫陽因放下屠刀而出局。此時此刻，鄧小平的處境宛如晚年的毛澤東，他一點也沒有感到高興，因為他先後選擇的兩個接班人都被他拉下馬，他在其他元老面前顏面無存。正當鄧考慮由誰來接替趙時，李先念和陳雲一再向他推薦政治局委員、上海市委書記江澤民，說江是堅持「兩個基本點」（四項基本原則、改革開放）之好幹部，力主調其到中央接班。鄧別無選擇，接納二人建議，調江澤民上京。鄧選擇江澤民的一個重要原因，不單單是鄧此前在上海短暫居住時，江澤民鞍前馬後、噓寒問暖、非常殷勤，更是因為江澤民的履歷中有留蘇背景，這一點讓鄧對其頗為信賴 —— 留蘇的幹部，至少懂馬列主義，至少認同史達林主義。

鄧小平在接見戒嚴部隊時的講話意氣風發、咬牙切齒，但他深知自己的屠夫形象再也洗不掉。九月四日，六四屠殺後僅三個月，鄧小平發出〈致中共中央政治局的信〉，向中央請求辭去中

共中央軍事委員會主席職務。十一月八日，鄧小平在十三屆五中全會上宣布退休。次日，十三屆五中全會同意鄧小平辭去中共中央軍委主席職務，由江澤民接任。一九九〇年三月十九日，鄧小平在七屆人大三次會議上辭去中華人民共和國中央軍事委員會主席（兩個軍委只是兩個牌子，實際運作中是同一個機構），由江澤民接任。由此，鄧小平辭去所有重要職務，成為一名平民和普通黨員。

一九八九年十一月十三日，鄧小平在人民大會堂接見中日經濟貿易協會代表團，在致詞中說：「我想利用這個機會，正式向政治生涯告別。你們這個團是我見的最後一個代表團。退就要真退，不要使新的領導感到工作困難。」

然而，若真相信鄧小平的這番話，就太不了解中國政治了。中國人向來說一套、做一套，「好話說盡，壞事做絕」。鄧貌似不問世事的平民，在家頤養天年，卻一刻也沒有停止關注中南海裡的一切。六四之後，極左派得勢，李鵬等大力進行「治理整頓」，不僅在政治上急劇倒退，而且在經濟上也試圖扭轉八〇年代以來「改革開放」的方向。鄧小平不願看到其政治和經濟遺產被擱置乃至清算，先後八次找李鵬等人談話，卻無濟於事。

北京似乎已不在鄧掌控之中，李鵬的背後是陳雲、鄧力群等左派勢力，江澤民則唯唯諾諾，兩邊討好，甚至更偏向陳雲。鄧小平經歷了長期的黨內鬥爭，知道如何奪回話語權和決策權 —— 毛澤東發動文革，從牢牢掌握官僚系統的劉少奇、鄧小平、彭真手中奪權，採取的是「以地方包圍中央」戰術。鄧也

像毛一樣,開始一場兵不血刃的「南巡」。古代,只有皇帝才出巡;如今,平民鄧小平,卻擁有皇帝的地位。

一九九二年一月,鄧小平一家十七口,乘坐專列出發南下。專列在武漢暫停,鄧小平召見湖北省委書記和省長,做了二十分鐘講話,最後一句畫龍點睛:「誰反對改革,就讓誰下台。」那個「誰」已然呼之欲出。

在深圳,鄧表達了對黨內計畫經濟派的憤怒,警告說「要警惕右,但主要是防止左」——他大幅修改了此前以反右為主的立場。他還說:「新加坡的社會秩序算是好的。他們管得嚴。我們應該借鑑他們的經驗,而且比他們管得更好。」鄧企圖借鑑新加坡李光耀的新威權主義,來掩蓋中國的極權主義。鄧在珠海召集了一次軍方和安全部門的祕密會議,在會上將在武漢說過的話重複了一遍:「誰不改革,誰就下台……我們的領導看上去像是在做事,但他們沒做任何有用的事。」這次會議由政治局常委喬石主持,喬石分管國內治安,是江澤民的潛在競爭者。對江澤民來說意味深長的是,作為軍委主席,他卻沒有被邀請出席,出席會議的有軍隊主要實權派領導人楊尚昆、楊白冰兄弟和劉華清。出席會議的軍隊領導人的強大陣容表明,他們效忠於鄧小平而非江澤民,如有必要,軍隊高層願意擁護一個新的領導人。[27]

此次會議沒有對外報導,但江澤民不可能沒有接收到它傳達的嚴厲訊息。鄧小平南巡後的幾個月裡,沒有與江澤民見面,也沒有明確表示支持江澤民。據江澤民說,他覺得鄧小平仍在考驗他,潛在的威脅猶在:假如江澤民不全力支持改革,得到軍隊和

地方大員支持的鄧小平有可能用喬石取代他。此時，鄧小平甚至派人遊說軟禁中的趙紫陽，要其公開認錯，則可復出推動經濟改革。趙「粉身碎骨渾不怕，要留清白在人間」，予以拒絕。

　　江澤民決心在鄧小平的最後考試中過關。二月上旬，江澤民在中央黨校發表講話，表態擁護鄧小平進一步改革的呼籲。他意識到，鄧已下定決心，如果他不大膽推進改革開放，就會讓他靠邊站。中共中央於二月底整理鄧南巡講話的要點，以一九九二年二號文件的名義下發給全體黨員，由此結束歷時三年半的「治理整頓」，並掀起新一輪的經濟熱潮。江澤民進而提出「社會主義市場經濟」的新概念，終於通過鄧的考試。

　　江澤民站穩腳跟之後，鑒於楊尚昆、楊白冰兄弟在軍中權勢熏天，在其軍師曾慶紅的策劃下，離間鄧小平與楊尚昆的關係，製造了「楊家將」事件。因楊尚昆推卸六四鎮壓責任，楊白冰更是狂妄地提出軍隊為改革開放保駕護航及自信擬訂軍隊高級將領升遷名單，鄧小平遂將楊家兄弟明升暗降，削去軍權。鄧小平整肅「楊家將」，如同蔣經國去除王昇一樣，不願看到其身後出現軍事強人，干擾其接班人的施政。可惜，江澤民不是李登輝，兩人帶領各自的國家走上了殊途。

　　在中共十四大上，確認了鄧小平的「建設有中國特色社會主義的理論」是「當代中國的馬克思主義」，要求把鄧小平理論與毛澤東思想看齊。鄧小平直到大會結束時才到場，特意走到江澤民身邊站了二十分鐘，讓電視攝影機拍下兩人在一起的鏡頭。這一幕表明，江澤民已表明要堅定地繼續實行鄧小平的改革開放政

策，鄧小平將衣缽傳給江澤民，鄧稱江為黨的第三代「領導核心」。鄧對江說：「毛主席當家時是他說了算，我當家時是我說了算，如果你當家後也能說了算，我就放心了。」

在十四大上，鄧小平還有一個重要動作：他將更年輕的胡錦濤提升成為政治局常委和書記處書記。胡錦濤被認為是鄧為江安排的繼任者。鄧通過「隔代」指定接班人的方式表明自己才是黨國的最高領導人，是無冕之帝王，江無權指定其接班人，唯有鄧能指定江的接班人。江澤民並不喜歡胡錦濤，卻不得不接受這一安排。即便在鄧小平死後，江澤民的權力臻於頂峰之際，他也無法剝奪鄧賦予胡的接班人地位 —— 江沒有鄧那樣的資歷、威望與權勢，能像鄧搞掉毛指定的接班人華國鋒那樣搞掉胡。江澤民所能做的極限，就是在胡接班之後，自己再續任軍委主席兩年，以及在胡的政治局中安插若干上海幫的人馬。

江澤民和胡錦濤忠實地執行鄧留下的路線：政治上的一黨專政和極權主義，經濟上的權貴資本主義。民主離中國越來越遠 —— 在鄧心目中，民主沒有那麼重要。不管從他的出身、文章、演講或行動來看，都沒有任何跡象顯示他會暗中渴望更開放自由的政治文化。他是訓練有素而且正式在編的軍人，他最重視團結、忠誠和紀律。他是時代的產物。

如同蔣經國沒有對國民黨做出實質性的改革，鄧小平也沒有對共產黨動過大手術：中共的政治結構與文化仍多停留在一九三〇年代的延安窯洞時期，而不是二十一世紀應有的公開透明。整個領導中心仍由毛的「政治思想工作」與「黨的建設」所佔據，

也就是教化與宣導對黨中央（或黨魁個人）絕對的忠誠。領導階級對於當年胡耀邦和趙紫陽所提倡的黨政分開的舉動連試也不敢試。在內部，中共欠缺不同派系能公開宣傳它們觀點的管道，並在平等立足點上競爭。在外部，共產黨必須依賴軍隊和警察來保衛「無產階級專政」，軍隊和警察享有特殊的權力，維穩成為重中之重，維穩開支超過國防開支。後鄧時代，中央集權一步步加劇，地方大員都是黨魁指派的自己人，只看其忠誠度而不看其實際能力，導致地方上政治創新程度越來越差，地方大員中再也沒有出現趙紫陽、萬里式的改革者。[28]

　　更糟糕的是，中共無法在政治上現代化、民主化，進一步侵蝕了它推動經濟改革的能力。由於政治革新的停滯，必然造成企業的傷害與經濟全面的腐敗。用美國學者戴倫・艾塞默魯和詹姆斯・羅賓遜的說法，遠離「自由窄廊」、走在專制路上的中國，不可能達成沒有自由的成功。[29]

習近平：鄧派或毛派？

　　二〇一二年，習近平成為胡錦濤之後新一任領導人，一九九七年去世的鄧小平不可能預見到這個結果，他與時間賽跑，只能指定在他死後七年上位的胡錦濤，不可能再指定胡之後的接班人了。

　　習近平的父親習仲勛在一九五二年與鄧小平同時上調北京，擔任國務院副總理（鄧排名在習之前）。在那段時間，兩個家庭

有一定交集，孩子們或許在一起玩耍過，鄧小平算是看著習近平長大的長輩。在鄧小平時代，習近平在父親的安排下，當過國防部長耿飈的秘書，當耿飈在鄧小平那裡失寵後，習近平又被安排到河北和福建任職，基本上沒有什麼政績。在江澤民和胡錦濤兩個集團爭奪任命接班人之際，習近平被作為雙方妥協的弱勢人物推出。江和胡都沒有想到，習近平會成為幾乎跟毛、鄧一樣強勢的領導人。絕大多數共產黨高官都對習看走了眼，正如當初國民黨高官都對李登輝看走了眼。

　　二〇一四年八月，適逢鄧小平一百一十歲冥誕，中央理論派刊物《求是》用整整五篇文章描寫鄧小平的政治遺產。就在當月，黨內高層在北戴河召開祕密會議。英國歷史學者麥克・狄倫在其鄧小平傳記的最後一頁特意寫到此細節：

　　國家主席習近平剛坐穩最高領導地位，他離開會場時，大家高呼「新鄧小平」。[30]

　　這個場景是這位西方學者的憑空想像 —— 他不可能在現場耳聞目睹，也不可能有當事人向他轉述此一場景。執政兩年的習近平開始掀起其個人崇拜，但中共高層官僚不會用這個比喻稱呼習近平。與其說習近平會以「新鄧小平」這個名號為榮，不如說他心儀的稱號是「新毛澤東」。

　　「站起來」的毛時代（前三十年）和「富起來」的鄧時代（後三十年）之間，既有一脈相承之處，也有彼此矛盾衝突之

處。兩者宛如左右手互搏。企圖將兩者完美融合的習近平，看重前三十年超過後三十年，熱愛毛澤東甚於鄧小平。習在一定程度上縱容了近年來在中國網路上出現的「崇毛貶鄧」言論。

二〇一九年年末，一整套批評鄧小平的新話語體系 ——「稻學」—— 隨疫情在網上出現。「稻學」的核心觀點很簡單 —— 揚毛抑鄧。熱衷於「稻學」的左派（毛派）網民認為，鄧小平既破壞了毛時代的很多偉大構想，又在改革開放時代埋下諸多隱患，這些隱患一直持續到現在，而毛澤東思想的繼承人習近平正在試圖扭轉鄧小平和他的「走資派」的錯誤。

「稻學」的「稻」，來自一些網民給鄧小平的外號「稻上飛」。其來源是一張曾在《人民日報》發表的新聞照片。照片拍攝於一九五八年十月八日，當時作為總書記的鄧小平在河北霸縣勝芳人民公社視察「大躍進」的成果，站在一堆密集的「豐收」水稻上與當地幹部和農民合影，見證農業大躍進的生產奇蹟。網民認為，鄧小平對於「三面紅旗」時期的浮誇風完全知情，還是重要推手，他需要為「三年困難時期」負「主要責任」（他們認為毛被鄧誤導，這當然是顛倒主次）。「稻學」鼓吹者也認為，鄧小平在高崗和饒漱石案、反右運動中的作為、在文革中對毛做出「永不翻案」承諾後來卻翻案等，都應當被批判。

這群人更認為，改革開放後中國的一系列社會問題，如城鄉不均衡、貧富懸殊加大、軍隊經商、環境污染、社會道德敗壞、外國文化入侵等，都要歸咎於鄧小平等「走資派復辟」。鄧小平本人的家族成員（與殘疾福利系統關係密切的兒子鄧樸方、執掌

保利集團的女婿賀平、安邦集團的靠山外孫女鄧卓芮等人），鄧的親密戰友葉劍英、王震等人的家族，都被描述為改革開放早期最大的既得利益者。

在「稻學」敘事中，江澤民畏懼鄧小平在軍隊的影響力，直到鄧小平死後的一九九八年，江澤民才敢要求「軍隊停止經商」。胡錦濤則被「稻學家」們理解為「本性不錯」，但「性格軟弱」，不敢對鄧小平的家族和政策開刀。

「稻學」敘事中讓習近平扮演了「撥亂反正」角色 —— 在反腐、軍隊、國企、社會治理、生態環境、文化等領域的政策都回歸到毛澤東的「正確方向」，習是毛澤東真正的繼承人。[31]

中共當局縱容「稻學」論述數月之後，才將其列為被屏蔽的「敏感詞」，但其「敏感程度」遠不如六四、台獨、疆獨、藏獨、港獨等，人們還是能用種種方法從網上找到有關文章。

耐人尋味的是，習近平並未拋棄鄧小平遺產，反倒將自己塑造成鄧小平遺產的捍衛者 —— 在與黨內唯一有力量反習的江派對抗時，習控制的大外宣媒體多維網發表評論文章，指責江澤民一度反對鄧小平的改革開放。多維網接連推出「鄧小平南巡三十年」系列，除了表示習近平要繼承鄧小平的改革開放路線之外，多篇文章都點到江澤民的名字。提到江的政績敗筆，不再只限於貪腐之類。重中之重，莫過於二〇二二年一月二十四日推出的〈南方談話前後兩種力量的博弈〉一文，這是第一次將江澤民置於否定鄧小平改革開放路線的政治對立面，並且上升到路線鬥爭高度。

該文指出，一九八九年五月三十一日，鄧小平在與李鵬、姚依林的談話中提出了他的「政治交代」（政治遺產）：「改革開放政策不變，幾十年不變，一直要講到底。要繼續貫徹執行十一屆三中全會以來的路線、方針、政策，連語言都不變。」其核心即是「一個中心，兩個基本點」，堅持以經濟建設為中心，堅持改革開放，堅持四項基本原則，其中，鄧小平最看重「堅持改革開放」，視為其最重要的政治遺產。

然而，「六四」之後中共黨內主流否定改革，陳雲明顯壓鄧小平一頭。江澤民權衡利害，自然投陳棄鄧。在江澤民一九八九年的第一個「七一講話」，就提出分清兩種改革觀，一種是社會主義改革觀，一種是資本主義改革觀，要把反和平演變作為黨的教育堅持到底。一九九一年，江澤民在中共建黨七十週年講話中，八次提及資產階級自由化，九次提及和平演變。

鄧小平對這種局面嚴重不滿，在得到以楊尚昆為代表的軍方的支持後，發表南巡講話，成功扭轉局面。江澤民經過長達兩年零八個月的猶豫之後，終於選擇站在了鄧小平一邊。

多維網舊事重提，意味深長。經濟學者何清漣認為，江澤民、曾慶紅一系當中，江現在只是個象徵，不滿習的各種力量都寄望於這支勢力出來與習對陣，習近平要防的就是反習力量這種糾合，乾脆將大樹放倒，讓有反意者無枝可依。

習近平用鄧小平來打江澤民，只是權宜之計。總體而言，習近平是企圖「毛、鄧並用」，即所謂「前三十年」和「後三十年」一以貫之。對鄧的政治遺產，習既有繼承，亦有發揚。比

如，鄧小平說「韜光養晦」，習近平說「一帶一路」。這固然跟習近平的性情有關，更與中國當下的現實狀況有關：如果說「韜光養晦」是一件給十歲小學生穿的衣服，那麼「一帶一路」就是一件給二十歲大學生穿的衣服，中國的體量已成長到「坐二望一」地步，鄧小平的「韜光養晦」必然進入「出頭爭霸」的第二階段。法國《世界報》駐京記者勒梅特（Frédéric Lemaître）感歎：

　　多麼巨大的變化！僅僅四分之一世紀前，中國還常常和「經濟奇蹟」聯繫在一起，但現在，「戰爭」和「掠奪者」成了描述中央帝國的主題詞。[32]

　　習近平既是鄧小平遺產的繼承者，也是其破壞者。這兩個互相矛盾的身份奇蹟般地集中在他一人身上。這本身就是鄧小平主義的內在矛盾。未來中國的崩解會從這一內在矛盾開始。

注釋

第一章　弒父與尋父

1.　保羅・約翰遜（Paul Johnson）：《所謂的知識分子》，（台北）究竟出版社，2002年，頁111-112。

2.　王笛：《袍哥：1940年代川西鄉村的暴力與秩序》，（北京）北京大學出版社，2018年，頁47。

3.　韓文甫：《鄧小平傳》（革命篇），（台北）時報出版，1993年，頁34。

4.　中共中央文獻研究室：《鄧小平傳》（上卷），（香港）香港中和出版，2014年，頁21。

5.　潘佐夫（Alexander V. Pantsov）、梁思文（Steven I. Levine）：《鄧小平：革命人生》，（台北）聯經出版，頁36。

6.　麥克・狄倫（Michael Dillon）：《鄧小平》，（台北）五南出版，2020年，頁24。

7.　查理・伊凡（Richard Evans）：《鄧小平傳》，（台北）希代出版社，1993年，頁16。

8.　李銳：《三十歲以前的毛澤東》，（台北）時報出版，1993年，頁56-57。

9.　張戎：《毛澤東：鮮為人知的故事》，（香港）開放出版社，2006年，頁3。

10.　中共中央文獻研究室：《鄧小平傳》（上卷），頁98。

11.　潘佐夫、梁思文：《鄧小平：革命人生》，頁118。

12.　中共中央文獻研究室：《鄧小平傳》（上卷），頁87-88。

13.　郭家寬編：《歷史應由人民書寫：你所不知道的劉少奇》，（香港）天地圖書公司，1999年，頁77。

14.　羅德里克・麥克法夸爾（馬若德）：《文化大革命的起源：浩劫的來臨（1961-1966年）》，（香港）新世紀出版社，2021年，頁444。

15. 翁衍慶：《林彪的忠與逆》，（台北）新銳文創，2012年，頁165。

16. 中共中央文獻研究室：《鄧小平傳》，頁403。

17. 高文謙：《晚年周恩來》，（紐約）明鏡出版社，2003年，頁471。

18. 〈鄧小平同志的信〉，載《中共中央關於恢復鄧小平同志的黨的組織生活和國務院副總理的職務的決定及附件》附件一，1973年3月10日，中發〔1973〕14號。見宋永毅等編：《中國當代政治運動史數據庫》。

19. 魏昂德（Andrew G.Walder）：《脫軌的革命：毛澤東時代的中國》，（香港）香港中文大學出版社，2019年，頁312。

20. 宋永毅：《毛澤東和文化大革命：政治心理與文化基因的新闡釋》，（台北）聯經出版，2022年，頁356。

21. 沙茲伯里（Harrison E. Salisbury）：《新皇朝：毛澤東與鄧小平的權力遊戲》，（台北）新新聞周刊，1992年，頁305。

22. 法拉奇在提到毛主席紀念堂的去留問題。鄧小平談到：「建毛主席紀念堂，應當說，那是違反毛主席自己的意見的。五十年代，毛主席提議所有的人死後都火化，只留骨灰，不留遺體，並且不建墳墓。毛主席是第一個簽名的。我們都簽了名。中央的高級幹部、全國的高級幹部差不多都簽了名。現在簽名冊還在。粉碎四人幫以後做的這些事（建毛主席紀念堂等），都是從求得比較穩定這麼一個思想考慮的。」法拉奇緊追不捨，繼續問道：「那麼毛主席紀念堂不久是否將要拆掉？」鄧將手一擺說：「我不贊成把它改掉。已經有了的把它改變，就不見得妥當。建是不妥當的，如果改變，人們就要議論紛紛。現在世界上都在猜測我們要毀掉紀念堂。我們沒有這個想法。」

23. 蕭冬連：《歷史的轉軌：從撥亂反正到改革開放》，頁291-292。

24. 李玉貞：《少年經國傳》，（台北）日臻出版社，1995年，頁15。

25. 江南：《蔣經國傳》，（台北）前衛出版社，1997年，頁28。

26. 《蔣經國大事長編初稿》，國史館《蔣經國總統資料庫》。

27. 江南：《蔣經國傳》，頁37。

28. 漆高儒：《蔣經國評傳：我是台灣人》，（台北）正中書局，1987年，頁48。

29. 江南：《蔣經國傳》，頁70-71。

30. 《蔣經國大事長編初稿》，國史館《蔣經國總統資料庫》。

31. 《蔣經國大事長編初稿》，國史館《蔣經國總統資料庫》。

32. 漆高儒：《蔣經國評傳：我是台灣人》，頁298。

33.　蔣經國：《風雨中的寧靜》，（台北）正中書局，2003年，頁12、30。

34.　漆高儒：《蔣經國評傳：我是台灣人》，頁286-287。

35.　蔣經國：《蔣經國自述》，（北京）台海出版社，2014年，頁272-280。

36.　王鼎鈞：《文學江湖》，（台北）爾雅出版社，2009年，頁422-423。

第二章　留蘇同學

1.　余敏玲：《國際主義在莫斯科中山大學，1925-1930》，中央研究院近代史研究所集刊，第26期。

2.　王覺源：《留俄回憶錄》，（台北）三民書局，2018年，頁4-5。

3.　中共中央文獻研究室編：《鄧小平傳》（上卷），頁76。

4.　王先金：《孤島落日：蔣介石與民國大佬的黃昏歲月》，（北京）團結出版社，2010年。

5.　中共中央文獻研究室編：《鄧小平傳》（上卷），頁78-79。

6.　徐君虎：《我與蔣經國在蘇聯的一段往事》，《鍾山風雨》，2005年第1期。

7.　蔣經國日記，1977年7月24日、1978年7月27日、1978年11月12日、1979年2月1日，國史館《蔣經國總統資料庫》。

8.　朱瑞：《我的歷史與思想白述》，《中共黨史資料》第9輯，中共黨史資料出版社，1984年，頁231。

9.　中共中央文獻研究室編：《鄧小平傳》（上卷），頁83。

10.　陳永發導讀：〈毛澤東和他的社會主義烏托邦〉，見畢仰高：《歷史的覆轍》（香港）香港中文大學出版社，2020年。

11.　師哲：《中蘇關係見證錄》，（北京）當代中國出版社，2005年，頁208。

12.　鍾延麟：《文革前的鄧小平：毛澤東的「副帥」（1956-1966）》，（香港）香港中文大學出版社，2013年，頁350-351。

13.　中共中央文獻研究室：《鄧小平傳》，頁140。

14.　中共中央文獻研究室：《鄧小平年譜》，下冊，（北京）中央文獻出版社，2004年，頁1737、頁1739。

15.　中共中央文獻研究室：《鄧小平傳》，頁324。

16.　鍾延麟：《文革前的鄧小平：毛澤東的「副帥」（1956-1966）》，頁405-406。

17.　蔣經國：《我在蘇聯的生活》，《蔣經國先生全集》（第1冊），（台北）

行政院新聞局，1991年。

18. 蔣經國：《我在蘇聯的生活》，頁13。

19. 《蔣經國大事長編初稿》，國史館《蔣經國總統資料庫》。

20. 《獨裁者還是經濟總舵手？林孝庭：思考轉型正義，莫忘蔣經國貢獻》，風傳媒，2021年4月27日，https://www.storm.mg/article/3630994?mode=whole。

21. 茅家琦：《蔣經國的一生和他的思想演變》，頁44-45。

22. 畢仰高：《歷史的覆轍：中俄革命之比較》，頁247-248。

23. 陳守雲：《解密蔣經國》，（台北）秀威出版，2011年，頁38。

24. 《蔣經國大事長編初稿》，國史館《蔣經國總統資料庫》。

25. 蔣經國：《我在蘇聯的生活》，頁81、89。

26. 陶涵：《蔣經國傳》，頁93。

27. 西村成雄：〈從《熊式輝日記》看國民政府接收東北時「現場」的政治矛盾〉，見伊原澤周編注：《戰後東北接收交涉紀實：以張嘉璈日記為中心》，中國人民大學出版社，2012年，頁194。

28. 蔣經國：《蔣經國自述》，頁165。

29. 伊原澤周編註：《戰後東北接收交涉紀實：以張嘉璈日記為中心》，頁194、202-203。

30. 蔣經國：《蔣經國自述》，頁148。

31. 蔣經國：《蔣經國自述》，頁145-146。

32. 陶涵：《蔣經國傳》，頁148-149。

33. 蔣經國：《蔣經國自述》，頁165。

34. 陶涵：《蔣經國傳》，頁154。

第三章　不穿軍裝的軍人

1. 魯・格・皮霍亞（Rudolf Pikhoya）：《蘇聯政權史》，（北京）東方出版社，2006年，頁29。

2. 劉鳳翰：《國民黨軍事制度史》，（北京）中國大百科全書出版社，2009年，頁41。

3. 劉鳳翰：《國民黨軍事制度史》，頁60。

4. 中共中央文獻研究室編：《鄧小平傳》（上卷），頁76。

5. 潘佐夫、梁思文：《鄧小平：革命人生》，頁84。

6.　查理‧伊凡：《鄧小平傳》，頁64。

7.　潘佐夫、梁思文：《鄧小平：革命人生》，頁100-101。

8.　查理‧伊凡：《鄧小平傳》，頁94。

9.　中共中央文獻研究室編：《鄧小平傳》（中卷）頁273。

10.　黃金生：〈為什麼鄧小平與元帥軍銜擦肩而過，而陳毅卻位列其中？〉，（北京）《國家人文歷史》，2015年9月號。

11.　嚴家祺：《嚴家祺回憶錄：命運交響樂》，太山文化傳媒，2021年，頁161。

12.　宋永毅：《毛澤東和文化大革命：政治心理與文化基因的新闡釋》，頁386。

13.　宋永毅：《毛澤東和文化大革命：政治心理與文化基因的新闡釋》，頁400。

14.　〈鄧小平在中越邊境作戰情況報告會上的講話〉，見宋永毅等編：《中國當代政治運動史數據庫》。

15.　〈鄧小平與義大利女記者法拉奇的談話〉，《華盛頓郵報》1980年8月31日和9月1日所載。

16.　蔣經國：《蔣經國白述》，頁30。

17.　茅家琦：《蔣經國的一生和他的思想演變》，頁66-67。

18.　蔣經國：《風雨中的寧靜》，頁110。

19.　蔣經國：《風雨中的寧靜》，頁116。

20.　茅家琦：《蔣經國的一生和他的思想演變》，頁109-110。

21.　〈軍事委員會委員長蔣中正手令蔣經國等研究青年運動之具體思想及行動綱領〉，國史館《蔣經國總統資料庫》。

22.　〈民國四十二年四月十五日蔣經國對政工幹部學校學生演講領袖言行〉，國史館《蔣經國總統資料庫》。

23.　蔣經國：《蔣經國手札（民國三十九年-五十二年）》，頁363。

24.　蔣經國：《蔣經國手札（民國三十九年-五十二年）》，頁247。

25.　蔣經國：《蔣經國手札（民國三十九年-五十二年）》，頁3、21。

26.　蔣經國：《蔣經國手札（民國三十九年-五十二年）》，頁8、171。

27.　陳翠蓮：〈王昇與「劉少康辦公室」：1980年代台灣威權體制末期與權力震盪〉，（台北）國史館館刊，第六十九期（2021年9月）。

28.　蔣經國：《蔣經國手札（民國三十九年-五十二年）》，頁24。

29.　陶涵：《蔣經國傳》，頁252。

30. 陶涵：《蔣經國傳》，頁232。

31. 二○一七年九月，許歷農發表一封名為〈九十九高齡老人的真心話〉的公開信，說明近十多年來他不再反共，還致力於「促統」的原因。信中指出，自從鄧小平推動「改革開放」以來，中國大陸已完全放棄共產主義，並且摸索、尋找出一條有效的治國方案——中國特色社會主義。信中列舉中國特色社會主義的作為和成就，並且認為今天中國大陸的思想和作為，完全符合正常國家發展的原則，對兩岸亦屬有利，當年反共的理由，早已不復存在。關於「促統」，信中認為，統一是中華民國憲法一貫追求的目標，「反攻大陸」、「光復大陸國土」、「為中華民國生存發展而戰」等當年的口號都是追求國家統一的具體主張，「台獨」不僅在主觀上（血緣、文化）不應該，更在客觀上（相對形勢）亦不可能——這種言論，比白色恐怖時代被處決的「匪諜」的言論嚴重千百倍。

32. 《蔣經國大事長編初稿》，國史館《蔣經國總統資料庫》。

33. 見徐偉群臉書，https://www.facebook.com/profile.php?id=100000360880676。

第四章　「紅色恐怖」與「白色恐怖」

1. 台灣偏左翼的學者吳叡人所定義的狹義的「白色恐怖」，指「國民黨一九五○年代在台灣大規模肅清左翼分子的行動」，他將此類行動與日本（戰後初期日本政府與美國佔領軍司令部聯手進行的公部門「赤狩」整肅）和美國（戰後眾議院的「非美活動委員會」以及稍後的麥卡錫主義時代對左翼人士的鎮壓）等量齊觀。這種論述是意識形態先行、違背歷史事實。首先，台灣「白色恐怖」受害中，只有很少一部分是共產黨地下組織或左翼知識分子。據台灣史學者李筱峰統計，從一九四九年到一九六○年，台灣因政治案件被處以死刑者約兩千人，被判重刑者約八千人，其中實際為共產黨員者不到九百人，更多是像雷震、夏道平、殷海光、柏楊那樣的反共的自由主義者，以及像彭明敏、鄭南榕、高俊明那樣的既反共又支持台獨人士。美國學者丹尼‧羅伊（Denny Roy）認為，一九四○年代後期，共產黨勢力基本上被清除，「因失望而自覺的台灣民族主義成為國內安全部隊僅有的最大目標」。其次，在冷戰背景下，美國和日本整肅共產黨的行動，既是必要的，又有法律根據，民主制度必須有保護機制，否則會被共產黨顛覆；而蔣經國在台灣的「白色恐怖」，是學習蘇聯警察國家模式，其炮製的若干政治案件受到美國政府的關切和美國輿論的批評。參閱吳叡

人：〈國家建構、內部殖民與冷戰：戰後台灣國家暴力的歷史脈絡〉及〈白色恐怖簡史〉，收入人權之路編輯小組、吳乃德、吳叡人、陳翠蓮：《人權之路：2008新版》，（台北）陳文成博士紀念基金會，2008年，頁168-173。

2.　潘佐夫、梁思文：《鄧小平：革命人生》，頁96-97。

3.　馮客：《解放的悲劇：中國革命史1945-1957》，（台北）聯經出版，2018年，頁103-106。

4.　〈鄧小平關於3、4兩月份工作向毛主席的報告〉，中共中央西南局農村工作部編：《西南區土地改革運動資料匯編（下）》，重慶，1954年。見宋永毅等編：《中國當代政治運動史數據庫》。

5.　馮客：《解放的悲劇：中國革命史1945-1957》，頁106。

6.　馮客：《解放的悲劇：中國革命史1945-1957》，頁114。

7.　譚松：《血紅的土地：中共土改採訪錄》，（台北）亞太政治哲學文化，2019年，頁498。

8.　〈鄧小平在西南區第一屆司法會議上的講話〉，一九五一年五月，見宋永毅等編：《中國當代政治運動史數據庫》。

9.　〈鄧小平電毛主席並中央（綜合報告）〉，一九五二年三月十三日，見宋永毅等編：《中國當代政治運動史數據庫》。

10.　〈鄧小平對起草《關於建國以來黨的若干歷史問題的決議》的意見〉，見宋永毅等編：《中國當代政治運動史數據庫》。

11.　鄧小平〈關於高崗、饒漱石反黨聯盟的報告〉，一九五五年三月二十一日。見宋永毅等編：《中國當代政治運動史數據庫》。

12.　〈毛澤東對鄧小平關於高崗、饒漱石反黨聯盟的報告稿的批語和修改〉，一九五五年二月二日。見宋永毅等編：《中國當代政治運動史數據庫》。

13.　麥克・狄倫：《鄧小平》，頁153。

14.　鍾延麟：《文革前的鄧小平：毛澤東的「副帥」（1956-1966）》，頁162-163。

15.　鍾延麟：《文革前的鄧小平：毛澤東的「副帥」（1956-1966）》，頁196-199。

16.　〈劉少奇、鄧小平同烏蘭夫的談話紀錄〉，1966年7月2日，內蒙古黨委機關紅旗聯合總部編：《文革資料》（第29冊），見宋永毅等編：《中國當代政治運動史數據庫》。

17.　約翰・拜倫（John Byron）、羅伯特・帕克（Robert Pack）：《龍爪：毛澤

東背後的邪惡天才康生》，（台北）時報文化，1998年，頁132。

18. 中共中央文獻研究室編：《鄧小平傳》（下卷），頁124-125。

19. 〈鄧小平同志在成都一次會議上的講話紀錄稿〉，1957年6月12日，見宋永毅等編：《中國當代政治運動史數據庫》。

20. 鍾延麟：《文革前的鄧小平：毛澤東的「副帥」（1956-1966）》，頁145-147。

21. 鄧小平：《鄧小平文選》（第2卷），（北京）人民出版社，1994年，頁277。

22. 中共中央文獻研究室編：《鄧小平傳》（下卷），頁125。

23. 胡績偉口述，姚監復整理：《靠反右起家發家，鄧小平反右思想源遠流長》，見倍可親網站，https://www.backchina.com/blog/259217/article-297853.html。

24. 〈鄧榕對鄧小平的揭發大字報〉，新北大公社02621支隊編《徹底清算鄧小平在無產階級文化大革命中的滔天罪行》，1967年4月。見宋永毅等編：《中國當代政治運動史數據庫》。

25. 鍾延麟：〈「三面紅旗」執旗手：鄧小平在「大躍進」運動中之態度、角色與作為〉，見宋永毅、丁抒編：《大躍進—大饑荒：歷史和比較視野下的史實和思辨》（上冊），（香港）田園書屋，2009年，頁323-324。

26. 盧躍剛：《趙紫陽傳：一位失敗改個家的一生》（中卷），頁714。

27. 〈李井泉秘書陳振寰口述〉，時間：2009年7月15日下午3點；地點：北京和平門外東大街3號樓2門206室；採訪人：周燕。見文學城網站，https://bbs.wenxuecity.com/memory/562155.html。

28. 渡邊利夫、小島朋之：《毛澤東與鄧小平》，（台北）大展出版有限公司，1995年，頁194-195。

29. 胡績偉口述，姚監復整理：《靠反右起家發家，鄧小平反右思想源遠流長》，見倍可親網站，https://www.backchina.com/blog/259217/article-297853.html。

30. 江南：《蔣經國傳》，頁321。

31. 若林正丈：《戰後臺灣政治史：中華民國臺灣化的歷程》，（台北）台大出版中心，2014年，頁107。

32. 王文宏：〈蔣經國就是「台灣白色恐怖的元兇」〉，見新頭殼網站。

33. 蘇瑞鏘：《白色恐怖在臺灣：戰後臺灣政治案件之處置》，（台北）稻鄉出版社，2014年，頁96。

34. 蔣經國：《蔣經國手札（民國三十九年-五十二年）》，頁204。

35. 蔣經國：《蔣經國手札（民國三十九年-五十二年）》，頁502。

36. 蔣經國：《蔣經國手札（民國三十九年-五十二年）》，頁512。

37. 梁山：〈沈之岳這個人〉，見謝聰敏：《談景美軍法看守所》，（台北）自由時代，頁291-293。

38. 黃清龍：《蔣經國日記揭密》，頁286。

39. 裴斐（Nathaniel Peffer）、韋慕庭（Martin Wilbur）：《從上海市長到台灣省主席：吳國楨口述回憶》，（上海）上海人民出版社，1999年，頁184-186。

40. 吳國楨：《夜來臨：吳國楨見證的國共鬥爭》，（香港）香港中文大學出版社，2009年，頁283。

41. 殷惠敏：《誰怕吳國楨》，（台北）允晨出版，2016年，頁141-142。

42. 諸葛文武編著：《孫立人事件始末記》，（台北）薪火雜誌社，1985年，頁45。

43. 沈克勤編著：《孫立人傳》（下卷），（台北）台灣學生書局，1998年，頁715-716、頁719-720。

44. 〈蔣經國呈周至柔報告李鴻、陳鳴人、彭克立等被俘釋歸有共諜重大嫌疑及陸軍總部被俘歸來已派軍職人員調查表〉，見國史館：《蔣經國總統資料庫》。

45. 李安定口述：〈李鴻：蒙冤二十五載的遠征將軍〉，見李菁：《沙盤上的命運》，（北京）三聯書店，2017年，頁242-265。

46. 蔣經國：《蔣經國手札（民國三十九年-五十二年）》，頁478。

47. 李敖編：《孫案研究》，（台北）台灣學生書局，1998年，頁342、345。

48. 王鼎鈞：《文學江湖》，（台北）爾雅出版，2009年，頁236。

49. 曹欽榮：《自由遺產：台灣228、白色恐怖紀念地故事》，（台北）前衛出版，2017年，頁175。

50. 李石城：《鹿窟風雲：八十回往——李石城回憶錄》，（台北）白象文化，2015年，頁172-177。

51. 人權之路編輯小組、吳乃德、吳叡人、陳翠蓮：《人權之路：2008新版》，頁25。

52. 人權之路編輯小組、吳乃德、吳叡人、陳翠蓮：《人權之路：2008新版》，頁62。

53. 丹尼·羅伊（Denny Roy）：《台灣政治史》，頁123。

54. 曹欽榮：《自由遺產：台灣228、白色恐怖紀念地故事》，頁155。

55. 魏斐德（Frederic Wakeman Jr.）：《間諜王：戴笠與中國特工》，（南京）江蘇人民出版社，2007年，頁208。

56. 李菁：《沙盤上的命運》，頁261。

57. 若林正丈：《戰後臺灣政治史：中華民國臺灣化的歷程》，頁103-104。

58. 菲・博布科夫：《克格勃與政權：克格勃第一副主席的回憶》，（北京）東方出版社，2008年，頁339。

59. 曹欽榮：《自由遺產：台灣228、白色恐怖紀念地故事》，頁157。

60. 蘇瑞鏘：《白色恐怖在臺灣：戰後臺灣政治案件之處置》，頁82、91。

61. 〈民國四十二年一月三十日蔣經國於情治工作會報演講分清敵我並指示對中共進一步的認識〉，國史館：《蔣經國總統資料庫》。

62. 〈民國四十七年十二月至四十八年五月蔣經國對司法行政部調查局工作同仁訓示演講稿〉，1958年12月15日，國史館：《蔣經國總統資料庫》。

63. 〈民國五十四年三月十六日蔣經國訓勉警備總部全體同仁注意敵人對我之心戰與臺灣獨立運動問題等〉，1965年3月16日，國史館：《蔣經國總統資料庫》。

64. 蔣經國日記，1977年3月13日，國史館：《蔣經國總統資料庫》。

65. 蔣經國日記，1979年1月9日，國史館：《蔣經國總統資料庫》。

66. 翁元口述、王豐記錄：《我在蔣介石父子身邊的日子》，（台北）書華出版，1994年，頁254-256。

67. 蘇瑞鏘：《白色恐怖在臺灣：戰後臺灣政治案件之處置》，頁54、73。

第五章　美麗島與天安門

1. 塞繆爾・P・亨廷頓（Samuel P. Huntington）：《變化社會中的政治秩序》，（北京）生活・讀書・新知，三聯書店，1989年，頁43。

2. 塞繆爾・P・亨廷頓：《第三波：二十世紀後期民主化浪潮》，（上海）上海三聯書店，1998年，頁2。

3. 戴倫・艾塞默魯（Daron Acemoglu）、詹姆斯・羅賓森（James A. Robinson）：《自由的窄廊：國家與社會如何決定自由的命運》，（台北）衛城出版，2020年，頁128。

4. 黃清龍：《蔣經國日記揭密》，頁113。

5. 蔣經國日記，1979年1月23日、3月7日，國史館：《蔣經國總統資料庫》。

6.　若林正丈：《戰後臺灣政治史：中華民國臺灣化的歷程》，頁179。

7.　黃清龍：《蔣經國日記揭密》，頁117-118。

8.　呂秀蓮：《重審美麗島》，（台北）前衛出版社，2000年，頁233。

9.　高明輝口述、范立達整理：《情治檔案：一個老調查員的自述》，（台北）商周文化，1995年，頁68。

10.　〈陳若曦等呈蔣經國為高雄事件請即交法院審理不應由軍事審判以合乎民主法治原則〉，1980年1月5日，國史館《蔣經國總統資料庫》。

11.　胡慧玲：《民主的浪潮·百年求索（卷三）》，（台北）衛城出版，2013年，頁174-175。

12.　吳達：〈他們為什麼「吞吞吐吐」？〉、梁山：〈沈之岳這個人〉，見謝聰敏：《談景美軍法看守所》，頁288-289、293。

13.　高明輝口述、范立達整理：《情治檔案：一個老調查員的自述》，頁69。

14.　蔣經國日記，1979年12月24日，國史館：《蔣經國總統資料庫》。

15.　陶涵寫作《蔣經國傳》是受前美國在台協會理事主席、後來任蔣經國基金會顧問的丁大衛之邀，但後者為了避免這本書被視為官方斥資贊助的傳記，其客觀性和可信度均將大打折扣，所以蔣經國基金會在此事中迴避，改由余紀忠主持的《中國時報》出面贊助──表面上有了區隔，但實質上是一樣的。所以，這本傳記有明顯的傾向性，百般掩飾蔣經國在白色恐怖、美麗島事件等一系列人權慘劇中的直接責任，將其塑造成台灣的民主之父。但實際上，蔣經國雖然在口頭上常常提及民主，但心中從來沒有真正認同民主理念。正如學者張旭成所說，儘管外間都認為蔣經國是台灣民主化的奠基人和催生者，但蔣經國並非西方人心目中的民主人士，甚至在其身邊工作或被他質詢過的受美國教育的學者們，對蔣的民主素養與認識，也不曾發生作用。傅建中：〈《蔣經國傳》的由來〉，見陶涵：《蔣經國傳》之序言。

16.　茅家琦：《蔣經國的一生和他的思想演變》，頁347。

17.　李潔明（James Lilley）：《李潔明回憶錄：美、中、台三角關係大揭密》，（台北）時報文化，2003年，頁246。

18.　蔣經國日記，1978年7月9日、7月10日、8月21日，國史館：《蔣經國總統資料庫》。

19.　胡慧玲：《民主的浪潮·百年求索（卷三）》，頁172。

20.　陶涵：《蔣經國傳》，頁395-396。

21.　陳翠蓮：〈王昇與「劉少康辦公室」：1980年代台灣威權體制末期與權力

震蕩〉，（台北）國史館館刊，第六十九期（2021年9月）。

22. 胡慧玲：《民主的浪潮‧百年求索（卷三）》，頁156-157。

23. 呂秀蓮：《重審美麗島》，頁250-251。

24. 黃清龍：《蔣經國日記揭密》，頁78-80。

25. 吳達：〈他們為什麼「吞吞吐吐」？〉，見謝聰敏：《談景美軍法看守所》，（台北）自由時代，頁288-289。

26. 陳翠蓮：〈王昇與「劉少康辦公室」：1980年代台灣威權體制末期與權力震蕩〉，（台北）國史館館刊，第六十九期（2021年9月）。

27. 傅高義：《鄧小平改變中國》，（台北）天下文化，2012年，頁841-842。

28. 趙鼎新：《國家、社會關係與八九北京學運》，頁207-208。

29. 《鄧小平年譜（1973-1977）》，（北京）中共中央文獻出版社，2004年，頁1172-1174。

30. 吳仁華：《六四屠殺內幕解密》，（台北）允晨文化，2016年，頁23、34。

31. 〈檔案：鄧小平曾說200人死可換20年穩定〉，BBC中文網，2016年12月30日，https://www.bbc.com/zhongwen/trad/chinese-news-38468353。

32. 吳仁華：《六四屠殺內幕解密》，頁63。

33. 戴晴：《鄧小平在1989》，（香港）新世紀出版社，2019年。

34. 史雲、李丹慧：《難以繼續的「繼續革命」：從批林到批鄧》，（香港）香港中文大學當代中國文化研究中心，2008年，頁638。

35. 當時有人傳說遇害者逾百，屍體被公安運走。但後來很多學者（包括寫《文化大革命十年史》的嚴家祺和高皋夫婦）經過調查發現沒有人被打死。

36. 查理‧伊凡：《鄧小平傳》，頁331。

37. 劉曉波：《傾聽天安門母親的聲音》，見丁子霖：《尋訪六四受難者》，（香港）開放出版社，2005年，頁26。

38. 丁子霖：《尋訪六四受難者》，頁224。

39. 此數據僅僅是滄海一粟。就我個人所知，有多個案例未能進入此名單。比如，當年我所在的北京方舟教會有一位會友，是一位中年女性，她告知其姊夫是六四遇難者，姊夫遇難後，姊姊改嫁，從不對外人提及此事，也拒絕提供有關資料（連其亡夫的姓名都不願告訴外界）。〈六四死難者名冊〉，見天安門母親網站，http://www.tiananmenmother.org/index_files/Page480.htm。

40. 林慕蓮（Louisa Lim）：《重返天安門》，（台北）八旗文化，2019年，頁290-292。

41. 《最後的祕密——中共十三屆四中全會「六四」結論文檔》，（香港）新世紀出版社，2019年。

42. 派翠克·泰勒（Patrick E. Tyler）：〈改變中國歷史軌跡的鄧小平〉，紐約時報中文網，https://cn.nytimes.com/obits/20140822/c22deng/zh-hant/。

43. 吳仁華：《六四屠殺內幕解密》，頁84。

44. 派翠克·泰勒：〈改變中國歷史軌跡的鄧小平〉，紐約時報中文網，https://cn.nytimes.com/obits/20140822/c22deng/zh-hant/。

45. 林慕蓮：《重返天安門》，頁312。

第六章　黨天下

1. 中共中央文獻研究室編：《鄧小平傳》（下卷），頁98。

2. 杜布切克：《杜布切克回憶錄》，頁301。

3. 蕭冬連：《歷史的轉軌：從撥亂反正到改革開放》，（香港）香港中文大學當代中國文化研究中心，2008年，頁379-380。

4. 余英時：〈經濟放鬆與政治加緊：試說「黨天下」的解體過程——陳彥《中國之覺醒》序〉，見余英時：《會友集——余英時序文集》，（香港）明報出版社，2008年，頁359-361。

5. 中共中央文獻研究室編：《鄧小平傳》（下卷），頁743-744。

6. 嚴家祺：《嚴家祺回憶錄：命運交響樂》，頁213。

7. 蕭冬連：《歷史的轉軌：從撥亂反正到改革開放》，頁38-39。

8. 李洪林：《中國思想運動史：1949-1989》，（香港）天地圖書有限公司，2016年，頁328-329。

9. 盧躍剛：《趙紫陽傳：一位失敗改革家的一生》（下卷），（台灣）印刻出版，2019年，頁996-997。

10. 鄧小平：〈關於當前學生鬧事問題的講話要點〉，1986年12月30日，《鄧小平同志論黨風》（機密），1987年，內部出版。見宋永毅等編：《中國當代政治運動史數據庫》。

11. 馬利德（Richard McGregor）：《中國共產黨：不可說的祕密》，（台北）聯經出版，2011年，頁35-36。

12. 羅旺·卡立克（Rowan Callick）：《我是世界最大黨：誰在統治及如何統

治中國》，（台北）聯經出版，2014年，頁76-77。

13. 若林正丈：《戰後臺灣政治史：中華民國臺灣化的歷程》，頁107-108。

14. 黃清龍：《蔣經國日記揭密》，頁144-151。

15. 黃清龍：《蔣經國日記揭密》，頁264。

16. 朱乃瑩：〈歷史學者林孝庭：蔣經國嘆中華民國「正統變側室」，痛苦不堪被迫建設臺灣〉，沃草國會無雙，https://musou.watchout.tw/read/N8S6tzyBCn11fCWybMYS?utm_source=fb&utm_medium=social&utm_content=0107。

17. 吳建國：《破局》，頁88-93。

18. 李登輝：《見證台灣：蔣經國總統與我》，（台北）允晨文化，2004年，頁163-164。

19. 《蔣經國大事長編初稿》，1987年6月26日，國史館：《蔣經國總統資料庫》。

20. 〈蔣經國文膽出書披露：蔣經國曾正告民主國家，勿對共產集團存有幻想〉，2022年2月10日，自由亞洲電台，https://www.rfa.org/mandarin/yataibaodao/gangtai/hcm2-02102022073748.html?encoding=traditional。

21. 莊雅仲：《民主台灣：後威權時代的社會運動與文化政治》，（香港）香港中文大學出版社，2014年，頁16-17。

22. 阿爾巴托夫（Georgy Arbatov）：《蘇聯政治內幕：知情者的見證》，頁278-279。

23. 盧躍剛：《趙紫陽傳：一位失敗的改革家的一生》（下卷），頁975、977。

24. 毛毛：《我的父親鄧小平：「文革」歲月》，（北京）中央文獻出版社，2000年，頁150。

25. 〈獨立王國「皇帝」鄧小平的醜惡靈魂──訪鄧小平私人醫生談話紀要〉，見宋永毅等編：《中國當代政治運動史數據庫》。

26. 新北大公社第四野戰軍詠梅戰鬥隊：〈揭開鄧小平的反革命老底〉，1967年4月18日「新北大校刊編輯部」編印之《劉少奇、鄧小平的反革命罪惡史》，見宋永毅等編：《中國當代政治運動史數據庫》。

27. 韓文甫：《鄧小平傳》（下），頁710-712。

28. 趙紫陽：《改革歷程》，（香港）香港新世紀出版社，2009年，頁276。

29. 吳乃德：〈細看蔣經國的真面目〉，見《台灣日報》。

30. 蔣經國日記，1977年1月10日，國史館：《蔣經國總統資料庫》。

31. 〈民國四十七年十二月至四十八年五月蔣經國對司法行政部調查局工作同仁訓示演講稿〉，1958年12月15日，國史館：《蔣經國總統資料庫》。

32. 范泓：《風雨前行：雷震傳》，（桂林）廣西師範大學出版社，2004年，頁151。

33. 康寧祥：《台灣‧打拼：康寧祥回憶錄》，（台北）允晨文化，2013年，頁146。

34. 黃清龍：《蔣經國日記揭密》，頁181-182。

35. 蘇瑞鏘：《白色恐怖在臺灣：戰後臺灣政治案件之處置》，頁93-94。

第七章　鳥籠經濟

1. 盧躍剛：《趙紫陽傳：一個失敗的改革家的一生》（下卷），頁821。

2. 楊繼繩：《鄧小平時代》，頁6。

3. 〈李井泉向劉伯承、賀龍、鄧小平的綜合報告〉，1950年5月23日，中共中央西南局編印：《西南工作》第7期（黨內刊物發至縣團），見宋永毅等編：《中國當代政治運動史數據庫》。

4. 蕭冬連：《歷史的轉軌：從撥亂反正到改革開放》，頁645-647。

5. 鄧小平：《鄧小平文選》（第二卷），（北京）人民出版社，1994年，頁315-316。

6. 楊繼繩：《鄧小平時代》，頁182。

7. 盧躍剛：《趙紫陽傳：一位失敗改革家的一生》（下卷），頁847。

8. 楊繼繩：《鄧小平時代》，頁343-345。

9. 馬利德：《中國共產黨不可說的祕密》，頁249、269。

10. 鄧小平：〈會見南斯拉夫社會主義聯邦共和國主席團主席拉多萬‧費拉伊科維奇同志時的談話〉（摘錄），《鄧小平同志論黨風》（機密），1987年內部出版，見宋永毅等編：《中國當代政治運動史數據庫》。

11. 蘇曉康：《鬼推磨：中國魔幻三十年》，（台北）印刻出版，2020年，頁158。

12. 陶涵：《蔣經國傳》，頁219。

13. 柯偉林（W. C. Kirby）：《德國與中華民國》，（南京）江蘇人民出版社，2006年，頁259-260。

14. 〈吾人士氣絲毫未損——民國六十五年七月答覆德慕尼黑國際政治研究所主任金德曼教授問〉，國史館《蔣經國總統資料庫》。

15. 許建榮：〈國民黨的黃金與經濟奇蹟謊言〉，見《民報》網站，https://www.peoplenews.tw/news/9c0c68e8-f5e5-44e1-ba04-f3f42abae310?fbclid=IwAR2_kRXg8BX-vUt2fui0V8WODox-AyIOoM2hd2oYk4nkW46IUDKSY_J2gQs。

16. 陳婉真：〈蔣經國與後藤新平〉，見優傳媒網站，https://umedia.world/news_details.php?n=202202151945403341&fbclid=IwAR0LNzeR64dmf5-2DyYd30lFzl4SWY1jUoV4EKCDFR-zM6hseg02lURfe1o。

17. 蔣經國日記，1977年9月14日，國史館《蔣經國總統資料庫》。

18. 茅家琦：《蔣經國的一生和他的思想演變》，頁392。

19. 李登輝：《見證台灣：蔣經國總統與我》，頁173、178。

20. 周德偉：《周德偉經濟論著》，（台北）尊德性齋，1968年，頁473。

21. 吳惠林、彭慧明：《蔣碩傑傳：奠基台灣奇蹟的自由經濟導師》，（台北）天下文化，2012年，頁288-293。

22. 中華民國外交部「一九七四年諾貝爾獎得主FriedrichA.Hayek（海耶克）邀訪案」，見國史館《蔣經國總統資料庫》。

23. 茅家琦：《蔣經國的一生和他的思想演變》，頁385-386。

24. 蔣經國日記，1977年1月7日，國史館：《蔣經國總統資料庫》。

25. 茅家琦：《蔣經國的一生和他的思想演變》，頁391。

26. 帕克斯‧M‧小科布爾（Parks M. Coble, Jr.）：《上海資本家與南京政府（1927-1937）》，（北京）世界圖書出版公司，2015年，頁21。

27. 李宗榮、林宗弘主編：《未竟的奇蹟：轉型中的台灣經濟與社會》，（台北）中央研究院社會學研究所，2017年，頁53。

28. 李宗榮、林宗弘主編：《未竟的奇蹟：轉型中的台灣經濟與社會》，頁55-56。

第八章　愛憎美國

1. 〈鄧小平接見外國代表團時的談話〉，1964年10月，首都紅代會中國人民大學三紅揪鄧兵團：《鄧小平反革命修正主義言論文章匯編（第二集）》，見宋永毅等編：《中國當代政治運動史數據庫》。

2. 〈鄧小平在中越邊境作戰情況報告會上的講話〉，見宋永毅等編：《中國當代政治運動史數據庫》。

3. 若林正丈：《戰後臺灣政治史：中華民國臺灣化的歷程》，頁85。

4. 〈民國七十五年六月葛光越呈蔣經國為與美國喬治城大學戰略暨國際研究中心資深研究員克萊恩博士夫婦談話紀錄〉，1986年6月18日，國史館《蔣經國總統資料庫》。

5. 《蔣經國大事長編初稿》，1953年9月28日，國史館：《蔣經國總統資料庫》。

6. 陶涵：《蔣經國傳》，頁237-239。

7. 茅家琦：《蔣經國的一生和他的思想演變》，頁290-291。

8. 小谷豪治郎：《蔣經國先生傳》，（台北）中央日報出版部，1990年，頁257。

9. 《蔣經國大事長編初稿》，1963年9月13日，國史館：《蔣經國總統資料庫》。

10. 茅家琦：《蔣經國的一生和他的思想演變》，頁298-299。

11. 〈蔣經國與美國國務卿羅吉斯談話紀錄〉，國史館：《蔣經國總統資料庫》。

12. 鄭自才、張文隆：《刺蔣：鄭自才回憶錄》，（台北）允晨文化，2018年，頁95。

13. 蔣經國日記，1977年1月31日、2月19日、1978年1月24日，國史館：《蔣經國總統資料庫》。

14. 漆高儒：《蔣經國評傳：我是台灣人》，（台北）正中書局，1997年，頁131-132。

15. 戴天昭：《台灣國際政治史》，（台北）前衛出版，2002年，頁438-439。

16. 翁風飄：〈「劉自然事件」命案成為國際事件，暴動背後的藏鏡人是誰？〉，見「重大歷史懸疑案件調查辦公室」網站，https://ohsir.tw/5095/。

17. 翁風飄：〈「劉自然事件」命案成為國際事件，暴動背後的藏鏡人是誰？〉，見「重大歷史懸疑案件調查辦公室」網站，https://ohsir.tw/5095/。

18. 戴天昭：《台灣國際政治史》，頁541-542。

19. 汪浩：《意外的國父》，（台北）八旗文化，2017年，頁251。

20. 戴天昭：《台灣國際政治史》，頁690-691。

21. 潘佐夫、梁思文：《鄧小平：革命人生》，頁298。

22. 中共中央文獻研究室：《鄧小平傳》，頁473。

23. 雷米‧考菲爾（Rémi Kauffer）：《四帝世紀：孫逸仙‧蔣介石‧毛澤東‧鄧小平，翻轉近現代中國政治的關鍵人物》，（台北）聯經出版，2019年，頁465-466。

24.　潘佐夫、梁思文：《鄧小平：革命人生》，頁300。

25.　〈鄧小平在中越邊境作戰情況報告會上的講話〉，1979年3月16日，見宋永毅等編：《中國當代政治運動史數據庫》。

26.　傅高義：《鄧小平改變中國》，頁473-474。

27.　鄧小平：〈黨在組織戰線和思想戰線上的迫切任務——在十二屆二中全會上的講話〉，1983年10月12日，見宋永毅等編：《中國當代政治運動史數據庫》。

28.　傅高義：《鄧小平改變中國》，頁470。

29.　傅高義：《鄧小平改變中國》，頁475。

30.　鄧小平：《鄧小平文選》（第二卷），（北京）人民出版社，1994年，頁354-374。

31.　李強：〈鄧小平與反對資產階級自由化〉，見《馬克思主義研究》，2009年第3期。

32.　李洪林：《中國思想運動史》，頁438-439。

33.　查理·伊凡：《鄧小平傳》，頁304-306。

34.　傅高義：《鄧小平改變中國》，頁856-857。

第九章　接班人與遺產

1.　趙建民：《威權政治》，（台北）幼獅文化，1994年，頁197-201。

2.　趙建民：《威權政治》，（台北）幼獅文化，1994年，頁149-150、162。

3.　蔣經國日記，1978年1月22日，國史館：《蔣經國總統資料庫》。

4.　陶涵：《蔣經國傳》，頁434-436。

5.　黃清龍：《蔣經國日記揭密》，頁203、204、206、211、217。

6.　陶涵：《蔣經國傳》，頁414-415。

7.　吳建國：《破局》，頁167-168。

8.　李潔明：《李潔明回憶錄：美、中、台三角關係大揭密》，頁245-247。

9.　蔣經國日記，1978年8月19日，國史館：《蔣經國總統資料庫》。

10.　吳建國：《破局》，頁161-162。

11.　黃清龍：《蔣經國日記揭密》，頁137-138。

12.　李登輝：《見證台灣：蔣經國總統與我》，頁4-5。

13.　李登輝唯一受訪、鄒景雯採訪記錄：《李登輝執政告白實錄》，（台北）印刻出版，2001年，頁58。

14. 若林正丈：《戰後臺灣政治史：中華民國臺灣化的歷程》，頁201-202。

15. 李登輝唯一受訪、鄒景雯採訪記錄：《李登輝執政告白實錄》，頁62。

16. 李登輝：《見證台灣：蔣經國總統與我》，頁231-232。

17. 〈王昇與「劉少康辦公室」：1980年代台灣威權體制末期與權力震盪〉，（台北）國史館館刊，第六十九期（2021年9月）。

18. 汪浩：《意外的國父》，頁223。

19. 李登輝：《見證台灣：蔣經國總統與我》，頁258-259。

20. 蔣經國：〈我們從未放棄滅匪復國目標——民國六十七年五月答「讀者文摘」編輯大衛‧瑞德問〉，國史館：《蔣經國總統資料庫》。

21. 盧躍剛：《趙紫陽傳：一位失敗改革家的一生》（下卷），頁1039-1040。

22. 麥克‧狄倫：《鄧小平》，頁301。

23. 潘佐夫、梁思文：《鄧小平：革命人生》，頁394。

24. 傅高義：《鄧小平改變中國》，頁768-772。

25. 盧躍剛：《趙紫陽傳：一位失敗改革家的一生》（下卷），頁1035、1040。

26. 盧躍剛：《趙紫陽傳：一位失敗改革家的一生》（下卷），頁1230。

27. 傅高義：《鄧小平改變中國》，頁890-891。

28. Willy Wo-Lap Lam（林和立）：《世紀末中國：鄧小平續局》，（台北）智勝文化，1996年，頁5-7。

29. 戴倫‧艾塞默魯、詹姆斯‧羅賓森：《自由的窄巷：國家與社會如何決定自由的命運》，（台北）衛城出版，2020年，頁316-318。

30. 麥克‧狄倫：《鄧小平》，頁332。

31. 比利小子：〈「稻學」與排外：為何「打倒走資派」的語言，在中國互聯網浮現？〉，端傳媒網站，https://theinitium.com/article/20200310-opinion-chinese-politics-history imagination/。

32. 安德烈：〈習近平正在危害中國？〉，法廣中文網，https://www.rfi.fr/cn/%E4%B8%AD%E5%9B%BD/20210914-%E4%B9%A0%E8%BF%91%E5%B9%B3%E6%AD%A3%E5%9C%A8%E5%8D%B1%E5%AE%B3%E4%B8%AD%E5%9B%BD。

國家圖書館出版品預行編目（CIP）資料

偽裝的改革者：破解鄧小平和蔣經國神話
余杰著
一版／新北市／八旗文化／遠足文化事業股份有限
公司／2022.07
ISBN：978-626-7129-53-1（平裝）

1. 獨裁　2. 威權政治　3. 言論集

571.76　　　　　　　　　　　　111009609

偽裝的改革者
破解鄧小平和蔣經國神話

作者　　　　　　　余杰

主編　　　　　　　洪源鴻
責任編輯　　　　　柯雅云
行銷企劃總編　　　蔡慧華
封面設計　　　　　虎稿・薛偉成
排版　　　　　　　宸遠彩藝

社長　　　　　　　郭重興
發行人兼出版總監　曾大福
出版發行　　　　　八旗文化／遠足文化事業股份有限公司
地址　　　　　　　新北市新店區民權路一〇八之二號九樓
電話　　　　　　　〇二～二二一八～一四一七
傳真　　　　　　　〇二～八六六七～一〇六五
客服專線　　　　　〇八〇〇～二二一～〇二九
信箱　　　　　　　gusa0601@gmail.com
臉書　　　　　　　facebook.com/gusapublishing
部落格　　　　　　gusapublishing.blogspot.com
法律顧問　　　　　華洋法律事務所／蘇文生律師
印刷　　　　　　　成陽印刷股份有限公司

出版日期　　　　　二〇二二年六月（初版一刷）
定價　　　　　　　五五〇元整
ISBN　　　　　　　9786267129531（平裝）
　　　　　　　　　9786267129524（EPUB）
　　　　　　　　　9786267129517（PDF）